信息化时代的
教育教学理论与实践研究

武晓琼　王海萍　著

中国水利水电出版社
www.waterpub.com.cn
·北京·

内 容 提 要

当前正处于信息化时代,在这一时代信息网络发展迅速、运用广泛,以多媒体和网络技术为核心的现代信息技术也有了飞跃性发展。在其影响下,教育教学的理论与实践出现了新的变化。

本书内容涵盖了现代教育及教育信息化、教学设计与评价、教学方法与教学艺术等内容。全书紧紧围绕着信息化时代教育教学的实际展开论述,对于教育教学理论的进一步发展以及为教育教学的实践工作具有重要的指导意义。

图书在版编目(CIP)数据

信息化时代的教育教学理论与实践研究 / 武晓琼,
王海萍著. —北京:中国水利水电出版社,2018.11
ISBN 978-7-5170-7148-8

Ⅰ.①信…　Ⅱ.①武…②王…　Ⅲ.①现代教育—教育研究②教学研究　Ⅳ.①G40②G420

中国版本图书馆 CIP 数据核字(2018)第 262346 号

书　　　名	信息化时代的教育教学理论与实践研究
	XINXIHUA SHIDAI DE JIAOYU JIAOXUE LILUN YU SHIJIAN YANJIU
作　　　者	武晓琼　王海萍　著
出版发行	中国水利水电出版社
	(北京市海淀区玉渊潭南路 1 号 D 座 100038)
	网址:www. waterpub. com. cn
	E-mail:sales@ waterpub. com. cn
	电话:(010)68367658(营销中心)
经　　　售	北京科水图书销售中心(零售)
	电话:(010)88383994、63202643、68545874
	全国各地新华书店和相关出版物销售网点
排　　　版	北京亚吉飞数码科技有限公司
印　　　刷	三河市华晨印务有限公司
规　　　格	170mm×240mm　16 开本　16 印张　287 千字
版　　　次	2019 年 3 月第 1 版　2019 年 3 月第 1 次印刷
印　　　数	0001—2000 册
定　　　价	77.00 元

前　言

21世纪不但是一个被人们赋予无限希望的世纪,而且与信息有着极为密切的关系,因此,这一世纪也被称为"信息化时代"或是"网络时代"。在信息化时代,信息已成为人们生活的一部分,并逐渐成为生产力和社会沟通的桥梁,在社会中发挥着越来越重要的作用。此外,随着信息网络的飞速发展和广泛运用,以多媒体和网络技术为核心的现代信息技术有了飞跃性的发展。

现代信息技术的发展,不仅深刻影响了人类社会的面貌,而且对教育教学的进一步发展产生了极为重要的影响,不断改变着教育教学的观念、方法、手段、模式以及管理等。深刻认识信息化时代对教育教学的影响,明确教育教学在信息化时代的发展策略,对于推进教育教学事业的进一步发展、推动社会的进步等都具有重要的作用。基于此,特撰写了《信息化时代的教育教学理论与实践研究》一书,以期为教育教学的理论发展尽一份力,为教育教学实践工作的开展提供一定的理论指导。

本书共包括八章内容,第一章对现代教育及教育信息化的基本内容进行了具体阐述;第二章对教育教学的相关理论进行了具体分析;第三章对现代教育中的教师进行了深入研究;第四章对现代教育中的学生进行了详细探究;第五章具体阐述了现代教育中的教学过程与教学资源;第六章对现代教育中的教学设计与评价进行了具体研究;第七章深入分析了现代教育中的教学方法与教学艺术;第八章对现代教育中的教学媒体与教学管理进行了详细阐述。本书紧紧围绕信息化与教育教学的关系展开论述,针对性和可操作性都比较强。此外,全书内容丰富翔实、结构清晰明了、论述明确严谨、语言精准通俗。相信本书的出版,能够为信息化时代教育教学的顺利开展提供一些有益的借鉴。

本书在撰写的过程中,参考了教育教学方面的相关著作,也对国内外大量的研究成果进行了参阅、吸收和采纳,由此获得了丰富的研究资源。在此,向这些学者致以诚挚的谢意。由于时间、水平与精力有限,本书难免存在一些不足之处,恳请广大读者批评指正。

作　者

2018 年 7 月

一种现象,其目的在于将改造世界的经验传授给下一代。作为一种社会活动,教育与其他社会现象的最大区别在于它是一种培养人的活动,主要解决学习者个体与社会之间的矛盾,即将人类积累的生产、生活经验一代一代地传递下去,使学习者从无知变为有知,从知之不多变为知之较多。因此,教育是培养人的社会活动,这是教育区别于其他事物和现象的根本特征,是教育的质的规定性。

2. 教育是生产力

在教育这种独立的社会实践活动中,某些因素具有上层建筑的特点,但这些因素始终是由生产力决定的,而教育实践的基本方面与生产力却有着客观的、本质的联系,这种联系主要体现在生产劳动经验的传递和劳动力的再生两个方面。生产力不断在矛盾中发展,同时,科学技术也逐渐参与到生产过程中,并渐渐成为生产力中的独立因素,在这种情况下,教育逐渐由生产的条件发展成为生产过程中的一个独立因素,教育事业已成为国民经济发展的重要组成部分之一。从历史发展上来看,近代很多国家都十分重视发展教育事业,以其作为科学技术和生产力发展的基础,并取得了显著的和影响深远的效果。因此,教育投资不是消费性的投资,而是一种生产投资,这也在很大程度上揭示了现代教育对于现代生产力发展所发挥的作用越来越大。从这一层面来说,教育是国民经济的重要组成部分,是劳动力再生产的必要条件,也是把科学技术这种一般社会生产力转化为直接的物质生产活动的桥梁,教育已间接地或直接地参与了物质生产过程。因此,现代教育是现代生产力的重要因素。

3. 教育是上层建筑

教育是一项培养人的思想品德,同时,向人传授知识技能的工作,而这项工作属于社会意识形态的范畴。它由政治经济所决定,却又反过来为政治经济服务。从影响和决定教育发展的矛盾的主导方面看,教育具有上层建筑的性质。马克思、恩格斯在《共产党宣言》中所提出的教育决定于社会关系的著名论断,是历史上第一次指明了教育属于社会的上层建筑。毛泽东在《新民主主义论》中提出:"一定的文化是一定社会的政治和经济在观念上的反映,又给予伟大影响和作用于一定社会的政治和经济。而经济是基础,政治则是经济的集中表现。"这一论点完全适用于教育与政治、经济的关系。从历史发展来看,教育就如同其他上层建筑一样,随着不同的经济基础而产生、发展、消亡、再发展。而在此过程中,教育常常会被蒙上一层阶级性的面纱,也常常作为阶级斗争的工具出现。从这一层面来说,教育的发展一方面必须以生产力发展的需要和它所提供的物质条件为基础,另一方面以生产关系为核心的社会关系又直接影响以至决定着教育的发展。生产力是决定社会生产方式,也是决定整个社会的存在(包括教育在内)和发展的最终的决定力量,但是最终的决定力量不等于直接的决定力量。因此,教育属于上层建筑的范畴。

二、教育的基本要素

作为在一定社会背景下发生的促使个体社会化和社会个性化的实践活动,教育是一个相对独立的社会子系统,这个子系统包括三个基本要素:"教育者""学习者"和"教育影响"。

(一)教育者

教育者是教育活动的主体,他把学习者作为对象,以其自身的活动来引起和促进学习者身心的发展和变化。他所从事的是以教育为目的的活动,这一活动直接指向的是学习者的身心。在人的其他活动中,人与人之间也会产生各种影响于人的身心的相互作用。这种活动和作用虽然有教育上的意义,但却不是以教育为活动主体的主要的、根本的目的(如生产、生活过程中的教育)。只有在教育活动中,活动的主体——教育者才以教育为活动的主要的、根本的目的。离开了教育者及其有目的的活动,也就不存在教育活动。

教育者是教育活动的主导者,教育者以自身的活动来唤醒、激发、影响、引导学习者,促进他们心灵的发展和变化。在教育活动中,教育者会根据社会要求和学习个体的具体情况,有意识地激发学习个体的学习兴趣,确定努力的方向,选择适合于学习个体的学习方法,以期有效地将社会要求和个体需要有机结合起来。

(二)学习者

学习者是相对教育者而言的,是指在各种教育活动中从事学习的人,既包括学校中学习的儿童、少年和青年,也包括各种形式的成人教育中的学生。学习者是教育的对象,是学习和自我教育的主体,也是构成教育活动的基本要素。

在教育活动的开展过程中,学习者能够在很大程度上决定教育活动的效果,其原因在于学习者是学习活动的主体,并且都有其自身的特征,因此,每一个学习者都有他们的独立性、选择性、创造性和不同的具体需要,有他们的主观能动性,教育活动如果受到学习者的抵制,教育的目的就很难实现。因此,教育活动实际上是引导学习者将一定的外在的教育影响内化为他自己的智慧、才能、思想、观点和品质的过程。也就是说,教育的实质在于促进学习者的自我教育和自主发展。针对于此,学习者就必须在把握学习者之间共性的同时,花大力气把握不同的学习者之间不同的个性,以便能够成功地促使学习者的有效学习或高效学习。

(三)教育影响

教育影响是教育者和学习者之间实现沟通的中介,它既包括了信息的内容,又包括了信息的选择、传递和反馈的形式,是手段和内容的统一。

教育手段是指教育活动中所采用的方式和方法,它既包括教育者和学习者在教育活动中所采用的教与学的方式和方法,如讲、读、演示、练习等,也包括进行教育活动时所运用的一切物质条件,如教具、实验器材、电化教育器材等。教育者和学习者凭借这些手段,才能完成教与学的任务。

教育内容是指教育者和学习者共同认识的对象和客体。在广义的教育活动中,教育内容泛指学校、家庭、社会等一切对受教育者有影响的各种因素。在学校教育中,教育内容是指传授给学生的知识、技能、思想、观点、信念、行为及习惯的总和。

一般情况下,教育手段是围绕着一定的教育内容设计的,因而,是受教育内容性质制约的,同时,也反映了受教育者身心发展规律的要求,是把教育内容以适合的方式呈现给受教育者,并促使他们有意义地学习和积极地发展。所以,教育手段是教育活动得以进行的必要条件,是全面完成教育任务,实现教育目的的重要保障,直接影响到教育的质量和效果。

第二节　现代教育的产生与发展

早在原始社会时期就存在原始的教育现象,随着人类社会进入奴隶社会和封建社会,教育进入了发展的初级阶段。进入近代社会以后,教育也迎来了现代的曙光。在不同的历史时期,教育有着怎样的发展? 本节就对这些内容进行大致的叙述。

一、现代教育的产生

(一)教育的起源

教育的起源一直是教育研究者想要探究的问题,在教育史上,关于教育的起源问题,不同的学者有不同的看法。20世纪80年代,在我国有关教育的起源的观点或学说也是五花八门。关于教育的起源的有关理论,目前比较认可的观点主要有以下三种。

1. 教育的生物起源理论

在教育学史上,教育的生物起源理论是第一个正式提出的有关教育起源的学说,也是较早地把教育起源问题作为一个学术问题提出来的。该学说的代表人物是法国社会学家、哲学家利托尔诺与英国的教育学家沛西·能。1900年,法国社会学家、哲学家利托尔诺发表《各人种的教育演化》一书,提出教育活动不仅存在于人类社会之中,而且超越了人类社会的活动范围;人类并不是唯一拥有教育的群体,早在人类产生之前的动物界就已经存在教育了。他还把生物生存竞争的本能说成是教育产生的基础,根据对动物生活的考察,认为在动物世界存在着如大猫教小猫捕鼠、大鸭教小鸭游水之类的教育现象,是动物为保存自己的物种,本能地把自己的"知识"和"技能"传授给它们的后代。

之后,英国教育学家沛西·能对教育的生物起源理论作了进一步的详细论述。他在他的教育著作《教育原理》一书和1923年在不列颠协会教育科学组大会上的主席演说词《人民的教育》中,充分阐发了他的教育生物学化的理论观点。他认为教育的产生完全来自于动物的本能,"生物冲动是教育的主要动力",教育是种族发展的本能需要。

生物起源理论标志着人们开始意图利用科学来解释教育的起源。但是生物的起源说并不能对教育的产生给予科学的说明。它把社会生活中的一个极为重要的范畴——教育,贬低为本能行为,将教育的社会性和目的性置之不理,没能区分出人类教育行为与动物养育行为之间的本质差异。

2. 教育的心理起源理论

教育的心理起源理论在学术界被认为是对教育的生物起源理论的批判,美国教育学家孟禄从心理学的观点出发,批判了生物起源说。他在《教育史课本》一书中指出,生物起源说没有揭示人的心理同动物心理的本质区别,动物界并没有教育的存在。根据原始社会没有学校、没有教师、没有教材的原始史实,提出教育是起源于原始社会中儿童对成人的本能的、无意识的模仿。

孟禄提出教育起源的这种本能,是人类的类本能,而不是动物的类本能,这是孟禄比利托尔诺和沛西·能进步的地方。但心理起源理论的缺陷也在于忽视了教育的社会性,否认人类教育目的性和社会性的统一,把动物本能和儿童无意识的模仿同人类教育混为一谈,这其实与生物起源说相差无几。

3. 教育的劳动起源理论

教育的劳动起源理论,也称为教育的社会起源理论,是一种认为教育起源于劳动的学说。教育的劳动起源理论从揭示人类的生存和物质生产的关系出发,并把工具的制造作为教育产生的一个显著的标志,这主要是苏联一些教育史学家和教育学家的观点。这种理论是根据恩格斯关于劳动创造人的基本思想,认为教育起源于人类特有的生产劳动。人类为了自身的生存和延续,必须把年长一代所掌握的生产经验和技能在劳动中传递给新生一代,如此代代相传,不断延续。教育就是基于生产的需求,基于人类生存而产生的。教育是人类所特有的一种社会活动,其特点之一在于它是一种有意识、有目的的活动:教育者头脑中已经获得了生产知识,教育者已经意识到传递经验的必要性以及目的性。在劳动过程中产生的人类语言成为教育产生的条件。

持教育的劳动起源观点的学者很多,主要集中在苏联和中国。中华人民共和国成立后,我国的教育研究者赞同并发展了苏联教育学家关于教育起源于劳动的观点。随着社会的发展,其他学科的理论不断取得突破,人们对教育的探讨也进一步深化。自 20 世纪 80 年代以来,我国教育界对教育的起源问题又得出了一些新的认识,教育起源理论得到进一步发展。

(二)古代社会教育奠定的基础

教育是人类特有的一种社会现象,它与其他的社会现象一样,也经历了从简单到复杂、从原始到现代的逐步发展的历史演变过程。

1. 原始社会时期的教育

人类处于原始社会的时间比较长,经历了百万年之久,这一阶段人类的生产力处于最低水平,人们基本都是依靠最原始的劳动工具来进行生产劳动,生产技术的方式主要以体力为主,原始的生产方式使人们要联合起来共同行动,共同狩猎、采摘,否则就无法生存。由于生产方式极其落后,生活条件极其艰苦,这一时期物质生活资料的获得极其艰难,因此,所有的社会成员都必须参加劳动,实行劳动产品平均分配。氏族部落内部没有等级贵贱之分,不存在社会阶级的划分和对立,人与人之间的关系是一种原始的、无差别的平等关系。

在原始社会条件下,教育还处于萌芽状态,它并不是一种独立的社会活动,而是依附于社会生产和生活之中。在这种情况下发生的教育现象,并不是专门从事教育(职业)的人员对相对固定的教育对象进行教育,而且也没有专门的为教育所用的内容和场所,更谈不上教育制度的问题。只是在劳动的过程中,一些具有生产经验的年长者会有意识、有步骤地将制造和使用劳动工具的方法与技能以及生产知识、生活经验、风俗习惯、行为准则等传给年轻一代。

人们在劳动中传授生产知识、技能和生活规范的教育,是为了使生产和生活得到延续和发展,这是一种低级的、没有专门化的原始教育。教育的形式和手段偏向单一,主要是积累了一定生产、生活经验的老一辈结合实际生活,通过口耳相传的方式进行,儿童的学习方式就是在生产生活中的耳濡目染。教育的内容也很单调,主要是成年人在实践中向儿童传授狩猎、捕鱼、采集野果、制造工具等方面的经验与技术,并通过实践培养他们勇敢、机智、团结、互助等品质。由于这一时期阶级意识还没有形成,所有儿童的教育机会是均等的,教育在所有儿童中得到普及。

2. 奴隶社会和封建社会时期的教育

社会发展到奴隶社会,生产力水平得到进一步提高,出现阶级分化以及文字,学校应运而生。在我国,距今四千多年的夏朝就出现了学校最初的雏形——"校"。发展到西周时期,官学体系不断完善,一些有学问的政府官吏成为学校里的教师。这种典型的政教合一的官学体系中,教育的内容主要为"六艺"(礼、乐、射、御、书、数),并且以礼乐为中心,射和御偏重武士所应具备的军事技术教育,教育的目的是维护专制统治,主张文武兼备、知能兼求的教育。西周时期有设在王城和诸侯国都的以培养"建国君民"的人才为主要任务的"国学"与设在地方、闾里(塾校)的"乡学"之分。到了春秋战国时期,官学衰微,孔子打破了学在官府的局面,其开办的私学的规模最大,存在了40多年,弟子三千。私学大兴,儒、墨两家的私学成为当时的显学。稷下学宫的创设,云集了各国的优秀人才,促进了诸子学派的形成、分化、争鸣和交融。春秋战国时期私学的发展是我国教育史、文化史上的一个重要里程碑。

　　汉朝建立以后,汉武帝采纳了董仲舒的建议,"罢黜百家、独尊儒术",实行了思想专制主义的文化教育政策和选士制度,此后,儒学在思想文化上逐渐占据主导地位。虽然后来黄老之学和佛老之学都曾经成为中国历史上的道统,但文化思想定于一尊的思维模式基本没有改变。隋唐以后,随着科举制的创立和逐步完善,政治、思想、教育的联系更加制度化,自魏晋南北朝时期形成的"上品无寒门,下品无士族"的严格等级制度发生了改变,扩大了人才选拔的范围,为广大的中小地主阶级子弟进官为吏开辟了道路。此外,在这时的学校中也传授算学、天文、医学等自然科学方面的知识。但之后随着专制制度的不断加强,对知识分子的思想和人格的限制也更加严重。宋代以后,程朱理学成为国学,儒家经典四书五经成为教学的基本教材和科举取士主要考查的内容。科学技术和文学艺术的内容被排除在科举考试的范围之外,知识分子花费毕生的精力埋头于经书的背诵上。明代以后,实行八股取士,社会思想、读书人的创造性受到钳制和扼杀。一直到维新变法期间,都没有对科举制作出任何改善,直到光绪三十一年(1905 年),清政府才下令废除科举制度,实行西式教育。

　　古代欧洲的教育与东方的教育有很大区别。古代雅典的教育目的是培养有文化修养和多种才能的政治家和商人,注重身心的和谐发展,内容丰富,方法灵活。同为希腊地区,古代斯巴达教育的目的是培养忠于统治阶级的强悍的军人,强调军事训练和政治道德灌输,内容单一,方法严厉。而在古代希腊、罗马地区,大多数社会地位比较低下的阶层中,7～12 岁的儿童一般在私立学校进行学习,而贵族阶级基本不会送子女上学,一般聘请家庭教师教育子女。中等教育主要是普通贵族和富人的教育,学校以学习文法为主。

　　中世纪以后,西欧进入基督教与封建世俗政权紧密联系、互相利用的时期,由僧院学校或大主教学校培养、教育的僧侣人才最受重视和尊重。这种教学的内容主要是神学和"七艺",即三科(文法、修辞、辩证法)四学(算术、几何、天文、音乐)。学习盲目服从圣书和僧侣教师的权威,偏向于死记硬背。设立众多教区学校以方便布道,对普通贫民子弟进行宗教教育,读写知识则显得比较次要。教会学校都奉行禁欲主义,实行严格的管理和残酷的体罚。其次是在骑士的生活和社会交往中进行的骑士教育,教育的主要内容是骑马、游泳、投枪、击剑、打猎、下棋、吟诗,也就是"七技"。骑士教育并无专门的教育机构,教育内容主要是效忠领主,并培养必要的军事技能以及附庸风雅的素养。中世纪也有学习文法、修辞、天文、历法、算术等实用知识的世俗教育,但并不占主要地位,这时期的主修课程仍为神学。

综上所述,专制社会时期的教育是一种封闭式教育,它是建立在当时的小生产条件和社会生活条件基础上的。相对于原始社会时期的教育来说,是有明显进步的。由于专门教育机构——学校的出现,使古代教育较之原始形态教育产生了质的飞跃,出现了古代统治者的学校教育与古代劳动者的生产生活教育并存的局面。随着生产力的进一步发展以及资本主义社会制度的建立,现代教育也逐渐孕育出来。

二、现代教育的发展历程

(一)现代教育的开端

随着社会生产的不断发展,14~16世纪资本主义的萌芽在一些工商业比较发达的地区出现了,西欧的封建社会制度逐步解体,并向资本主义社会过渡。新兴的资产阶级为了谋取他们的经济利益和政治地位,在文化上向封建社会发起挑战,以复兴古代希腊罗马的文化为借口,掀起了反封建文化、创造资产阶级文化的文艺复兴运动。

文艺复兴运动倡导的是以人为中心,核心内容为"人文主义";以人性反对神性,反对禁欲主义,强调人的价值和个性的自由发展;提倡个性解放,以个性解放反对封建专制,以平等友爱反对等级观念,抨击封建社会的黑暗桎梏;以科学理性反对蒙蔽主义,主张世俗教育和科学知识的教育,使人们认识到自己的价值;认为人是现实生活的创造者和主人,重视人的世俗生活,肯定现实生活的幸福和享乐。

在人文主义思想的影响下,自然科学等进入课堂,促进教学内容的多样化,如地理、物理、生物等。提高古典文学和自然科学的地位,关注儿童的发展,以儿童的角度来研究教育的发展,反对对儿童实施体罚。这一时期,提出新兴教育思想的代表性人物有维多利诺、伊拉斯谟、拉伯雷等。资产阶级的文艺复兴运动促使欧洲各国的教育进入一个新的发展阶段,对教育走向人文化、世俗化以及教育的扩大化具有重要意义。

16世纪以后,人类社会进入一个新的发展阶段。火药、造纸、印刷术、指南针从中国传入西方,为世界近代军事和交通的发展,提供了必要的条件;哥伦布发现了新大陆,极大地激发了人们的想象热情;18世纪蒸汽机的发明,成为第一次工业革命的标志,带来了生产的极大发展,手工劳动、作坊生产被现代大工业取代。19世纪中叶以后,资本主义在欧洲社会中普遍确立,从而引发了社会制度、思想、生活方面的一系列革命。

(二)现代教育的发展

进入 20 世纪以后,无产阶级的力量得到不断的发展壮大,世界出现了社会主义与资本主义两大阵营的对垒。主要资本主义国家先后完成了第二次工业革命,相继进入到垄断资本主义时代。两次世界大战深刻地改变了世界的格局,民主化、工业现代化、国家主义成为世界三股最强大的潮流,在世界范围内发挥重大影响。基于这种情况,教育不仅在数量和规模上有所发展,人们的受教育程度也在不断提高,义务教育普遍向中等教育延伸,职业教育的发展受到了普遍重视,政治道德教育普遍呈现出国家主义特征,世界各地开展了不同程度的教育运动,促进教育的发展,如平民运动、进步主义教育运动等。

20 世纪 80 年代后,知识渗透经济领域,随着知识经济逐渐成为经济领域的主流,社会对教育提出了全新的要求,教育需要进行深入的改革。于是,教育制度、教育观念、教育内容和教育形式均发生了深刻的变化,新一轮的教育改革成为形势所需。这一时期社会向知识型社会靠拢,知识型社会是一种社会发展形态,又可以称为"信息社会""后工业社会"等。与工业社会相比,知识型社会仍然只是一种形成中的社会,而不是一个已经基本成型的社会,其特征可以用"知识经济"这几个字来概括。知识经济的典型特征就是高技术、高文化、高智力,它的第一产业支柱为高技术产业,其首要依据为智力资源。经过近半个世纪的发展,知识型社会已经初见端倪,并初步形成基本的框架。

进入智能时代后,随着计算机技术和数字技术的迅猛发展,当代的生活方式、生产方式和管理方式随之发生革命性的变革,第三产业逐渐成为发达国家的支柱产业,大多数劳动力从第一、第二产业,转向第三产业——交通、通信、商业、教育、科学等,传统意义上的蓝领阶层在社会上所起的作用逐渐减弱。高度智能化的高新技术产业已经成为知识社会的支柱性产业,传统的第一和第二产业为适应知识型社会的发展,也面临着紧迫的技术改造和知识更新问题。专业人员和技术人员在就业人员中的比重迅速上升。

知识和科技在国家综合国力中的作用越来越大,新知识、新技术和丰富优质的人力资源已经成为制约一个国家发展的关键因素。民主开始从政治生活层面向各种社会机构包括家庭层面扩展,社会各阶层之间的关系趋于缓和,人与人之间的关系更多的是一种建立在丰富个性基础上的民主和平等关系。经济一体化趋势加速社会一体化进程,高度的相互依赖和频繁的文化冲突将会成为人们所要解决的一个难题。

三、现代教育学制的发展

学制的建立也需要一定的基础条件,它是社会发展到一定历史条件下的产物,受一定社会的政治、经济、文化的影响。现代学制从产生到发展成熟,经历了一个漫长的过程,并随着现代学校的产生、发展变化而不断发展变化。

在 16 世纪的西欧国家已经产生了现代意义上的学校,但直到 19 世纪末,现代学制才在西方建立起来。

从 18 世纪中期开始,欧洲国家先后进入工业革命时期。工业革命的发展要求扩大教育范围,各种类型的学校由此大量兴起。随着学校数量的不断增长,需要确定一定的规范作为衡量学校工作的尺度,并解决上下级别学校衔接、不同类型学校分工以及办学权限等问题。学制正是在这种背景下应运而生,大量散落各方的学校逐渐按一定的方式聚合起来,形成学校系统。到 19 世纪末 20 世纪初,大多数西方国家已基本形成现代学制,并表现出多样化、系统化、规范化的发展特征。

在我国,现代意义上的学校则产生于鸦片战争之后的洋务运动之中,现代学校教育制度的形成也比较晚。

鸦片战争的舰船和炮弹炸开了清朝闭关锁国的大门,这使得中国的教育也发生了前所未有的深刻变化。把学习西方口号变成实践的,是 19 世纪 60 年代兴起的洋务运动,以李鸿章、张之洞、左宗棠为代表。他们在"自强、求富"的目的下,仿照西方先后在全国一些地方办起了新式学堂,这些学堂大致可以分为外国语学堂、军事学堂和科学技术学堂,其中较著名的有京师同文馆(1862 年)、上海广方言馆(1863 年)、福州船政学堂(1866 年)、天津水师学堂(1880 年)、福州电报学堂(1876 年)、天津电报学堂(1880 年)等。相对于中国传统的学校,这些新式学堂改变了传统的以四书五经、程朱理学等儒家经典为主的教育内容,增添了翻译、自然科学、实用技术学科等课程,为我国培养出第一批新式人才。它们是西方学校教育制度在中国实施的先声,为中国现代学校教育制度的建立奠定了基础。

随着教育实践的深入,人们认识到了建立新学制、改革封建教育制度的重要性。1884 年,郑观应在《盛世危言》中建议,以原来各州、县、省会和京师的学宫、书院为基础进行改革,设于各州县的为小学,设于各府省会的为中学,设于京师的为大学,从而成立三级学制。1896 年,盛宣怀在上海创办南洋公学,分为外院、中院、上院和师范院。外、中、上三院学制均为四年,相互衔接,相当于小、中、大,形成了中国近代三级设学的雏形；而师范院则是中国第一所新式师范学校。1898年六七月间，康有为上《请开学校折》，向光绪帝建议以西方学制为榜样，建立从小学到大学的新教育制度。同年创办京师大学堂，是中国历史上第一所综合性质的大学。

随着西学的进一步传入和人们的认识不断深入，建立新学制、改革封建教育制度的重要性逐渐被人们所重视。1902年，清政府实施新政改革的过程中，针对教育颁布了《钦定学堂章程》（又称为"壬寅学制"），这是一个比较完整的学制体系，"壬寅学制"是我国教育史上第一个现代学制，成为我国现代学制建立的肇始。由于清政府内部顽固派的坚决反对及建立学制的经验不足，"壬寅学制"未能付诸实施。1904年，清政府又颁行了《奏定学堂章程》（又称为"癸卯学制"），这一学制体系相对于之前的学制而言更加完整，并在全国得到了施行。《奏定学堂章程》的颁布，宣告了中国现代学制的正式形成。

"壬寅学制"和"癸卯学制"的建立，以"中体西用"为指导思想，具体来说是以日本学制为蓝本。但这两个学制徒有资本主义学制的框架，封建思想仍然贯穿于学制的骨髓之中。它们以忠君尊孔为教育宗旨，在教学内容中儒家经典占有很大比重，整个学制中没有涉及女子教育的问题，并实行奖给毕业生"科举"出身的封建传统做法。尽管如此，"壬寅学制"和"癸卯学制"仍然具有重要地位，它们是中国第一次全面引进西方教育制度，在中国现代教育制度的发展历程中，具有里程碑意义的实践价值。

1912年1月，中华民国宣告成立。1月9日教育部成立，蔡元培为第一任教育总长，开始彻底改造封建主义旧教育。9月，教育部即公布了《壬子学制》，随后又陆续颁布了各种学校规程，对新学制进行补充和修改，于是，总合成一个更加完整的系统，称为"壬子癸丑学制"，也称"1912—1913年学制"。"壬子癸丑学制"是中国第一个真正意义上的资产阶级性质的学制。它的颁布，也标志着西方教育制度在中国基本确立。

1915年，湖南省教育学会发起学制改革，提出《改革学校系统案》。同年，第一届全国教育学会联合会把这一方案提请各省讨论，经反复研讨，直到1922年10月才最终形成草案，11月1日由北洋政府以《学校系统改革案》颁布，也称"1922年新学制"或"壬戌学制"。在国民党统治时期，"壬戌学制"虽几经修改，但基本没有变动，既模仿西方，又保留封建特点。"壬戌学制"一直沿用到1949年，影响非常大，在中国现代教育制度发展进程中具有重要地位。

1949年10月中华人民共和国成立，给国家的社会主义建设培养一大批优秀人才，中央人民政府于1951年10月颁布了《关于改革学制的决定》，初步奠定了中国教育制度发展的基础。1978 年中国共产党十一届三中全会的召开使教育制度的发展步入了新的时代。之后，教育制度的改革不断进行。1985 年 5 月，中共中央作出了《关于教育体制改革的决定》，对我国的教育结构进行了调整；1986 年 4 月，全国人民代表大会通过了《中华人民共和国义务教育法》，并以主席令公布施行，确立了九年义务教育的基础地位；1993 年 2 月，中共中央、国务院正式印发了《中国教育改革和发展纲要》，提出了 20 世纪 90 年代末 21 世纪初我国基础教育的任务；1995 年 3 月全国人民代表大会通过了《中华人民共和国教育法》，并以主席令公布实施，促进教育的进一步发展；1999 年 1 月国务院批转了教育部《面向 21 世纪教育振兴行动计划》等，从而建立起了一套体制多元、层次多样、结构合理的中国特色现代教育制度。目前，我国的学制由学前教育、初等教育、普通中等教育、中等职业技术教育、高等教育、师范教育、成人教育这七个部分构成，如图 1-1 所示。

年龄								年级
	研究生院					高等教育	成人继续教育	
21								4
20	大学、学院、高等专科学校、成人高等学校（社区学院、函授							3
19	学院、管理干部学院、职工大学、农民大学、广播电视大学等）							2
18								1
17		普通高中、职业高中、中等职业学校				中等教育	成人基础教育	3
16								2
15	六年一贯制中学							1
14		初中	三年制	义务教育阶段	特殊教育学校			3
13								2
12								1
11		小学	六年制			初等教育		6
10								5
9								4
8								3
7								2
6								1
5		幼儿园				学前教育		
4								
3								

图 1-1　我国现行学制图

第三节　现代教育的目的及其确立与分类

一、现代教育目的的含义

教育是一种培养人的社会实践活动,确立教育目的问题是进行教育工作的首要问题和根本问题,首先必须要明确教育目的的含义。

教育目的就是教育要达到的预期结果,是社会和教育者对受教育者的一种价值预设,反映在教育对人的培养规格标准、努力方向和社会倾向性等方面的各种要求。教育目的通常有狭义和广义之分,狭义的教育目的指一定社会为所属各级各类教育人才培养所确立的总体要求;而广义的教育目的是指人们对受教育者的期望,即人们希望受教育者通过教育在身心诸方面发生什么样的变化,或产生怎样的结果。国家和社会的教育机构、学生的家长以及亲朋好友、学校的教师等,都对新一代受教育者寄予各种各样的期望,这些期望都可理解为广义的教育目的。

二、现代教育目的的确立

(一)现代教育目的确立的依据

现代教育目的确立的依据,基本包括了理论依据和现实依据。理论依据是马克思主义关于人的全面发展学说;现实依据则是人的身心发展规律及社会现实和发展的需要。

1. 理论依据

我国教育目的蕴含着全面发展的根本要求,而这一点与马克思关于人的全面发展的学说有着密不可分的联系。马克思主义运用实践的观点和辩证的观点,阐明了人的本质是社会属性,进而科学合理地确定了人的全面发展的内涵。所以,马克思关于人的全面发展学说是我国教育目的的理论基础。

综合马克思及众多思想家关于人的全面发展思想,可将人的全面发展的内涵简要概括为四个层面:一是"和谐发展";二是"多方面发展";三是"完整发展";四是"自由发展"。

人的全面发展理论仅仅是一定历史时期的产物,是对资本主义社会条件下人的异化、人的片面发展的一种超越,具有一定的理想性,而且进步意义也是十分明显的。不过,伴随着历史的前进,这种理论也开始显现出一定的局限性,即全面发展要受到很多条件的限制,只能作为一种不断超越既成片面发展的运动过程。

2. 现实依据

(1)人的依据。教育是促进个体发展的手段。另外,教育为社会服务也需要通过人的培养来得以实现。所以,依据人的潜力造就具有个性特征的人,是教育的最终目的。而这个目的的实现,需要依靠各级各类学校具体培养目标的达成,符合各个年龄段受教育者身心发展的规律。具体而言,其主要体现在以下几个方面:首先,要符合教育对象的身心发展变化。生产力的发展和科学技术的进步,令当前的学生与以前的学生相比,拥有了更多的信息量,获得了更大的发展潜能。其次,要符合教育对象的身心发展程度。身心发展程度表明了个体身心的成熟程度。教育只有按照学生的成熟情况适当提前才能引领学生的发展。最后,要符合不同类型教育对象的不同需要。学生身体外形的差异、思维方式的差异以及情感态度等的差异,令学生呈现出不同的个性,教育要依据教育对象的实际状况,做到因材施教。

(2)社会的依据。教育与社会的生产力发展水平、政治经济制度、科学技术状况密切相关。所以,我们需要按照社会现实和发展的实际需要,来最终选择和确立教育目的。首先,要按照社会生产和科学技术发展的实际需要;其次,要符合社会政治经济的需要。

(二)现代教育目的确立的基本价值取向

教育目的的价值取向,也就是人们在对教育目的的价值进行选择时所持的倾向性。由于人们所处的社会地位、经济地位的种种差异,因而,存在着不同的价值观念,由此,也导致教育目的取向的多样性。按照教育史有关教育目的确立的不同主张,其基本价值取向能够概括为"社会本位的教育目的论"与"个人本位的教育目的论"。

1. 社会本位的教育目的论

社会本位的教育目的论,实际上是以社会为中心的教育目的论,其在价值取向上主要强调社会首位。社会本位的价值取向将满足社会实际所需看作是教育的根本价值。其基本观点有三个:一是教育除了社会目的以外,没有其他目的;二是个人的一切发展依赖于社会;三是教育的结果必须以社会效益为衡量的标准,教育的结果就是看对社会作了怎样的贡献,培养的人才对社会起了怎样的作用。

社会本位论通常有两种类型:其一,以迪尔凯姆为代表的"社会学派"较为温和,并没有将个人与社会完全对立起来,只是认为社会是目的,个人则是手段。其二,以凯兴斯坦纳为代表的社会本位论却十分极端,与其称之为社会本位论的教育目的,不如说是国家主义的教育目的。国家主义的实质是国家利益在任何时候、任何情况下都高于一切利益。当个人利益与国家利益、本国利益与他国利益发生矛盾或者冲突时,都需要无条件地以国家利益为重。所以,这就不惜牺牲个人利益或者他国利益。国家主义教育具有明显的狭隘性和排他性,是一种具有非常危险倾向的教育。

社会本位的价值取向较为重视教育的社会价值,主张教育目的从社会出发,满足社会的实际所需,有着一定的合理性。毕竟,人的存在和发展是很难摆脱一定社会的;离开社会的人,也就很难获得其发展的社会条件。人获得发展的社会条件,客观上也是需要每一个人遵循并且维护社会来最终实现的。就这一意义上而言,社会本位的价值取向更具有积极的意义。不过,由于其过于强调人对社会的依赖性,将教育的社会目的几乎绝对化、唯一化,甚至于主张个人不可能成为教育的目的。这种极端的主张,几乎割裂了个人与社会的关系,严重忽视了人的个体差异和基本需要,将人完全当作了社会工具,对人本性的发展造成了严重的束缚和压抑。

2. 个人本位的教育目的论

个人本位的教育目的论,是以人为中心的教育目的论,其在价值取向上主张以个人为首位。个人本位的价值取向的含义,也就是将个人的价值完全看高于社会价值,让人作为教育目的的根本所在。

教育目的的个人本位论通常包含三种类型:第一种是以卢梭为代表的个人本位论最为极端,也最具有明显的反社会倾向,可是在当时却具有进步意义,特别是对于揭露和抨击现实的腐朽和促进人们的思想启蒙,有着不可磨灭的作用。第二种是以瑞典爱伦·凯为代表的个人本位论,热衷于颂扬儿童的真善美的天性和自主个性,主张在教育过程当中不能对儿童进行压制,而是须促使他们自由自主的发展。第三种是新人文主义性质的个人本位论。其并不拒绝教育的社会目的,也不将教育的个人目的与社会目的完全对立起来,而只是强调个人价值高于社会价值,社会的完善需要通过个人的完善才能最终得以实现。所以,教育必须以培育理想的人性为首要目的。

在人类历史的发展进程之中,尤其是在文艺复兴后,个人本位的价值取向所宣扬人的个性自由解放的旗帜,对于打破当时宗教神学和封建专制对个人的束缚、提升人的价值与地位,起到了举足轻重的历史奠基作用。不过,人本主义,尤其是激进的人本主义者,往往离开社会来思考个人的发展。其在提出教育目的的同时,无视人发展的社会要求和社会实际所需,甚至将满足人的需要和满足社会实际所需完全对立起来,把教育的个人目的和社会目的看作是无法调和的。这种极端倾向非常容易在现实中导致个性、自由和个人主义的绝对化。所以,个人本位的价值取向在社会发展中带有较为明显的片面性。

其实,我们须从社会的实际所需与人的发展需要的视角来理解社会本位价值取向和个人本位价值取向的关系。一方面,社会是由个体的人组成的,社会的实际所需并不排斥个人自身的兴趣、爱好、才能的发展。另一方面,教育总是依靠社会的实际所需来培养人的,个人的发展须立足于社会。所以,制定教育目的要体现出社会实际所需和个体发展之间的辩证统一关系。

三、现代教育目的的分类

现代教育目的的分类可以从以下三个角度进行。

(一)以不同的理论基础与价值取向为标准的分类

按照不同理论基础,人类历史上长期存在着两种不同的教育价值观:一种是从个人发展角度出发,依照内在需要来确定的;另一种则是从社会发展角度出发,按照外在需要来确定的。根据这两种不同的教育价值观,也就有了两种不同类型的教育目的价值取向:个人本位论和社会本位论。由于前面已有这两种划分的详细分析,这里就不再过多赘述。

(二)以教育目的的存在方式为标准的分类

从存在方式上而言,教育目的又可以分为另外两大类:一个是实际如此,即"实然"的目的;另一个是应该如此,即"应然"的目的,出现在国家教育方针的表述当中。

"实然"的教育目的,即教育过程的当事人在理论层面进行贯彻、理解、执行的教育目的。其特点是可操作性强、大众化和具体化。

"应然"的教育目的,也就是教育目的的制定主体以成文的、合乎规范的形式所规定并且表述的教育目的。通常而言,其以法律法规的形式来规定教育目的,充分反映了国家或者民族对要培养怎样的人才的一种主观上的期待。所以,这通常也就具有价值判断性质。其特点是概念化、理想化、理论化、权威性及统一性等。

由于国家教育目的在理解、贯彻的执行过程中,非常易受到当事人价值观的影响,因此,"应然"的教育目的并不完全等同于"实然"的教育目的,而教育活动当事人观念中的教育目的,也并不能够反映社会总体的教育目的意识。实际上,在现实的教育活动中发挥作用的,常常是"实然"的或者"内在的"教育目的。面对"实然"教育目的的严重偏离,须用"应然"教育目的进行纠正,使其能够回到"应然"教育目的的轨道之上。正由于各个具体的教育活动令当事人的内在教育目的与社会总体的教育目的尽可能保持一致,因此,有必要对两者及两者之间的关系进行更为深入的分析研究,努力探寻"应然"教育目的和"实然"教育目的之间一种有效的联系和统一机制,以避免对教育目的理论的曲解以及实际操作中的片面性所带来的工作混乱。不仅如此,这也将使国家教育目的渐渐具有可操作性,以利于由"应然"教育目的向"实然"教育目的的转变。

(三)以制定教育目的的主体为标准的分类

教育目的制定的主体,是提出和确定教育目的的个人或者团体。通常而言,其包括立法、行政部门和政党、社会团体、教育团体、教育实体、教师以及家长等。由于不同的团体或个人具有不同的教育目的观,因此,就有不同的教育目的的分类。

1. 内在的教育目的和外在的教育目的

内在的教育目的,即作为确定教育目的个体主体的教育目的,是一种对参与教育活动者的教育行为起作用的目的。其特征是具体的、较为特殊的、适合于存在诸多差异的个人的。其一般跟个人的物质生活环境及其利益等紧密地联系在一起,并且由于其表现形式是内在的、不明晰的,故也被称为"内隐的教育目的"或者"非正规的教育目的"。

外在的教育目的,也就是作为确定教育目的主体的社会既定的教育目的,是一种通过合法化形式(法律法规、政策文件)而体现出来的教育目的,也被称为"正规的教育目的"。这是一种被普遍认为既对社会的进步有利,同时,又对增进社会个体的福利有益的理想状态的描述。其在性质上具有普遍的社会意义,因为在一般观念上适用于社会的全体成员。另外,从理论上而言,其是一种在社会及教育生活中占据主导地位的支配性的价值观念在教育实践中的反映,也是基于社会生活对社会成员的普遍要求的意识而最终提出的。

　　将教育目的区分为"内在的"和"外在的"两个范畴，其实也就意味着它能够让人们在思维中确定教育目的内在同一性中的差异性，同时，还能在差异性中发现其内在的同一的规定性，进而划定教育目的的功能发挥的前提界限。另外，这种区分还意味着人们能够在给定的界限内通过对给定前提条件的探究而获得一种基本的原理，以便让人们在教育实践中可以在"内在的教育目的"和"外在的教育目的"二者之间建立起有效的、符合辩证法原理的转化机制。

　　2. 指导性教育目的和指令性教育目的

　　指导性教育目的，即由一些不具备政治权力的部门和团体所制定的教育目的。因为其不具有任何法律赋予的强制性，所以，仅仅是指导性的教育目的。指导性教育目的更多的是从个人素质的培养以及预示新的社会状态出发，因此，也被称为向前的、相对的或者终身的教育目的。

　　指令性教育目的，是指由执政部门等制定主体以明确的法定文献形式，规定一定社会的受教育者的质量和规格。其往往附有明显的强制性，目的在于维护社会的既定秩序。因此，也被称为向后的、绝对的或者制度化的教育目的。

第四节　教育信息化的内涵

一、教育信息化的概念

　　"教育信息化"这个概念并不算新鲜，早在 20 世纪 90 年代就流行于我国教育界，然而国外很少使用这个概念，如美国使用的是"教育技术"，有的国家还使用"信息与通信技术在教育中的应用"来表达和"教育信息化"相类似的含义。虽然教育信息化经历了 20 多年的发展，但是人们对其的理解还是存在或多或少的差异，而且厘清教育信息化的本质一直是教育技术领域的学者们不懈探索的目标。目前，我国学界也没有统一界定"教育信息化"的概念。从一些学术论文和学位论文的研究来看，教育信息化的概念主要有以下几种。

　　早在 1999 年，学者祝智庭就提出了教育信息化的定义，即"在教育过程中比较全面地运用以计算机多媒体和网络通信为基础的现代化信息技术，促进教育系统的全面改革，使之适应于正在到来的信息化社会对于教育发展的新要求。"①

之后，黎加厚指出教育信息化是"将信息作为教育系统的一种基本构成要素，并在教育的各个领域广泛地利用信息技术，促进教育现代化的过程。"②

学者何克抗则认为，教育信息化是"信息与信息技术在教育、教学领域和教育、教学部门的普遍应用与推广。"③

还有研究者认为，将信息技术引入教育中，其本质就不能仅仅围绕技术而展开，而是应该围绕信息技术条件下人的身心发展和培养人的教育活动而展开，并指出："教育信息化是在数字虚拟世界中有意识的以影响人的身心发展为直接目标的社会活动。"④

随着研究的不断深入，研究者们不单单从技术的角度理解教育信息化的概念，而是逐渐转向了个体、观念、组织管理和制度方面，进一步发展到系统的组织和机构层面。

教育信息化是针对教育教学过程中对信息的获取、传递、加工、再生和利用而言的，其以信息的网络为基础，信息资源是核心，而信息资源和信息技术的广泛应用是目的。当然，信息化作为一个社会过程，必然也要受制于人们的观念、理想、意志、技能以及团体利益、社会组织机构等。因此，教育信息化应有与之相应的保障体系和保障机制。

综上所述，教育信息化是"将信息与信息技术作为教育系统的一种基本构成要素，并在教育的各个领域广泛地利用信息与信息技术，促进教育的全方位变革与教育现代化的系统工程。"⑤结合我国的教育信息化实践，可以看出教育信息化发展是层层递进的，如图1-2所示，"金字塔"内的六个层次是教育信息化发展的六个阶段，而圆圈中的政策与制度、科研与学科以及市场与环境，则是教育信息化发展的制约因素，它们共同构成了教育信息化发展的支持系统。

① 祝智庭. 世界各国的教育信息化进程[J]. 外国教育资料,1999(2).
② 刘德亮.黎加厚谈教育信息化[J]. 中国电化教育,2002(1).
③ 何克抗. 中国特色教育技术理论的建构与发展[M]. 北京:北京师范大学出版社,2012:132.
④ 马德四. 教育信息化本质研究:教育学视角[D]. 上海:华东师范大学博士论文,2007.
⑤ 解继丽,邓小华,王清泉. 教育信息化促进教学改革的保障体系研究[M]. 昆明:云南大学出版社,2015:6.

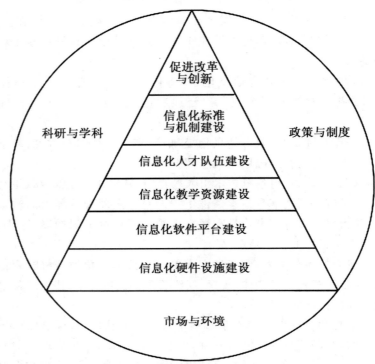

图 1-2　我国教育信息化发展层级模型图

二、教育信息化的特点

教育信息化是现代教育理论与教育技术作用下的教育现代化过程,它有以下几方面的特点。

(一)教育信息系统的智能化

在多媒体计算机技术中融入了现代人工智能技术,同时,又结合教学理论、学习理论、传播理论、认知心理学,由此创立了智能化的教育信息系统。通过这个系统,教学行为更加人性化,人与设备仪器之间的通信更加自然化,各种繁杂的教学任务更加代理化。

(二)教育信息传播过程中学生的地位主体化

在传统教育里,教师在教学过程中处于主导的地位,学生只能被动地学习,师生、生生之间缺少互动。教育信息系统的智能化、信息呈现多媒体化和信息可扩充化等,使学生不再被动地学习,学生通过类似超文本/超媒体之类的电子教材和其他手段、工具就可以积极主动地建构知识,还可以与同伴或教师开展协商学习。此外,在信息技术支持下,通过计算机合作、在计算机面前合作、与计算机合作的方式可实现学生的合作式学习。

(三)教育信息处理数字化

在现代信息技术的支持下,教育信息处理系统的设备简单、性能可靠,而且标准统一。信息化处理信息只用 1 和 0 两个代码,因此,教育信息技术系统的集成度高,且处理的信息保真度高、存贮量大、处理速度快等。

(四)教育信息呈现多媒体化

在多媒体技术的支持下,单一表征信息的媒体可以被整合起来,不但有文字、图片、声音,还有动画、录像、模拟等,使得教学内容更加生动化、形象化,更加吸引学生,更加调动学生的学习积极性。

(五)教育信息传输的立体化

在信息技术的软硬件支持下,教育活动时空不受或较少受到限制,轻易就能实现人机互交、人机合作。尤其是通过网络,全世界的教育资源可以连成一个信息海洋,网络用户都能使用这些信息,实现了教育信息资源的共享。这都归功于立体化的信息传输。

此外,教育信息化还呈现出教育资源全球化、教学个性化、管理自动化和教学环境虚拟化等特点。

第五节　教育信息化的发展历史与发展目标

一、国外教育信息化发展历史与发展目标

关于国外教育信息化的发展历史,下面以美国、以英国为代表的欧洲国家和日本为例进行阐述。

(一)美国教育信息化发展历史与发展目标

1990 年,美国克莱蒙特大学的 Kenneth C. Green 教授首次提出了"Campus Computing"(校园信息化)的概念,并于同年开始了针对美国高校信息化的研究项目:Campus Computing Project(CCP)。

根据美国 CCP1994 年调查数据,扩展校园网络是大学各部门最重视的信息化建设工作。本次调查中超过 2/3(69%)的大学有校园网,相比 1992 年的 63% 有所上升。光纤是通常的主干传输介质,1994 年超过 3/4 的四年制大学报告采用光纤作主干。美国 CCP1994 年调查数据还显示,美国超过 3/4(79%)的大学报告接入互联网,而 1993 年只有 66%。另外,23% 的大学报告建立了 Gopher,而 1993 年只有 14%。其中,Gopher 行为主要是研究型大学(84% 的公立研究型大学,74% 的私立研究型大学)。

1993 年,美国提出了"国家信息基础设施"(National Information Infrastructure,NII)的计划,这是美国教育信息化的开端,这一计划又称"信息高速公路",目的是推广信息技术在教育工作中的应用。

1996 年,美国与国际互联网连通的中小学校已占全国中小学总数的 65%,大学生课程的载体、教学方法都不同程度地使用了多媒体技术的硬件、软件。这一年美国政府提出,要在 2000 年以前让所有的学校、教室、图书馆都能够连到 Internet,让每一个青少年都学会使用网络,让每一个成年的美国公民都能进行终身学习,让师生都学会使用多媒体计算机,让有效的软件和在线学习资源都成为学校课程的重要部分。据统计,到 1998 年,美国平均约 6 个学生就有 1 台计算机,29% 的中小学有专职的教育技术人员,89% 的公立学校已联网。

以 20 世纪 90 年代的发展为基础,21 世纪,美国信息技术教育朝更高的目标发展,在新的起点上美国制定了新的国家目标,目前,美国高校教学信息化的建设主要集中于推广使用信息技术工具和手段,推行在线教学,加强师生的信息技能培训,制定教学信息化政策等。

(二)以英国为代表的欧洲国家教育信息化发展历史与发展目标

欧洲国家教育信息化发展也很早,只是各国的教育信息化程度有所不同。20 世纪 90 年代中期,欧盟就有关教育信息化问题推出了一系列计划,如计算机通信应用计划(1994—1998 年)、改革职业技能培训的"达·芬奇"计划(1995—1999 年)、推动高校教育改革的"苏格拉底"计划(1995—1999 年)、欧洲教育创议行动规划(1996—1998 年)、开发多媒体教材的 Media Ⅱ 与 INFO 2000 计划(1996—1999 年)等。相应地,欧盟各国也纷纷制订了各自的学校信息化发展计划。例如,1995 年法国政府就基础教育信息化确定了一批相关课题,并为此建立了一批网上信息资源,有 13 个学区的学校得以先行联网;芬兰教育部提出一个名为"信息社会中的教育、培训与研究"的国家战略五年计划,计划到 2000 年让所有的学校、教育机构都能够联网;意大利教育部则计划在 2005 年让一部分中小学能够配备上多媒体设备与软件。

这些措施和计划对欧洲的教育信息化进程起到了很大的推动作用。

在欧洲各国中,英国的教育信息化程度最高。这里主要对英国的教育信息化发展历史进行分析。

早在 1971 年,英国开放大学录取首批学生,运用信息与通信技术进行教学。这是英国在高等教育领域首次涉及信息技术教育。

1978 年,英国提出了促进在学校教育中运用计算机等微电子技术的计划,这是英国信息技术教育的发端。

1989 年,英国开始筹备实施"计算机用于教学创新"的计划,旨在运用计算机、多媒体与远程通信技术,对高等院校所有学科就教学内容、教学模式和组织形式进行彻底的变革。

1995 年 10 月,英国提出了"英国网络年"的五年计划,保证拨款 1.6 亿美元用于所有中小学(3.2 万所)的国际互联网联网工作。1996 年,英国国家课程中出现了"信息技术"教育课程。1997 年,英国政府将提供 100 万英镑用于为 1 500 名中小学教师每人配备一台多媒体计算机,并实现联网。1998 年,英国开始实施学校电子邮件计划,并根据一个四年规划开始建立全国性学习网络。同年,英国政府提出要把英国社会变成信息社会的计划,《我们信息时代》就是这个政策的宣言。至此,英国小学、中学、特殊学校已不同程度地实现了教育信息化(表 1-1)。

表 1-1　英国教育信息化统计表[①]

类别	小学			中学			特殊学校		
	1998 年	1999 年	2000 年	1998 年	1999 年	2000 年	1998 年	1999 年	2000 年
每个学校计算机数	13.3	16.1	17.8	100.9	101.3	112.6	18.5	21.0	21.3
每台计算机对应学生数	17.5	13.4	12.6	8.7	8.4	7.9	4.5	3.7	3.7
连入互联网的学校百分数	17	62	86	83	93	98	31	60	92
每个学校连入互联网的计算机的百分数	—	3	6	—	27	60	—	3	7
拥有电子邮箱学生的百分数	—	4	9	3	12	26	<1	4	13
拥有电子邮箱教师的百分数	2	15	37	9	32	52	2	14	44

---

① 刘向永.英国基础教育信息化现状及分析[J].中国电化教育,2001(7).

2002 年,英国学校中每 4 名学生就有 1 台计算机。2003 年,英国剑桥等 12 所大学、政府相关部门和私人企业联合组成网上大学全球网络,于当年春季开始设立互联网教育课程,并面向世界各地招生。

英国政府于 2005 年 3 月发布了《利用技术:转变学习和儿童服务》计划,规划了 2006—2010 年英国教育信息化发展的四个主要目标:

(1)通过为专业人士提供共享的理念、更令人兴奋的经验教训和在线帮助,转变教学与学习方式,提高儿童和青少年的学习成果。

(2)为"难以达到"的学习者提供特殊需求的学习支持、更激励的学习方法以及关于学习方式和学习地点的更多选择。

(3)建立一个开放性访问系统,为家长和监护人、儿童、青少年、成人学习者和用人单位等提供更多的信息和在线服务,并建立更多的跨组织合作,增加个性化支持和选择。

(4)通过在线调查、观念分享和课程计划,在儿童服务、共同采购和方便管理方面改进系统和流程,实现更高的效率和效益。[①]

2008—2010 年期间,英国教育传播与技术署陆续发布《利用技术:下一代学习(2008—2014)》《下一代学习:2010—2013 执行计划》,不断地推进英国教育信息化向纵深发展。为确保教育系统的各级领导能够具备信息化战略视野,英国教育传播与技术署充分认识到组织变革的战略领导力对于技术效益实现的关键作用。在各战略的制定与执行阶段始终与联合信息系统委员会、学习和技能促进服务机构、国家学校领导学院和领导力基金会等机构一起采取行动,通过相互间的协作与监督,共同制定出完善的战略规划与执行计划。

当前,英国教育信息化战略规划的目标是建设一个信息化自信体系,使教育机构、教师、学习者、管理者等能够深入地探索技术在促进学习中的优势,自信地使用信息技术来提供具体的、可测量的改进和成果。

(三)日本教育信息化发展历史与发展目标

20 世纪 80 年代初,由于数据库和信息网络的迅速发展,日本以全国各大学图书馆和计算机中心为主体,成立了一个学术信息网络——学术情报中心,为信息的流通提供了极为有利的条件。之后,日本把扩大科学技术信息的国际交流作为今后信息政策的三大重点之一,试图建立多媒体信息网。1989 年 4 月,日本开始规定以计算机有关内容为中心开展信息教育。

1990 年,日本文部省提出要在 9 年内为本国所有学校都配备上多媒体硬

---

① 陈仕品,张剑平.21 世纪初期英美教育信息化战略规划及其启示[J].现代教育技术,2012(2).

件和软件,并对教师进行相关培训,推广先进技术在教育中的应用。1994 年,日本建立了百校联网工程,目的是让中小学生了解、学会使用国际互联网。1995 年,日本文部省和通产省在基础教育领域联合推出了"100 所中小学联网"试验研究项目,要求所有实验学校均利用计算机系统进入 Internet,以探索一种全新的教学模式,通过网络为师生创造一种交互式的学习环境。

1996 年,日本把培养学生"生存能力"作为 21 世纪教育发展的目标。从信息化社会发展的角度看,"生存能力"是分析问题和解决问题的素质和能力。

1998 年 7 月,日本政府明确规定,基础教育的所有学科在教学中都使用计算机。同年 12 月,日本政府又提出了"教育信息化计划",提出了"儿童变化""授课变化"和"学校变化"等目标。这些目标旨在提高青少年的计算机素养,并借助学校中日常性的计算机的应用,从根本上变革授课的形态;在管理模式方面以学校、家庭、社区间的相互协作为主。

1999 年 12 月,日本政府制订了《教育信息化实施计划》("新千年计划"),其中提出到 2005 年,日本所有中小学全部科目都要实现计算机和互联网授课。为此,2000 年度拨款 119 亿日元用于教育信息化。

2001 年,日本 IT 战略本部制定了"e-Japan 战略",提出了信息化的日本社会远景目标:提高整个民族的信息素养;加强国民教育的信息技术教育及应用;培养信息技术工程师与研究人员。

此后,为了在信息化的发展竞争中在世界范围内占得先机,日本又连续制定了多个信息化的政策,其中,起到关键性作用的是"u-Japan"和"i-Japan"这两大战略。从"e-Japan 战略"到"u-Japan 战略",再到"i-Japan战略",经过多年的努力和实施,日本的教育信息化水平得到了极大的发展,在亚洲甚至全世界都处于顶尖水准。

总而言之,当今世界正处于向全球信息化过渡的时代,世界各国都为实现教育信息化而采取相应的教育信息化战略新举措,并互相取长补短。

二、我国教育信息化发展历史与发展目标

(一)我国教育信息化发展历史

1994 年,我国开始拨专款用于教育科研网建设。1998 年,教育部推出《面向 21 世纪教育振兴行动计划》。同年,国家开始兴办网上大学,并要求公立高等学校使用多媒体授课的课时比例要达到 30%,其他高校应达 15%。

1999 年 6 月，中共中央、国务院颁发了《关于深化教育改革全面推进素质教育的决定》，在《决定》中就信息技术教育、推进教育信息化方面提出，有条件的中小学要普及计算机操作，开展信息技术教育，高中要普及使用计算机，让学生学会使用网络。同年，国家教育部批准了 67 所高校开展现代远程教育试点工作。

2000 年，教育部还下达了《关于在中小学实施"校校通"工程的通知》，计划在 2005 年前，东西部地区的中小学都要不同程度联网，计划在 2010 年前，让全国 90％以上独立建制的中小学校都能上网。为实现资源共享，教育部在 2001 年专门设立了"现代远程教育网上公共资源建设——大学数字化博物馆建设工程"项目，重点支持 8～10 个有特色的大学博物馆的数字化改造工程。2001 年，中央广播电视大学和 44 所省级电大参与了 1999 年开始的现代远程教育试点，全国 66 所普通高等学校成立了网络教育学院，并设立相应的现代远程教育校外学习中心（点）。

2001 年，我国发布《教育信息化十五发展纲要》。据《中国信息年鉴 2002》的数据显示，至 2001 年 9 月，信息技术必修课开课率高中达 92.15％，大中城市初中达 65.32％。全国中小学拥有计算机 367 万台，每 51 人拥有一台计算机。教育部为了推动教育信息化的均衡发展，2003 年实施农村中小学现代远程教育工程。据中国 ICT 产业权威的市场研究和咨询机构——计世资讯统计，2003 年，我国在教育信息化上的投资达到 226.8 亿元人民币。

从 2006 年高等学校科技工作会议上获悉：我国超过 90％的高校、35％的中等职业学校、38 000 多所中小学基本建成校园网。中小学平均 32 人一台计算机，不少学校还实现了"班班通"。同时，高校总数 10％～15％的校园网上还开展了远程教学、数字图书馆、网络课程和教学资源开发等应用项目，开始向数字化校园方向发展。

2012 年教育部发布《教育信息化十年发展规划（2011—2020 年）》以来，以"三通两平台"为主要标志的各项教育信息化工作取得了突破性进展。全国中小学校互联网接入率已达 87％，多媒体教室普及率达 80％。

（二）我国教育信息化发展目标

2016 年，教育部制定了《教育信息化"十三五"规划》，计划到 2020 年，基本建成"人人皆学、处处能学、时时可学"，与国家教育现代化发展目标相适应的教育信息化体系。

2018 年，教育部下达了关于印发《教育信息化 2.0 行动计划》（教技〔2018〕6 号）的通知，明确指出，我国教育信息化的基本目标是通过实施《教育信息化 2.0 行动计划》，到 2022 年基本实现"三全两高一大"的发展目标，即教学应用覆盖全体教师、学习应用覆盖全体适龄学生、数字校园建设覆盖全体学校,信息化应用水平和师生信息素养普遍提高,建成"互联网＋教育"大平台,推动从教育专用资源向教育大资源转变、从提升师生信息技术应用能力向全面提升其信息素养转变、从融合应用向创新发展转变,努力构建"互联网＋"条件下的人才培养新模式、发展基于互联网的教育服务新模式、探索信息时代教育治理新模式。

第二章　教育教学的相关理论认知

教育教学的顺利开展需要以一定的理论为指导,其中,学习理论是不容忽视的一个。学习理论是心理学中的一个重要理论,主要研究的是人类的学习本质及其形成机制,旨在对学习的发生、过程、类型以及如何进行有效学习等进行详细阐述。学习理论从巴甫洛夫的经典性条件反射学说开始,已经历了 100 多年的发展历程,其间有学者从不同的角度不断对其进行诠释与完善,从而形成了众多流派。而这些学习流派在发展与完善的过程中,对学校的教育教学活动产生了重要影响。

第一节　行为主义学习理论

行为主义学习理论作为一个重要的心理学流派出现于 20 世纪初,其通过细致观测人类可观察的行为,得出了"人的行为是对外界刺激的反应,学习的获得就是形成刺激与反应的联结和联想,而强化则是促进这种联结的重要手段"这一结论。因此,行为主义学习理论对外部环境的作用是非常重视的,并着重强调了"强化"在刺激—反应过程中的重要作用。巴甫洛夫、华生、桑代克、斯金纳和班杜拉都是行为主义学习理论的代表性人物,他们都形成了独具特色的行为主义学习理论。

一、巴甫洛夫的经典条件反射理论

巴甫洛夫的经典条件反射就是某一刺激的替代过程,即用一个新的、中性的刺激(条件刺激)替代原先自然引起的无条件的刺激反应。巴甫洛夫在得出这一理论时,借助了一个特殊的实验(图 2-1)。

巴甫洛夫对这一实验的操作方法是,他将一只狗关进黑暗的屋子里,在每次向狗摇铃半分钟后再将食物给狗,并对狗吃食物时的唾液反应进行了详细记录。经过研究发现,在将铃声和食物进行了多次结合后(即强化),即使只摇铃而不给食物,狗依然会出现唾液分泌。也就是说,原本与狗的唾液分泌无关的铃声逐渐成为狗进食的"信号",这便形成了条件反射。不过,一旦长期只给铃声不给食物,狗便不再出现唾液反应,即条件反射会消退。

图 2-1　巴甫洛夫的经典条件反射实验

巴甫洛夫的这一研究成果极大地促进了心理学的影响,同时,这一研究成果能够对学习情境中的很多行为进行解释。例如,教师在教育教学过程中,及时表扬了学生的某一良好行为,则学生可以使其在短时间内将这一良好行为保持下去,而一旦教师不再对这一行为进行表扬,则学生的这一行为就可能随着时间的推移而逐渐消退。

二、华生的行为主义学习理论

华生作为行为主义学习理论的一个重要代表,在巴甫洛夫之后,积极对经典条件反射进行了研究,并极端地主张一切行为都要以经典条件反射为基础。同时,他借助于一个实验,得出了自己的行为主义学习理论。

华生在得出行为主义学习理论时所借助的实验,是以一名出生仅 11 个月的婴儿为实验对象的,其具体的操作步骤如下。

第一,华生让婴儿接触作为中性刺激的一只小白兔,婴儿并没有任何害怕的迹象,似乎还想伸出手去触摸它。

第二,华生在兔子出现后,接着用铁锤敲击一段钢轨,进而发出使婴儿害怕的响声。这里的响声属于实验中的无条件刺激,通过铁锤敲击钢轨的声音刺激与小白兔出现 3 次相结合后,婴儿逐渐对单独出现的小白兔也产生了害怕与防御的行为反应。

第三,在铁锤敲击钢轨的声音与小白兔出现的 6 次结合之后,婴儿对小白兔的恐惧反应开始越来越强烈,之后便开始泛化到相似的刺激。婴儿开始对任何有毛的东西都感到害怕,如老鼠、有胡子的男人、制成标本的动物等。

通过上述实验,华生指出初生婴儿只有几个简单的反射,如细条反射、打喷嚏以及情绪反应爱、惧、怒等,而引起这些情绪的无条件刺激一般只有一两种。而年龄稍微大点的儿童则能够对许多刺激产生上述的这些情感反应。以此为依据进行推断,他提出了学习就是用一种刺激代替另一种刺激建立条件反射的过程,并建立了刺激(S)—反应(R)论的公式,提出了泛化规律,即有机体一旦学会了某一特定的条件刺激反应后,也会对其他与该条件刺激类似的刺激作出反应。

三、桑代克的联结主义学习理论

桑代克通过著名的"猫开门"实验(图 2-2),提出了联结主义学习理论,即学习的实质就是在形成刺激与反应之间的直接联结。

图 2-2 "猫开门"实验

在"猫开门"实验中,桑代克将饥饿的小猫关在设有开关的笼子里,笼子外放有食物,小猫只需轻轻拉笼子内的绳子,便能将门打开获得食物。研究表明,小猫一开始只会盲目地乱抓,直到碰巧拉起绳子开门出来。之后,桑代克又将小猫放入笼子,多次进行之后,小猫拉绳子开门的时间越来越短。

通过这一实验,桑代克得知小猫在学习打开笼子的过程中,经过了多次的尝试和错误,最终学会在较为复杂的情境中形成开门的动作,完成了刺激和反应的联结,这就产生了学习。他就此将人与动物的学习过程定义为刺激和反应的联结,认为知识与技能的学习要经过尝试—错误—再尝试的过程。

桑代克在此基础上,又总结出了三个著名的学习规律:一是准备律,即学习者在开始学习时的准备情况,会对其学习的效果产生重要影响;二是效果律,即学习者在学习过程中得到的反馈会对其头脑中已有的某种联结产生或加强或减弱的重要影响;三是练习律,即学习者通过正确地重复某种反应,可以使已建立起的某种联结得到有效增强。这三条学习规律是桑代克众多学习定律中最核心的内容,而且在其后来的部分著作中,他又对学习规律进行了进一步的修改与完善:删去了练习律。因为他认为练习本身并非一种非常有效的学习方式,尤其是对结果未知的练习,其并不能帮助学习者更好地进行学习;对效果律进行了修改,并发现奖励的确有助于联结关系的加强,但惩罚却未必会对联结造成削弱。

总的来说,桑代克的联结主义学习理论可以说是教育心理学史上第一个较为完整的学习理论,有一定的合理性,但是其完全忽略了学习中理解、领会等的重要作用,因此,未能将人学习的实质真正揭示出来。

四、斯金纳的操作性条件反射理论

斯金纳在获得操作性条件反射理论时,借助了著名的"斯金纳箱"动物实验(图 2-3)。

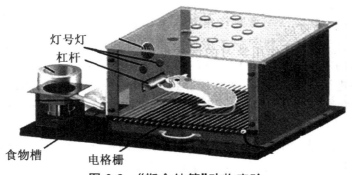

图 2-3 "斯金纳箱"动物实验

在该实验中,动物能够在箱子里面自由地活动,若它无意中压到杠杆便会有食物掉进来作为奖励。在经过多次的碰压杠杆之后,箱子中的动物就会更加频繁地得到食物,这样一来,动物对杠杆的按压也就越来越频繁,进而形成条件反射。由于食物强化了动物压杠杆的行为,因此,动物在后来按压杠杆的速度迅速上升。正是由于这种强化,动物操作反应的概率也得到了增大,这就是操作性条件反射。

斯金纳在对实验进行分析研究后总结出,人与动物都具有两种后天习得性行为,即应答性行为和操作性行为。其中,应答性行为指的是在反应发生时可以看到刺激的行为,是对一定刺激的应答反应;操作性行为指的是反应发生时看不到刺激的行为,因而可以看成是一种自发的行为。而且在操作性行为中,"强化"起着非常重要的作用。通过强化,人们会对某一行为进行加强或进行回避,以更好地习得某种行为。客观而言,强化对操作性行为的保持与去除都具有非常重要的直接性影响,而且在对强化原理进行实际运用与操作的过程中,必须注意以下几方面的问题。

第一,在为学习者教授新任务时就需要进行及时强化,而不能采取延缓强化。

第二,一般在学习任务的早期阶段就必须对学习者的每一个正确反应进行强化练习。

第三,强化必须注意从正确的方向来对学习者给予一定的帮助与引导,但必须注意不能一开始就把事情做到完美。

第四,正强化一般主要通过正面的结果从而使学生的积极行为得以增强,而负强化则主要采用去除不愉快的刺激来使反应得到增强。在这里,惩罚与负强化可以说存在着本质上的区别,其中,惩罚主要是为了去掉某些行为反应,当学生发生某些不好的行为后能够对其进行不愉快的刺激,而惩罚则不一定会经常有效,有时还可能会带来一些负面效果。因而,在对学生进行教育时,惩罚手段的使用必须谨慎。

基于以上观点,斯金纳提出了学习应该分为两种,即反射学习和操作学习,其中,更为重要的是操作学习。由此,他积极提倡程序教学和机器教学,即将学习的内容编制成"程序"并在机器上进行安装,而学生通过机器上显示的程序进行学习。由此可以知道,程序教学和机器教学的关键是编制出良好的"程序"。为此,斯金纳提出了以下几点要求,以确保编制出的"程序"有效。

第一,要将教学内容分成若干有逻辑联系的片段知识,并由易到难地进行安排,以便学生能够循序渐进地掌握所要学习的知识。

第二,在教学过程中要引导学生进行积极反应。

第三,在教学过程中对于学生的反应要及时予以反馈和强化。

第四,要允许学生以自己的实际学习情况为依据,对学习的步调以及学习的进度自行进行确定。

第五,要尽可能使学生做出的反应都是正确的,即尽可能降低错误率。

五、班杜拉的社会学习理论

班杜拉的社会学习理论又称"模仿学习理论",是班杜拉在对幼儿作了大量的实验研究后提出的。该理论认为,人类特别是儿童,更多的行为不是通过条件作用而是通过示范、观察、模仿的途径而获得的。也就是说,在儿童成长的过程中,观察学习和模仿是其行为形成的重要途径。同时,被模仿者既可以是现实生活中的人,也可以是书、电影、电视、漫画中的人物等。

班杜拉还进一步指出,模仿是儿童产生攻击性行为的一个原因。他曾经做过一个实验:让一组儿童观看成人对塑料娃娃进行攻击,另一组儿童则观看成人平静地同塑料娃娃玩耍,然后让两组儿童单独玩这些娃娃。结果发现,前者产生攻击行为是后者的 12 倍以上。另外,实验研究表明,经常观看暴力电视节目的学前儿童表现出更多的攻击性行为。这就说明了模仿对于儿童攻击性行为的重要影响。

第二节　认知主义学习理论

20 世纪 30 年代,当行为主义在美国心理学界方兴未艾之际,认知主义的各种学习理论于同一时期也在欧洲学术界形成了比较大的反响。认知主义学习理论认为,学习并不是机械的、被动的"刺激—反应"的联结,而是建立和组织认知结构的过程,即利用外来的刺激将新知识同化到原有的认知结构中。认知主义学习理论是从格式塔心理学起源的,代表性的人物有韦特海默、苛勒、托尔曼、布鲁纳、奥苏贝尔和加涅等。下面具体分析一下格式塔学习理论以及托尔曼、布鲁纳、奥苏贝尔和加涅的认知主义学习理论。

一、格式塔学习理论

格式塔的意思是"完形"或"能动的整体",指人的内心存在的与外界事物相应的同型物,是对事物的关系进行的认知。格式塔学习理论是认知学习理论产生的重要基础,它是由德国心理学家韦特海默于 1912 年提出的,后来经过苛勒、考夫卡及勒温等心理学家的发展,成为一种很有影响力的学习理论。

格式塔学习理论认为,格式塔具有自我组织和自我完善的功能,能够使自身趋于完整的活动。当外界事物作用于感官时,就有一个内心的知觉认知模式与之对应,若这个模式与之不相符,则模式出现"缺陷",表现为认知不平衡,这种不平衡具有动机的性质,要求得到平衡,就需要进行知觉认知模式的重新组织,达到完形。从这一点来看,面对特定的问题情境,进行认知重组,从而形成完形的过程就是学习过程。

此外,在格式塔学习理论中,最为重要的一个成果便是对顿悟的研究。苛勒在 1913—1917 年,借助"黑猩猩取香蕉"的实验提出了"顿悟"概念,之后便形成了著名的完形—顿悟学习理论。这个实验是将黑猩猩关在实验箱中,里面挂有香蕉,地上放置的有几个箱子,一开始黑猩猩只需站在一个箱子上就能够到香蕉。后来,苛勒加大了问题的复杂性,需要黑猩猩将几个箱子摞在一起才能够到香蕉。黑猩猩在开始时表现得十分烦躁,但偶然的一次,黑猩猩将两个箱子摞在一起取得了香蕉。在这之后,尽管苛勒改变了实验的情境,黑猩猩仍然能够用这种方法来获得香蕉。

在这一实验中,黑猩猩是在没有办法获取香蕉而冥思苦想之后,突然获得了解决问题的方法。苛勒将这种情形定义为顿悟,并提出了顿悟学习理论。顿悟学习实质上就是主体内部构建的一种心理完形,它通常采取畅快的、一下子解决的过程,具有突然性。

苛勒的顿悟学习理论,概括来说包括以下几方面的内容。

第一,学习是通过顿悟的过程而完成的。与桑代克的"尝试—错误"学说不同,它不赞同动作的积累和盲目的尝试。

第二,学习的核心是通过对问题情境的内在关系有所顿悟,把握事物的本质。这样的行为不仅能够避免多余的试误,而且还有利于学习的迁移。

第三,顿悟的关键是要使学习者一下子看到问题解决办法的所有必要因素,因为只有这样,学习者才可能进行认知重组,达到完形。

从总体上来看,格式塔学习理论对学习的很多解释都是十分合理的,但其对尝试进行了全面否定,认为学习就是顿悟,有着严重的主观唯心主义倾向,因而是不够科学和合理的。

二、托尔曼的符号学习理论

托尔曼在格式塔学派研究的基础上,经常通过动物的动机、意向、预期、认识与目的等来对动物行为进行描述,并将研究重点放在了思维、计划、行为理论与知识、目的、推理、意向等概念的集合上。因此,托尔曼的理论也被称为"符号—完形说"或"预测说"。

托尔曼的符号学习理论是通过白鼠在迷宫中学习方位的迷宫实验(图 2-4)得出的。

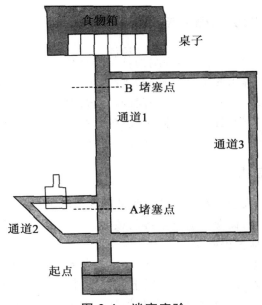

图 2-4　迷宫实验

　　在这个实验中,托尔曼为小白鼠设置了有出发点、食物箱与三条长度不等的可从出发点到达食物箱的 3 条通道,并观察小白鼠是如何从起点到食物箱的。过了一段时间,托尔曼对小白鼠的学习效果进行检查,并对迷宫通道进行了改变。之后,他再次将小白鼠重新放在起点,对小白鼠的行为进行观察。实现结果表明,假如三条通道都正常,小白鼠则会选择最短的通道 1 进入食物箱;当 A 处被堵上时,小白鼠则会选择通道 2 进入食物箱;当 B 处被堵塞时,小白鼠只有从通道 3 进入食物箱。

　　通过这一实验,托尔曼总结出了符号学习理论,具体观点如下。

　　第一,学习并非一种盲目的行为,而是一种整体性、有目的的行为。托尔曼认为,在教学过程中应注重行为的整体性。由于这种整体性所具有目的性与认知性,因而,托尔曼的理论也被称为"认知—目的说"。

　　第二,在外部刺激(S)与行为反应(R)之间还存在一种不可忽视的中介变量(O),因此,行为主义理论中的"S—R"公式应改为"S—O—R"公式。在这里,O 所代表的是机体内部因素的变化,即行为的认知性与目的性。

　　第三,学习是一种"达到目标的符号"与它所代表的意义的学习,而并非简单的机械运动反应。

　　第四,有机体在没有受到强化的情况下,也会出现学习行为,因此,外在强化并不归属在学习产生的必要因素中。

三、布鲁纳的认知结构学习理论

在 20 世纪六七十年代,布鲁纳的认知结构学习理论或称"认知—发现说"在当时的理论界引起了强烈反响。针对学校教育、教学活动、学生学习中的学习理论与教学理论的应用等问题,布鲁纳的研究重心主要放在了知觉与思维方面认知学习的研究,同时,还在此基础上形成了认知结构学习理论。布鲁纳的认知结构学习理论,具体包括以下几方面的内容。

(一)概念获得

布鲁纳认为,人们在对输入的刺激进行加工时主要是借助于类别,即概念。在布鲁纳看来,概念是进行思维的核心。教育的一个很重要目的就是帮助学习者有效地习得概念。

关于概念的形成和获得,布鲁纳指出,概念形成就是指学习者知道某些事物属于这一类别,而其他事物不属于这一类别;概念获得就是指学习者能够发现用以区别不同类别事物的各种属性。对于学习者的学习来说,形成概念和获得概念都非常重要。

(二)知觉与归类

在布鲁纳看来,人们在面对环境信息时,会对其进行有选择的抽象、系统的概括,而且在这一过程中,人们对物体特征的知觉会因个体差异而产生一定的不同。与此同时,布鲁纳认为知觉有着自身独特的特点:一是知觉有不同的真实性,人们在进行知觉时,从本质上来说是对物体和事件的各种特征之间的关系进行学习,即学习如何适当地进行归类;二是知觉具有归类和推理的性质,人们在进行有选择的归类时,总是以刺激输入的某些确定的或关键属性为前提,而且以已有的知识为基础进行推论。

布鲁纳还进一步指出,知觉过程就是对客体加以归类的过程。据此,他将知觉过程分为了以下几个步骤。

第一,初步归类。这一步骤在复杂推理之前完成,此时环境事件在知觉上是孤立的,只注意到某些特征,事件本身还无意义。

第二,线索搜索。这一步骤是对刺激采取开放态度,全面寻找用以辨别事件的属性,以进行正确归类。

第三,证实检索。这一步骤只对能够证实事件的线索进行搜寻,以查看原来的归类是否正确,而知觉准备状态决定着对刺激归类的精确性。

第四,结束证实。在这一步骤中,检索结束,进入证实。

（三）编码系统

布鲁纳认为，人们的学习要超越现有的信息，就不能单纯涉及对输入信息进行归类和推理，还要涉及相关的类别和推理。这些相关的类别在认知结构中是按由具体到抽象的原则由低级到高级排列的，因而，布鲁纳称其为"编码系统"。

对学习者来说，在学习过程中通过类别化思维活动，把同类事物联系起来，并把它们联结起来，赋予意义，形成概念化的结构，就构成了编码系统。由此可见，编码系统其实就是通过对外界输入信息进行类型化或概念化的思维活动而形成的。学习过程则是编码系统的概念（或类别）不断概括、分化和完善的过程。

（四）发现学习

布鲁纳认为，发现是教育儿童的主要手段，而发现法则是学生掌握学科基本结构的最好方法。所谓发现学习，就是学习者在学习时进行独立思考，并自主提出假设、进行验证，进而获得所要学习的知识。布鲁纳强调，学习是一个主动发现的过程，只有在学习时主动探索，从事物变化中发现其原理原则，才能真正学到知识。同时，在发现学习中的"发现"不只是对人类未知的领域、事物以及行为进行有意义的探寻，还包含了动脑思考亲自获取知识的一切形式。

布鲁纳积极提倡发现学习，主要在于发现学习能够激发学习者的内在动机，能够激发学习者的智慧和潜能；能够使学习者对所学知识有长久的保持；能够帮助学习者学会发现。此外，布鲁纳提倡的发现学习，具有以下几个鲜明的特点。

1. 强调学习过程

布鲁纳指出，学生是教学过程中的积极探究者，其学习的目的不是要记住教师和教科书上所讲的内容，而是参与建立该学科的知识体系的过程。因此，教师在教学过程中要为学生创设一种能够独立进行探究的情境，而不是提供现成的知识。

2. 强调内在动机

布鲁纳认为，学生的学习动机在一般的教学条件下是十分混乱的，如谋求好成绩、获得奖励、避免惩罚、与同学竞争等。这些学习动机概括来说都是外在动机,对学生学习积极性的激发是十分有限且过于短暂的,而学生只有形成内在动机或将外在动机转化成内在动机,才能产生强大的动力不断进行积极探索。在布鲁纳看来,好奇心是学生学习的内在动机的原型,而发现活动有利于激励学生的好奇心,驱使学生对未知的结果进行积极探究。

3. 强调直觉思维

布鲁纳认为,在发现学习中,直觉思维是前奏。所谓直觉思维,就是不以规定好的步骤进行思维,而是以思维者所熟悉的知识领域与知识结构为前提进行思维,且思维的方式可以是跃进的、越级的和走捷径的。此外,直觉思维的结果通常要经过一系列的比较分析来重新检验才能得出结论,从而保证其合理性。

布鲁纳强调,在日常教学过程中,教师应积极鼓励学生进行大胆的"猜想",训练学生的直觉思维。但是这一点经常会被教师所忽视。

4. 强调信息提取

布鲁纳认为,对于人类的记忆来说,首要的问题是提取而非存储。从生物学角度来说,布鲁纳的这一观点是不可能的,但现实生活要求学生这样却是有一定的道理的。这是因为学生在储存信息的同时,必须能在没有外来帮助的情况下提取信息。而学生要想提取信息,关键在于理解信息的组织方式、知道信息储存在哪里和怎样才能提取信息。

四、奥苏贝尔的认知同化学习理论

奥苏贝尔指出,学习的实质就是认知结构的重组,同时,这也是新旧知识意义同化的一个过程,因而,奥苏贝尔的学习理论被称为"认知同化学习理论"。

(一)认知同化学习理论的基础

同化,可以说是认知同化学习理论的基础。在奥苏贝尔看来,学习者对新知识进行学习的过程,实际上是新知识与学习者原有的旧知识相互作用,或者说学习者将新知识纳入自己已有的图式中的过程。在这一过程中,最为关键的是学习者积极寻找到自身原有知识结构中能够对新知识进行同化的停靠点。这就对教师教学提出了一个重要要求,即在对新知识进行讲授前,要明确学生已经具有了哪些与新知识相关的旧知识。

奥苏贝尔进一步指出,同化存在下位学习、上位学习以及组合学习三种方式。其中,下位学习主要是指将新观念纳入个体认知结构的原有观念的相关概念或命题下,从而使二者发生联系,最终获得新概念或新命题的过程。在下位学习中,认知结构中的原有观念为总观念,而新学习的观念则属于从属观念,因而,这种学习又被称为类属学习。上位学习就是指个体在自身已有的从属观念的基础上归纳、总结出来一个新的总观念,而且这个总观念与个体认知结构中已有的从属观念相比是一种上位观念。组合学习指新观念与认知结构中原有观念既不存在上位关系也没有下位关系的学习,只是与原有认知结构中的整个内容之间存有一般联系。而与之相似的通过组合关系的运用来对事物进行理解意义的学习就属于组合学习。

(二)认知同化学习理论的核心内容

在奥苏贝尔的认知同化学习理论中,最为核心的内容便是有意义学习。对于有意义学习,奥苏贝尔从多个方面进行了详细阐述。

1. 有意义学习的本质

奥苏贝尔认为,有意义学习从本质上来看就是学习者将新知识与自己认知结构中已有的知识建立一种实质性、非人为的联系。这里所说的实质性联系,指的是新知识和学习者已有认知结构中事物的概念、表象、符号、命题的联系。所谓非人为联系,就是指新知识和学习者已有认知结构中的相关概念形成的一种合乎逻辑的联系。

2. 有意义学习的条件

在奥苏贝尔看来,在进行有意义的学习时,应主要从学习材料的性质以及学习者自身两方面进行准备。对于学习材料的性质来说,学习材料本身必须具有逻辑意义;对于学习者自身来说,学习者须有进行有意义学习的心向,即学习者能将符号所代表的新知识积极与自己认知结构中已有的适当知识进行积极主动联系的倾向性。

3. 有意义学习的类型

根据学习内容的复杂程度,奥苏贝尔将有意义学习细分为以下几种类型。

(1)符号表征的学习。符号表征的学习,即学习某一单个符号或者是一组符号的意义,实质就是把某些特定的符号与其所代表的概念与事物和学习者已有的认知结构建立等值的关系。

（2）命题的学习。命题的学习，即学习两个或两个以上的事物间或者是性质间存在的关系。这种学习分为两类：一是概括性命题的学习，二是非概括性命题的学习。概括性命题表示若干个事物以及性质间存在的联系，如学习教材中的概念、定理以及法则等；非概括性命题表示两个以上的特殊事物间存在的关系，如"北京是中国的首都"中的"北京""首都"都代表着特殊的意义。命题的学习主要指句子学习，它包含了词汇学习。

（3）概念的学习。概念的学习，即学习者掌握同类事物特征的关键，主要有"概念的同化"和"概念的形成"两种方式。其中，概念的形成是学习者从同类事物中发现的事物关键特征，进行对事物形成本质性认识的过程。

4.有意义学习的方法

奥苏贝尔认为，有意义学习的主要方法是接受学习，即学习者在教师的指导下对事物的意义进行接受的学习过程。奥苏贝尔之所以主张学习者以有意义的接受学习为主要的学习方法，而没有选择发现学习，主要是因为发现学习注重解决问题的能力，而这一能力不容易通过教师的讲授来获得，且发现学习耗费的时间比较多，获得知识的效果不明显。

在当前大多数教学课堂中就是运用的这种方法，而在运用这种学习方法时需要注意两点：一是学习者学习的内容应当是已有定论的、科学的概念或命题等较为基础的知识，而且这些知识需要教师借助于教科书或是讲述的方式直接用定义的方式展示给学生；二是新学的知识必须建立在学习者已有的认知结构的基础上，即学习知识的过程是学习者发挥主观能动性，将新知识和自身已有的知识进行联系的过程，是一个动态的过程。

（三）认知同化学习理论的重要条件

认知同化学习理论的重要条件是先行组织者。所谓先行组织者，就是教师在开展新的学习任务前，提前将与新知识相关的、较为清晰的且有着较强的综合性和概括性的引导材料告知学生，以帮助学生建立学习新知识的同化点。

在当前有关奥苏贝尔的认知同化学习理论在教学中的应用效果，还没有形成一致的研究结论。

五、加涅的信息加工认知学习理论

信息论在 20 世纪中后期逐渐被引入了心理学的研究范畴,加涅的信息加工认知学习理论也随之诞生。具体来说,信息加工认知学习理论产生于 20 世纪 60 年代,它将人的认知过程用计算机的工作原理进行功能模拟,把人的认知过程看成是进行信息加工的过程,并用计算机对人内部的心理状态和过程进行模拟分析。信息加工认知学习理论有很多种,其中,影响最大的是加涅的信息加工模式(图 2-5)。

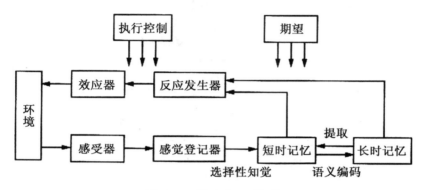

图 2-5　信息加工模式

加涅的信息加工模式表明,外界环境通过学生的感受器对其产生刺激,并以映像的形式输入感觉登记器,进行瞬时记忆。此时,瞬时记忆若是受到注意,则会进入短时记忆,并以语义的形式进行存储。对于短时记忆,若进一步进行复述、精细加工及组织编码等,则会形成长时记忆,而长时记忆中的信息也能回到短时记忆中,并到达反应发生器。反应发生器在接收到信息后,会将其转变为行动,即激起效应器的活动,作用于环境。在加涅的信息加工模式中,还有两个不可或缺的结构,即执行控制和期望。所谓执行控制,就是控制个体内部行为的能力;所谓期望,就是学生期望达到的目标,即学习动机。此外,从某种程度来说,整个信息加工过程主要是围绕"执行控制"与"期望"而展开的。

加涅在信息加工模式的基础上,还进一步将学习的过程细分为八个阶段,具体见图 2-6。

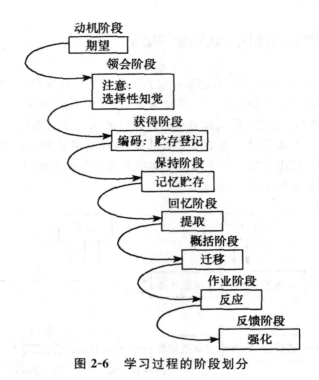

动机阶段
期望

领会阶段
注意：
选择性知觉

获得阶段
编码：贮存登记

保持阶段
记忆贮存

回忆阶段
提取

概括阶段
迁移

作业阶段
反应

反馈阶段
强化

图 2-6　学习过程的阶段划分

第三节　人本主义学习理论

　　人本主义心理学产生于 20 世纪五六十年代的美国，从 20 世纪 70 年代开始，人本主义心理学开始在教育界盛行，且一度出现要求改造传统教育模式的人本主义教育思潮，这种思潮对传统的学校教育产生了极大的冲击，给课程与教学研究带来了重要的影响。人本主义学习理论反对以动物实验结果推论人类的学习，强调人的自我追求的高级需要与动机，并主张对学生的人格发展进行整体分析与个案研究，同时，还注重在社会教育与自我教育共同作用的条件下，使学生原有的知识水平得到提升，使其自身的独特性得到充分的发展，使学生实现社会化以及德、智、体等的全面发展。马斯洛和罗杰斯是人本主义学习理论的主要代表人物，下面简要阐述一下他们的人本主义学习理论。

一、马斯洛的人本主义学习理论

马斯洛以潜能论、性善论以及动机论等理论观点为理论基础,创建了属于自己的系统化、理论化的人本主义学习理论。具体来说,马斯洛的人本主义学习理论主要包括以下两方面的内容。

(一)需要层次理论

马斯洛认为,人有多种多样的需要,而且人的这些需要可以细分为两类,即缺失性需要与成长性需要。其中,缺失性需要指的是与人的本能相联系的基本需要,是一个人生存所必需的需要,生理需要、安全需要、爱与归属的需要以及尊重的需要等都属于缺失性需要。而成长性需要主要指的是不被人的本能所支配的需要,是以自我潜能的发挥为动力,包括求知的需要、审美的需要与自我实现的需要。通常而言,成长性需要的满足经常能够使人产生较大的快乐和较强的幸福感。

马斯洛在对人的需要进行分析时,还将其分成了由低到高的五个层次,分别为生理需要层次、安全需要层次、社会需要层次、尊重需要层次和自我实现需要层次。他还指出,随着需要层次的提升,需要的力量会逐渐变弱。而越是高级层次的需要,就越为人类所特有,并且只有人类才会拥有自我实现的需要。只有当低一级的需要得到满足后,高一级的需要才能获得满足。

此外,马斯洛认为,自我实现的需要与教育以及学习有着最为密切的关系。他指出,与教育最为相关的就是有关自我实现需要的理论。马斯洛指出,自我实现是教育以及学习的终极目标,人的潜能是通过自我实现才能完成的,而并非教育的结果。基于此,马斯洛还进一步指出,教育的作用在于能为人的发展提供一个相对安全、自由以及充满人情味的心理环境,有利于人自身的优异潜能得以完善发展。

(二)内在学习论

马斯洛认为,传统的学习只是一种外在学习,而外在学习属于一种单纯依赖强化与条件作用的学习模式,其着重于知识的灌输而并非对内容的理解。因此,马斯洛提出了内在学习论。他认为,理想的学校不仅要反对外在学习,还要倡导内在学习。所谓内在学习,即依靠学生内在驱动,充分开发其潜能,进而达到自我实现目的的学习,这是一种主动自觉、富有创造性的新型学习模式。

二、罗杰斯的人本主义学习理论

在人本主义学习理论中,影响最大且最重要的便是罗杰斯的人本主义学习理论。其不仅对当时的美国教育改革运动产生了深远的影响,而且成为 20 世纪乃至如今重要的教育理论之一。具体而言,罗杰斯的人本主义学习理论主要保留以下几种观点。

(一)"以学生为中心"的教学观

罗杰斯认为,凡是能够教给别人的知识一般来说都是无用的,而能够影响个体行为的知识则只能是他自己发现并能够加以同化的知识。基于此,他废除传统意义上教师的角色,提出教师的任务在于能为学生提供各种丰富的学习资源与促进学生学习的氛围,而并非教学生学习或教学生如何学习。同时,他提出了"以学生为中心"的教学观,即在教学过程中应当以"学习的促进者"来代替"教师"这一角色,从而充分发挥学生自身学习的潜能,并引导学生自己选择负责任的学习行为。

罗杰斯为了促进"以学生为中心"的教学观的落实,还将自己创造的"来访者中心治疗法"成功移植到了教育领域。他非常看重教学活动中的师生关系。他指出,促进学习的关键在于心理氛围因素的营造,而并非教师的教学技能、演示、讲解、课程计划、教学设备资源等因素。教师在教学活动中应注意做到:充分信任学生及其潜力的发挥;真诚一致,坦诚以待;深入了解学生的内心世界,设身处地为学生着想。总之,教师要成为学生学习的真正促进者。

(二)知情统一的教学目标观

人本主义心理学家认为,当代最有用的学习是学习过程的学习,即让学习者"学习如何学习",学习的重点是"形成",学习的内容则是次要的。因此,人本主义者指出,教育的目标应该是以学习者为中心,以促进学生个性的发展和潜能的发挥,使他们能够愉快地、创造性地学习和工作为目的。

具体到罗杰斯而言,他认为情感、认知是人类精神世界中两个非常重要的有机组成部分,两者紧密联系、不可分割,而当前人们所接受的却是一种知、情严重分离的教育。于是,他提出教育要培养"躯体、心智、情感、精神、心力融汇一体"的人,即用情感的方式行事与用认知的方式行事相结合的知情合一的人。知、情统一的教学目标观就是因此而来的。

罗杰斯还进一步指出,知、情融为一体的人是"功能完善者"。一个人要想成为"功能完善者",只有努力学会如何学习,如何适应变化,在意识到没有任何可靠的知识后还能够不断寻求新知识。

(三)有意义的自由学习观

罗杰斯认为,学生的学习可以分为两类,即有意义学习与无意义学习。其中,有意义学习指那些使个体行为、态度、个性以及在未来选择行动方针时发生重大变化的学习。这种学习不单指事实累积的学习,它常与个人经验融合,产生与整个人相关的"个人意义",使人能够全身心投入到学习中。所谓无意义学习,就是那些不涉及感情或个人意义,在罗杰斯看来,有意义学习才是学习的实质。

罗杰斯还进一步指出,学习应该是一种自发、自觉的学习,是自我实现的倾向中产生的一种学习,学习者可以自由地去实现自己的潜能,求得自己更充分的发展。

基于以上两个方面,罗杰斯积极提倡有意义的自由学习观,以便学生更积极主动地参与到学习过程之中,取得良好的学习效果。

从总体上来说,人本主义学习理论对当时的教育改革乃至当今的学习与教育理论都做出了巨大贡献。这主要表现在以下三个方面:一是促使教育目标发生了重大的变化;二是使人们重新认识到了学习的本质与过程;三是提出了以人为本的,自由、宽松、快乐的学习氛围。但是人本主义学习理论片面强调学生的天赋潜能的作用,无视人的本质的社会性,这是一种片面强调遗传决定发展的观点,很容易使学生形成一种放任自流的"自由学习";过分注重学习与教学要符合学生自发的兴趣与爱好,从而导致教育与教学效能下降,影响到整个教育质量的提高等。

第三章　现代教育中的教师

　　教育是与人类社会相始终的永恒事业,而教育的发展与延续以及教育质量的不断提高,必须依赖于教师。因此,在现代教育中必须高度重视教师这一关键性的因素。本章即从教师职业的历史形成与内在价值、教师的职业理念、职业道德、专业发展及其素质要求、新时期教育与社会发展对教师心理的挑战,以及信息化环境下教师信息技术能力要求与技术素养等方面来分析现代教育中的教师。

第一节　教师职业的历史形成与内在价值

一、教师职业的历史形成

　　教师职业的产生经历了一个漫长的嬗变过程,在教师成为正式的职业之前,大约经历了教者的形成和教师的出现两个阶段。

(一)原始社会时期教者的形成

　　从进化论的角度看,原始人的这种生存能力既是对其前身——"未完全形成的人"的一种生物继承,又是在"前劳动"实践中形成的以制造工具为标志的质的飞跃。在"未完全形成的人"那里,人还没有同其他生物完全区分开来,其生活所需的经验传递完全是出于生物的本能和无意识的模仿,是生物经验的本能传递。教育史上,"生物学的教育起源说"大致解释了这一时段的教育起源。

　　在劳动的过程中,一些具有生产经验的年长者就会有意识、有步骤地将制造和使用劳动工具的方法与技能,以及生产知识、生活经验、风俗习惯、行为准则等传给年轻一代。体力虽有个别差异,并由此带来个体生存能力的迥异,但它毕竟是要服从生命规律的,随年老而衰竭,且不可传递,只有在生产劳动中形成的经验是可积累、传递的。因此,经验在个体和种族的生存及延续中都具有更为重要的意义。

原始人对生产和生活经验的习得主要有两种方式:一是在未成年时期,儿童通过模仿游戏获得;二是成年后,通过直接参与氏族活动,在生产劳动和日常生活中获得。在未按血缘关系生活的前氏族社会,对未成年人进行教育的主要是老人。当青壮年男女外出征战打猎时,原始社会的老人由于年老体弱,一般会退出专事狩猎的青壮年男女群,专门负责看管动物、建设住所和照顾儿童,老人与缺乏参加实际生活能力的幼年孩童接触的机会大大增加,儿童正是通过模仿老人和成人生活的各种游戏来学习部族经验的。在这里老人更多地承担了对儿童的教育责任,未成年儿童的主要教师就是老人,在这个意义上,"教者"即为"老者"或"长者"。

原始社会后期有了巫师,巫师成为宗教的传播者和执行者,平时以巫术为生,培养弟子只是兼职。

不过,当历史发展到某一时段,教育所要传递的内容出现重大更新或变化(尤其是创新性变化),而这种内容又只是为少数人所把握时,实施传递的责任就历史地落到了率先掌握这一新的传递内容的"教者"身上,至少在这种内容的传递之初是如此。这类"教者"显然区别于在常规的和渐进的方式中施教的一般的"教者",通常会更加受到人们的尊敬。我国古代社会的先民们在从游牧转向农耕文明时,由于神农氏懂得种植并教会人们如何种植,因而,获得了广泛的尊敬。在以后祭祀活动中,人们对神农氏顶礼膜拜,这或许就是中华民族历史上尊师传统的开端,尽管这里的"师"并非指专门的教师。

(二)教师职业的出现

文字的出现是学校产生的前提之一,专门从事教育工作和根据文献资料传授知识的人——教师,是随着文字的出现和学校的产生而产生的。文字产生于原始社会解体、奴隶社会形成时期,距今大约已有四五千年的历史。埃及、巴比伦、印度等文明古国都是较早产生和使用文字的国度,也是最早产生学校和教师的地方。

古代的文字和文献经典都较为繁难,需经过长年累月的学习才能熟练地掌握,在实际生活中附带学习是不可能获得的,必须由专职人员负责教授。早在公元前2200年前后,在古埃及由于文字的产生和文化的发展,不仅出现了"文士学校",而且还诞生了"文士"阶层,这些人精通书写、知识识字,具有较高的文化水平,其中一部分人就是古埃及"文士学校"的教师,这也是人类历史上现已发现的最早的专职教师之一。埃及的文士相当于中国古代所谓的"士",他们在待官求职之际,往往为奴隶主和自由民的子弟开设讲坛,以使这些青年将来也能为官为僧。

在古犹太人那里,教师被看成是一种神圣的官职,人们犹如尊敬自己的父母那样,将教师当作精神父母加以尊崇;在古巴比伦,教师常被称为"泥板书舍的书写者";古印度的教师来自处于社会最高等级的婆罗门阶层,享有祭司和教师的双重身份和特权,教师被推崇为崇高的职业,只有婆罗门教的僧侣才有资格教授《吠陀经》,且在担任教师之前必须接受严格的考验,品德行为都要符合圣典的要求。

在我国,先秦时代的教师被称为"师氏"和"保氏",他们担任贵族子弟的教育工作,兼负责宫廷的安全保卫,既是宫廷学校教师,又是宫廷里的军官,具有从政和执教的双重身份。西周的国学由大乐正总管,其下分设许多官员掌管其职,他们同样既是官员,又是教师。乡学的教师也是由中央和地方各级行政首长兼任,以大司徒为总管,其下属官员负责、主持教学工作。此外,还有一些致仕(退休)大夫与士,直接担任乡学教师,被称为"父师""少师"。政教合一、官师一体的教育体制从奴隶社会一直延续到封建社会。

在这种"官师合一"或"僧师合一"的制度背景下,教师,如果可以把他们称作为教师的话,是社会的统治阶层的成员,具有较高的社会地位,加之他们拥有知识,是古代意义上的知识分子,肩负着文化和知识传授的重任,因而,在社会上也受到人们的广泛尊敬。

在教师工作成为专门的职业之前,由于教师职业常是神职人员、官吏等特权阶层担任或兼任的职业,所以,教师地位不明确。而一旦教师成为一个专门的职业,不再为特权者所担任时,教师的地位也逐渐开始发生了变化和分化。教师成为专门的职业是社会分工的进一步细化、统治阶层权势的变更,以及文化的传播下移的结果。一方面,官学系统中有一部分人开始摆脱行政事务,专门从事学校教学工作,并将之作为谋生的职业;另一方面,一些掌握了一定知识文化的人,为满足文化下移的需求,也开始从事专职的教育工作,到了这个阶段,独立的教师职业才得以产生。

在古代东方国家中,古印度是较早出现专职教师的国家。公元前8世纪前后,婆罗门僧侣中出现了一批被称为"古儒"的人,即古印度最早的职业教师,他们精通经义,专事儿童教育工作,一般在家中设学,教授七八岁以上的儿童。

在我国封建社会,"师"还与代表封建意识形态正统的"道"联系在一起,尊奉"师道"或"师道尊严"是统治阶级竭力倡导的,它与民间的"治国、齐家、平天下"的出世思想和儒家传统下望子成龙的精神渴望相结合,使教育受到了特殊的礼遇,教师特别是那些学有所成的"经师"受到了特别的尊重。但在整个古代时期,都没有将教学看作是一门职业,也没有出现针对教师的训练。在古代,教育的内容比较单一,传授的知识也有限,能够接受到学校教育的人并不多,人们对教师的需求无论是数量还是质量都不多,教师的知识和技能也是通过教师自己在教育实践中模仿和学习前辈的经验而获得。因此,在古代没有针对教师专门的培训和教育,儒家一些经典包含有丰富的教育理论知识,论述了教育的目的、作用、内容等,是中国最早的教育学,但是这些思想都包含在其他学问之中,没有针对教师专门的培养。一直到19世纪末20世纪初,我国才出现了制度化的教师职业。

二、教师职业的内在价值

学校作为一种历史存在,一方面随着社会的发展而不断变革,另一方面又与其所依存的政治、经济、文化等因素紧密相连。学校教育活动既回应现有的政治和经济的要求,又继承、巩固、传递已有的文化成果。教师作为教育活动主要参与者,既是文化的生产者与传播者,又在学校中促进学生的发展,并在社会阶层分化中发挥重要作用。教师职业的价值也通过这些体现出来。

(一)教师以社会赋予的合法权利分配文化资本

学校教育系统在社会分层中起着核心作用。学校教育系统是将个体划分到不同阶层的首要机构,承担了"授予"个体人力资本并将其转化为文化资本的职能。学校教育系统为生产、分配各种形式的文化资本提供了基本条件,并通过文化再生产实现整个社会各个领域的权利分配和再分配。

教师作为专业化的文化生产者和传播者,在知识的分配和社会阶层分化中发挥重要作用。国家赋予教师合法的权利,教师以奉献精神向学生灌输服从、忠诚、道德规范和经济效益的信念,以确保培养的人维护现存的社会秩序。教师在传递文化遗产,给予学生知识、技能的同时,使学生逐步适应特定的文化要求,形成一定的社会习性、规范和价值观。教师在选择、保存和传递有关知识、意识形态和价值观等方面的作用不容低估,通过潜移默化的教育培养学生的认知能力、社交能力、创造能力、欣赏能力等,使学生成为有教养的社会人。

(二)教师以权威者角色引领学生职业取向

学校是社会中传递知识和技术的主要制度化场所,不断地向未来的劳动者传递维系现存生产关系所需的知识、技术、行为规范和价值观。在某种程度上可以把学校教育视为劳动力再生产的重要力量。教师以权威者身份,对所教学生既有合法形式又有事实形态上的控制权。教师所从事的是具有一定技术性的工作,教师教学成功的关键在于教师对所教学科有足够的理解和把握,同时,具备有关学习者、课程、教育情境和教学法知识,并能把以学科知识为核心的各种知识加工转化成为学习者能够理解的表征方式。教师的有效教学有利于树立教师的权威,也是把教师由名义上的权威变成事实上的权威的关键所在。

专业知识和技能获得的不平等导致学生的分流或分化。义务教育是强制性教育,所有适龄儿童、少年都必须接受。但任何人要想进入更高层级的群体,必须通过学校教育获得的专业知识和文化资本,社会地位和经济特权是进入更高群体的自然结果。让极少数学生进入高层级群体不仅仅是由于教师在教学过程中对学生进行有意识的引导,学校教育质量之间的差距也必然造成学生的分流。不同类型学校的学生和接受不同年限教育的学生所获得的知识和技能,所占有的文化资本直接关系到他们未来的社会层级选择、职业取向和就业机会,文化资本占优势的学生将获得较高地位的职业。总之,学校教育培育学生各不相同的"精神结构",学生将按照社会劳动分工的要求走向不同职业,进入不同的社会阶层。

(三)教师以学校教育代理人身份促进学生社会化

学校是一个社会化机构,而教师充当着社会化的代理人。学生社会化就意味着教师在教育过程中把处于支配地位的文化价值、社会规范和信念体系内化到学生的人格形成之中,向学生提供为准备承担社会角色所必需的知识和能力,使学生个体能够适应并融入社会。教师在学生的角色习得过程中,要使学生个人逐渐了解自己在群体或社会结构中的地位,领悟并遵从群体和社会对自己的角色期待,学会如何顺利地完成角色义务,以维持现有的社会结构。教师在日常教学中向学生传递知识、强化规范、渗透价值,让学生认识到什么是重要或不重要的知识,何种行为是正常的或越轨的,使学生理解社会组织机构的方式,以利于学生日后在特定社会结构中扮演不同社会角色,并愿意接受社会分配给的角色。

(四)教师以引导者身份促进学生全面发展

教师工作的内在价值不但表现在对社会独特的影响力,更体现在对学生发展的重要作用上。作为培养人的人,教师不仅习得、保持、传递人类文化的优秀成果,而且肩负着促进学生全面发展的历史责任。

在现实条件下,学校教育活动就肩负起个体潜能开发的重任,而教师也成为完成这一重任的实际操作者。教师在立足于学生原有知识、经验基础上，向学生提供挑战性的认知任务和"支架"，使得学生可以借助支架来参与问题解决并获得意义上的理解，从而确保教学获得最大效益。为此，教师要精心设计教学，包括确立适当的教学目标，选择合理的教学形式、学习材料和教学媒体，设置科学的评价程序，创建优化的教学环境等，使学习活动、环境及材料在整个教学过程中协调一致，促进学生全面发展。在教师的引导下，学生自己领会知识，学会建构知识，学会独立思考。作为引路人，教师是思想者，他对思想的力量、思想的美、思想的条理性有一种深刻的认识。在这个过程中，学生会养成独立思考的习惯和摆脱当前成见与偏见的探索精神，学生的内心通过教师的教育而敞开，不仅是对自我的发现，更是对真理的照亮。

要注意的是，教师作为学生精神生活的引领者，要把学生良知的培育放在首位，以娴熟的技艺追求道德的目标。如果想要培育学生的良知，教师必须首先是有良知的人、富有德性的人，因为教师的一切言行都给学生以楷模的影响，都在无形中影响着学生的道德发展。教师在工作中要以自身品德力量和热忱感染学生，照亮学生，引领学生走向光明的未来。

第二节　教师的职业理念与职业道德

教师职业具有师资人才高学历化、师资培养培训模式多样化、师资培养体系一体化、师资任用证书化等特点，也由之形成了共有的观念和价值体系，即教师职业理念。而教师作为人类灵魂的工程师，在职业劳动中表现出来的道德品行，在很大程度上影响和塑造受教育者的道德风貌。因而，在教育这个要求教师倾注坚定的信念、博爱精神的职业活动中，教师的职业理念和职业道德都是备受关注的。本节就教师的职业理念与职业道德进行阐述。

一、教师的职业理念

教师的职业理念反映教师对教育、对学生、对自身的看法，它指导着教师的教育教学行为，统摄着教师专业发展结构的其他方面。教师的职业理念主要包括教师的教育观、教师观和学生观三个方面，具体如下。

（一）教育观

教育观是对教育本质的认识。它要求教育专业人员要深刻了解社会的变革以及这种社会变革对人才培养的挑战,并对未来社会人才的要求保持高度的关注和敏感。同时,还必须充分认识教育,特别是基础教育的特点,树立正确的教育观。目前,主要有应试教育观和素质教育观。

1. 应试教育观

应试教育,顾名思义就是以应付升学考试,取得高分数、高升学率为目的的教育思想和教育行为。其主要特征是把片面追求升学率作为狭隘的教育目标,大搞题海战术、猜题押题、死记硬背、"填鸭式"教学,忽视人格素质、精神素质等非智力因素的培养。这样的教育观很容易让学生产生厌学情绪。

2. 素质教育观

素质教育是以提高国民素质为根本宗旨的教育,是依据人的发展和社会发展的实际需要,以全面提高全体学生的基本素质为根本目的,以尊重学生个性、注重开发人的身心潜能、注重形成人的健全个性为根本特征的教育。素质教育观具有以下几点特征。

(1)充分弘扬个体主体性。素质教育是充分弘扬人的主体性、注重开发人的智慧潜能、注重形成人的精神力量的教育,其唤醒学生的主体意识,发展学生的主动精神,将人的发展和社会发展统一起来。

(2)面向全体学生。素质教育的全体性是指每个学生都有平等受教育的机会,都能得到健康发展。全体性是素质教育最本质的规定和最根本的要求。素质教育的全体性要求必须使每个学生在原有的基础之上得到应有的发展,必须使每个学生在社会所要求的基本素质方面达到规定的合格标准。

(3)促进学生全面发展。实施素质教育就是通过德育、智育、体育、美育等的有机结合,来实现学生的德、智、体、美、综合实践的全面发展。

(4)促进学生个体发展。素质教育是立足于人的个性的教育,从个体差异出发,以人的个性发展为目标,在教育中遵循因材施教的原则。

要注意的是,实施素质教育并不全盘否定应试教育。事实上,应试教育在长期发展的历史中也积累了许多有助于教育发展和学生素质提高的要素,可供素质教育借鉴。因此,在发展素质教育的过程中,我们辩证地看待应试教育,要取其精华、去其糟粕,有选择地保留。

(二)教师观

所谓教师观,是指关于教师职业的基本观念。如果说学生观主要是教师对学生的认识和评价,那么,教师观则是对自我的认识和评价。

1. 教师劳动的特点

教师劳动具有复杂性、创造性、示范性和长期性的特点。

(1)复杂性。教育对象是人,人的不同成长历程会形成不同的个性特征,成为影响教育的因素。教育要在有限的时间里完成塑造人的目标,这个目标是复杂的、综合性的。这些都决定了教师劳动的复杂性。

(2)创造性。教师劳动的创造性首先是由于教育对象的特殊性。每个教育对象都有主观能动性和自身的独特性,而且每个人都处于一种成长变化的状态。其次是教育情境的复杂性决定了教师劳动的创造性。教育不是工业化生产,没有固定的程序和模式,它是心灵的撞击,是情感的交融和呼应。教师必须具有教育机智,即对突发性教育情境作出迅速、恰当处理的随机应变的能力。同时,新课程改革对教师劳动的创造性提出了更高的要求。新课程改革中,教师是与专家、校长、学生及其家长、社会人士等一起共同构建校本课程的合作者,是拥有教育观念、懂得反思、善于合作的探索者。这为教师创造性的发挥提供了更大的空间。

(3)示范性。与其他劳动相比,教师劳动最大的一个特点就是它需要教师用自身的言行,通过示范的方式对学生进行直接的影响,教师必须要用自己的知识、技能、能力、世界观、人生观、价值观、思想情感去教学生,用教师的人格潜移默化地感染学生。

(4)长期性。教师劳动培养人才具有周期长的特点,人才成长和教育效果最终要在参加独立的社会实践后才能得到检验。

2. 教师的责任

教师不但要扮演传道者、授业解惑者、示范者,还要扮演管理者、朋友、研究者等角色。现代教师应该是学生学习的合作者,是学生发展的引导者,是教育教学的研究者,是学生行为的示范者,是班级的管理者,是学校教育教学活动的组织和管理者,是学生的心理保健医生,是他们的朋友。总之,教师的职责不再是单一的,而是综合的;不是静止的,而是发展的;不是阶段的,而是连续的。

3. 教师职业的价值

教师职业的价值包括两个方面的内容。

首先,教师职业价值体现在这一职业可以满足作为教师的个体自我生存和发展的需要,是教师获取主要生活来源的社会活动。

其次,教师职业价值体现在这一职业对他人、集体、国家、人类的作用和意义上。教师是学校教育职能的主要实施者、履行教育教学职责的专业人员,承担着教书育人的重任。教师是社会文化的传承者,连接着过去、现在和未来,是社会文化的传递者,是社会物质财富和精神财富的建设者,是社会人才培养的主要承担者。

(三)学生观

教育是一项直面生命和提高生命价值的事业。教育的生命价值主要体现在教育对象身上,了解、尊重、珍爱并解放自己的教育对象,就必须重新认识学生、发现学生。学生观是关于教育对象的集中体现。

1. 理性主义的学生观

受康德哲学思想的影响,赫尔巴特也主张不变的、普遍的道德原则。他在教育上特别重视对儿童的管理。在他看来,儿童年龄比较小,自己不能形成良好的判断,所以,必须要加强管理,约束儿童身上的"不驯服的烈性"等。他还提出一套管理儿童的方法,如威胁、监督、命令、服从和惩罚。可见,"理性论"学生观强调教师的权威、教师的中心地位,强调管制学生的合法性。

2. 人文与自然主义的学生观

人文与自然主义的学生观,主要代表人物如洛克、夸美纽斯、卢梭等。洛克认为学生的后天发展主要取决于教育。夸美纽斯提出儿童的发展具有阶段性,教师开展工作理应顺应儿童天生倾向。卢梭更强调教育过程由适应外部自然的要求向适应人的内在自然发展的要求转变。卢梭的儿童观集中体现在"自然人"的培养上,他理想中的"自然人"既是完全为自己而生活,又是与社会相统一的。

3. 素质教育中的学生观

素质教育中的学生观是现代学生观,学生应当得到全面发展,必须要以人为本。

第一,全面发展的学生观。在素质教育中,学生被看成是具有生命意义的人,要用发展的观点认识学生。

第二,以人为本的学生观。素质教育本身就是以人为本的教育,素质教育的顺利实施对教育者和受教育者两方面都有具体而明确的要求,必须调动这两个方面的积极性,依靠双方密切的配合,以人作为出发点和归宿点。树立以人为本的学生观,就要认识到学生是独特的人,认识到学生本身才是教育活动中真正的主体。

二、教师的职业道德

教师的职业道德,是教师在从事教育劳动中所遵循的行为准则和必备的道德品质。教育劳动是一种特殊的生产劳动,其特殊性贯穿于劳动对象、劳动形式、劳动工具、劳动时空和劳动产品等一系列具体的实践环节之中,并通过教育者的教育道德品行(品性)表现出来。教师职业道德能够有效地监督教育劳动中的各种利益关系以及调节教师的教育行为,从而保证教育劳动的顺利开展。下面就教师的职业道德的基本原则与范畴进行阐述。

(一)教师的职业道德的基本原则

道德原则是认识和处理个人利益和社会利益的基本原则,对人们的道德实践有重要的指导意义,是道德体系的核心。在教育实践活动过程中,教师必须遵循教书育人原则、为人师表原则、依法从教原则和教育人道主义原则。

1. 教书育人原则

教书育人是教师的基本职责,是遵循教学规律的要求,是培养建设有中国特色社会主义的人才的要求。贯彻教书育人原则,应该做到以下几点。

(1)热爱。热爱是遵循教书育人原则的关键。热爱表现在以下两个方面。第一,热爱教育事业。作为一名教师,首先必须热爱自己的事业。这种热爱之情来自对自己所从事工作重要性的深刻认识。教师所从事的工作是具有高度责任感的工作,同时,也是一项无比崇高、光荣、伟大的工作。教师应该对自身职业持有热爱之情。第二,热爱学生。教师劳动的特点是塑造人,是用自己的知识和才能、智慧和品德、勤奋和献身,在和自己的劳动对象的共同活动中去影响学生。教师只有自己具有最美好的心灵、最富创造性的工作、最肯做出牺牲的精神,才能够塑造出完美的心灵,培育出对国家有用的人才。

(2)坚持全面培养学生。教师不仅要向学生传授知识,而且还应和学生根据课程计划、教学大纲的要求,有目的、有计划、有组织地传授和掌握社会历史经验和社会文化财富。通过有组织、有计划的教学活动,学生逐步掌握了教学内容中的知识、理论、思想、观念、态度、技能和行为方式,并将它们内化成自己的精神财富,在此基础上,学生的社会文化素质开始形成和发展起来。

（3）遵循教育规律，掌握教书育人艺术。教书育人的能力主要来自教师对教书育人规律的认识和运用。教师能否卓有成效地教书育人，关键在于是否按教育规律办事。掌握教书育人的规律和艺术，教师必须具有高度的责任感和事业心，具有用于进取的精神，勇敢地在实践中探索。

（4）努力学习，提高自身素质，探索教书育人的规律。教师劳动的手段是教师自身，也就是教师要用自己的知识和才能、智慧，去实现教书育人的目的。所以，教师不仅要有高尚的道德情操，还应该具有广博的专业知识、精湛的教学艺术。此外，教师还应努力学习与教育相关的基本理论知识，探索教育教学规律，以遵循教书育人规律。

2. 为人师表原则

为人师表是实现教育根本任务的要求，是教师职业劳动特点的要求。贯彻为人师表原则要做到以下几点。

（1）对自己高标准、严要求。对自己高标准、严要求是为人师表的基础。教师肩负着传播文明、塑造人格的神圣职责。教师职业的特殊性决定了教师的人格在整个教育过程中具有不可忽视的重要作用。所以，教师职业道德要求教师必须不断地"自化"自己的灵魂，自觉地、高标准地塑造自身的人格，从而达到"化人"（影响学生人格）的目的。教师只有严格要求自己，作好学生的表率才能真正做到教书育人。严格要求自己，还要虚心听取别人的意见，特别是听取学生的意见。要严格要求自己，就必须努力学习，向先进同志学习，学习其他教师的先进之处。

（2）以身作则。要坚持以身作则，就是要教师以自身的行为对学生起榜样示范作用。身教在教学中有着特殊重要的作用。教师通过自我形象和动作行为所发出的信息，往往比语言指令有更强的引导性。例如，在仪表方面，端庄大方的衣着对学生的情绪将起到稳定作用；在举止方面，安详稳重的姿态会使课堂气氛保持和谐；在行为方面，规规矩矩的行动和语言自然能使学生保持良好的秩序。

（3）言行一致。教师应该有神圣的责任感和使命感，把自己的行为和语言用规范的职业操守展示给学生，应该为学生树立为人师表的良好形象。美国的奥尔科特在《秘密的格言》中说："真正的老师，极力防止自己的坏习惯及于学生。"学生对老师的言行有很强的模仿能力，他们常常会根据老师的某一句话，很自豪地对别人说："这是我们老师说的！"因此，作为教师要在学生面前注意自己的一言一行，应该在学生面前以身作则，把好的思想、好的作风、好的形象和好的习惯传授给学生。

3. 依法从教原则

依法从教是指教师在教育教学活动中,依据教育法律的规定,正确行使教师的权利,自觉履行教师义务,根据学生的身心发展规律从事教育教学,使教育教学工作规范化、法制化。坚持依法从教是依法治国原则在教育领域贯彻的要求,是教书育人、为人师表、教育公正和教育人道主义等原则和规范的重要内容和贯彻保证。要贯彻依法从教原则,应该做到以下三点。

(1)教师要做遵规守法的模范,为学生作出好的榜样。作为一个公民,教师在各个场合都必须把自己的行为约束在宪法和法律、法规限定的范围内。教师应在教育教学过程中、在社会生活中,用自己的行为影响学生,做遵规守法的模范,为学生作出好的榜样。

(2)教师应当尊重和维护法律所赋予学生的各项权利。教师特别要注意维护学生受教育的权利,以及教育教学过程中所涉及的各项权利。当前,教师要特别注意在学生管理过程中对学生权利的尊重和维护。一方面,要尊重学生的人格,特别要尊重学生的隐私。另一方面,管理学生又是教师的法律义务,对学生的管理决不能放松,更不能放弃,而应是坚持和改进或改善。

(3)教师要积极参与法治社会建设。建立法治社会,要有公正的、便于操作的法律法规,要有配套的、健全的法律法规体系。作为教师,必须关注社会现实问题,深入分析其原因,探寻解决问题的方法,探讨法律手段的合理运用,积极参与法律法规的制定和修改。

4. 教育人道主义原则

人道主义原则泛指一切以人为中心,强调人的地位,重视人的价值,维护人的尊严和保障人的权利的道德思想体系。要贯彻教育人道主义原则,应该做到以下三点。

(1)尊重学生。教师要尊重学生,把学生视为与自己在人格上完全平等并具有自身的个性特征的人来对待,不能因为学生在某些方面与自己差距较大而轻视他们,忽略其价值。教师对学生的尊重和理解要建立在平等的基础之上,没有平等也就没有尊重和理解。教师尊重学生,最基本的就是要尊重学生的合法权益,并尽力去维护学生的合法权益。

(2)关心学生。遵循教育人道主义原则,教师要关心学生。教师要关心每一位学生,关心学生的各个方面,对那些在学习上、物质生活上、文体活动方面和人际关系方面有着特殊困难的学生应予以更多的关心。教师不仅自己要关心学生,还要教育学生相互关心。

(3)同不尊重学生、不关心学生的思想和行为作斗争。教师要与严重损害学生物质利益和精神利益、严重侮辱学生人格的行为作坚决的斗争,以维护学生的尊严,维护学生合法的、正当的、应有的权益。要注意对有错误言行的学生、教师和教育活动参与者予以尊重和关心,要坚持实事求是,从实际出发,运用适宜的方式、方法和手段,通过适当的途径有效地解决问题。

(二)教师的职业道德的重要范畴

教师的职业道德的重要范畴包括教育爱、教师义务、教师良心、教育威信和教育公正。

1. 教育爱

教育要有爱,教育是爱的教育,爱是教育的内在本质的规定性。广义上的教育爱其爱的主体多元,既包括教育者,也包括非教育者,对象泛指整个教育事业。狭义上的教育爱,其主体主要为教育者。教师对学生的爱是教育活动有效开展的前提。教师和学生是教育活动中最活跃的一对主体,教师对学生的爱不是一种自然情感,而是一种凝结着责任和期待的理性之爱。它不是一味地宠爱,更不是溺爱和纵容放任学生,而是与对学生的严格要求和耐心细致结合在一起的。只有对学生既真诚关心,同时,又严格要求的教育爱,才能收到良好的教育效果。

教育爱能促进学生的发展,主要表现在以下三个方面。

第一,教育爱是促进儿童身心健康发展的重要力量。进入学校以后,教师是影响学生最重要的人。教师的关注、赞许和肯定,在学生眼里都是"爱"的表达,都会使他们感到是来自教师的关心和喜爱,内心就会受到鼓舞,感到充实和愉快。

第二,教育爱是学生接受教育的心理前提。在教学中,只有学生认为教师的感情是出于真正的关怀和爱护时,他们才会对教师产生接纳、信任、肯定、认同等积极的态度。

第三,教育爱是一种积极的教育手段。教育爱有一个非常重要的目的,就是培养学生爱的情感、增强他们爱的能力。

2. 教师义务

教师作为担负教书育人使命的教育工作者,自然也对他人,集体和社会整体,负有自己特定的职业义务和责任。在社会主义教育实践中,社会用特定的概念形式把教师应有的使命义务和任务确定下来,或者教师自己以特定的概念形式来理解,体验和把握这种使命、职责,这样,就形成了教师的教育义务范畴。

3. 教师良心

教师良心是教师在教育教学工作实践中,对社会向教师提出的一系列道德要求的自觉意识,是教师以高度负责的态度,对自己教育教学行为所进行的道德判断与评价,是多种教师职业道德心理因素在教师个人意识中的有机统一。教师良心的形成在很大程度上取决于个体在教育活动和社会生活中能否自觉地进行道德修养,不断自我锻炼、自我陶冶、自我教育和自我改造,如此,才能把外在的道德律令转化为内在的道德自律,才能形成有效而牢固的教师良心。

4. 教育威信

教育威信指教师在职业活动中建立起来的众所共仰的道德声望。教育威信是教师开展教育教学工作的道德基础,是教师不断自我完善、自我进取的积极精神因素。教育威信的高低直接影响教育劳动的效果。具有较高威信的教师与较低威信的教师对学生同样的批评和表扬,会产生不同的效果。有威信教师对学生的表扬和批评能激起学生改正缺点、奋发学习、努力向上的愿望。而低威信的教师对学生的表扬和批评,只会事与愿违。学生良好行为习惯的养成,一靠仿效榜样,二是有意锻炼。教师的榜样,特别是有威信教师的榜样,对学生的影响最大。教师的威信不仅具有很强的号召力,而且具有无形的感染力。威信高的教师无疑是具有魅力的,学生会注意观其行,进而模仿之。教师的气质风度、行为举止甚至字体语气都能成为学生模仿的对象。

5. 教育公正

教育公正是指教师在教育教学过程中正直无私地处理人与人之间的关系,公平合理地解决各种矛盾。公正的前提是有利于每一个学生的健康成长,在教育教学工作中,尽量缩小由社会不公正给学生带来的差异。

教育公正的内容包括坚持真理、秉公办事、奖罚分明、一视同仁、爱无差等、因材施教、长善救失,等等。教育公正一旦形成,就在调节教师与教师、教师与学生之间的关系中,在对教师行为的规范、评价和调整中起重要作用。

第三节　教师的专业发展及其素质要求

一、教师的专业发展

(一)教师的专业发展的一般阶段

教师的专业成长是一个长期的过程,它贯穿于教师的一生。教师的专业发展一般包括三个发展阶段:新手型教师→熟手型教师→专家型教师。

1. 新手型教师

新手型教师就是教龄在 0～5 年、职称三级(包括三级)以下的青年教师。新手型教师的特征如下。

第一,工作动机方面。新手型教师的工作动机在成就目标上是以成绩目标为主,更多地以自我为中心,解决生存问题是其关注的焦点。

第二,职业承诺方面。新手型教师在职业承诺方面是比较欠缺的,职业承诺相对较低。因为新手型教师还没有形成成熟的教学技能,也缺乏掌控课堂的教学经验,对课堂上的突发状况经常感到疲于应付,常常容易在工作中遭遇挫折、产生强烈的失败感,时常会摇摆不定,会觉得自己是否选错了职业,因此,职业承诺不稳定。

第三,教学策略方面。新手型的教师刚刚步入工作岗位,没什么教学经验,所以,他们的教学策略重心是课前的准备工作,即备课。在课堂教学上,他们通常是按着自己课前的准备按部就班地进行的,而在新课导入以及教学策略的灵活运用等方面较为欠缺,他们以顺利完成教学任务为最终目标,对于把握教学进度和重难点突破等方面存在明显的不足。

第四,职业倦怠方面。新手型教师的职业倦怠相对较强,因为他们缺乏教学经验,对课堂的把握还不够得心应手,所以,容易遭遇挫折,会感觉强烈的挫败感,从而出现精神疲惫、倦怠。

2. 熟手型教师

熟手型教师就是介于新手与专家之间、教龄在 6～14 年、参加过骨干教师培训班的教师。熟手型教师的特征如下。

第一,工作动机方面。熟手型教师的工作动机主要是提高自己的教学能力、深入理解教学问题、发挥教学本身的价值、注重学生的学习反馈与兴趣,但角色信念还不够牢固。

第二,职业承诺方面。熟手型教师职业承诺也较低。他们感受到了教师职业的单调重复、封闭繁杂、负荷重而报酬低等特点,这使得他们开始分化,一部分转行,一部分则得过且过。

第三,教学策略方面。熟手型教师能够灵活运用各种教学策略,而且能够以课堂进度为依据灵活调整和控制自己的教学计划、教学行为,使课堂教学更加流畅、自如。

第四,职业倦怠方面。熟手型教师处于职业的高原期,容易产生烦闷、抑郁、无助、疲倦、焦虑等消极情绪。

3. 专家型教师

专家型教师是指教龄 15 年以上且具有特级教师资格或高级职称的教师。专家型教师的主要特征如下。

第一,工作动机方面。专家型教师具有强烈且稳定的内在工作动机,他们由衷地热爱教育事业,对教师职业的情感投入程度高,能不断追求教师事业深层次的价值所在。

第二,职业承诺方面。专家型教师对教师这个职业具有较高的成就感和热情度,因而,具有良好的职业承诺。

第三,教学策略方面。专家型教师的教学策略主要体现为课前的精心计划、课中的灵活应变和课后的认真反思。专家型教师一般都有着较长时间的教学实践,教学经验丰富,他们的课前准备计划通常以学生为中心,比较简洁,也很灵活,还具有预见性,但这并不妨碍他们在教学实践中的发挥,教学效果依然很好。在教学过程中,专家型教师对课堂的把握可谓是得心应手,不管是制定课堂规划、执行课堂规划,还是科学合理地运用教学策略,尽可能完美呈现教材,吸引学生的注意力等,专家型教师都游刃有余。在课后策略上,专家型教师善于通过教育反思来提高自己的教学能力,他们以学生作为课后评价的中心,关注学生的学习效果,注重对课堂成功或失败原因的思考。

第四,职业倦怠方面。专家型教师的职业倦怠感较低,对教师职业的情感投入程度高,职业的义务感和责任感比较强。

(二)教师的专业发展的影响因素

1. 个人因素

(1)认知能力。在教学活动中,教师的认知能力关系到方方面面的工作,如确立教学目标、设计教学内容、分析学生特点、选择教学方法和教学策略、把控教学进程,等等。对此可以从以下三个方面来理解。

第一,教师的认知能力会影响其教学效能。认知水平较高的教师能够承受更大的压力,能够及时根据课堂情况调整自己的教学策略,理性处理种种复杂问题,从而激发学生的积极性和主动性。相反,认知水平较低的教师就很难多角度看待问题,教学策略也是按照既定的安排走,很难做到灵活调整,遇到压力就会产生挫败感。

第二,认知水平高的教师还能为学生营造良好的学习氛围和广阔的发展空间。处于高度抽象水平的教师往往更为灵活应变,较少专制和惩罚,他们强调尊重学生,对学生采取灵活和宽容的态度,理解学生之间的个体差异,着力促进学生学业和个人成长。

第三,认知能力影响教师教育机制的形成和发展。教学情境错综复杂,课堂信息不断变化,随机事件频频发生,在这种复杂、不确定的环境中,教师需要随时做出延续或改变当前教学行为的决策,而这主要依赖其认知能力。

(2)职业道德。职业道德对教师专业成长影响重大,这主要表现在以下两方面。

第一,职业道德是教师实现角色认同的基本前提。教师角色既代表教师个体在社会群体中的地位和身份,同时,也包含着社会所期望于教师个人表现的行为模式。教师的职业道德是实现这种角色认同的基础。

第二,职业道德是教师敬业乐教、发展成长的内在动力。职业道德规范是对教师道德品质和职业行为的基本要求,这些外在规约需要教师内化为具有内在生命的德性,这种内在的教师德性就会成为教师专业发展的精神动力,成为教师精神的核心内容。

(3)职业发展动机。新手型教师要发展成为专家型教师,就要在自己漫长的职业生涯中不断探索、学习,积极进取,提高自己的教学水平,强化自己胜任教学的能力,从而实现教学的卓越与完美。而要做到这一点,教师要有强烈且持久的职业发展动机。

2. 环境因素

(1)学校管理。为了做好管理工作,实现科学管理,学校设置了多样化的组织机构,制定了一系列的规章制度来确保学校能够正常运转、工作能够顺利进行。从教师发展成长的角度,这里把对教师的思想和行为影响较大的管理方式大致分为三类。

第一,专制或独裁的管理方式。现在的学校管理仍然可以看到以科层组织为典范的"工厂模式"的身影,它强调学校的控制和工作的协调,坚持等级式的管理和对教师的监管,明确计划和日程的遵守,保证上下级之间的垂直交流和指令贯彻。这种严格检查和严密监督组织滋生的是专制或独裁的管理方式。这种管理方式常常采用"萝卜与大棒"的方法,并且实行自上而下层层控制的办法,严密监视教师的活动。这种管理方式不仅严重阻碍了教师的专业成长,而且危及教育事业的健康发展。

第二,民主参与的管理方式。这种管理方式的特点是管理者在安排工作时会将注意力集中在目标的确定上,确定一个值得努力的目标,从而让教师在完成工作的时候获得极大的满足感。民主参与的管理方式体现了学校管理者的知人善任,能够保证每一位教师在合适的平台充分发挥自己的才能和智慧,从而获得满足感、成就感,强化了教师的职业承诺,对教师专业发展具有极大的促进作用。

第三,权变的管理方式。这种管理方式是学校管理权威不单纯取决于管理者的权力和地位,而是取决于管理者的管理才能和人格魅力,取决于教师心悦诚服的依从,而不是被迫的屈从。教师与校长的关系是在追求共同目标过程中建立起来的相互信任、相互理解、相互激发潜能的合作关系。学校管理者在管理时要兼顾学校和教师个人的需要,以此为依据来确定管理方式。

(2)学校氛围。学校内部形成的一种心理环境就是学校氛围。学校氛围是一所学校独特精神风貌的展现,体现了学校的个性。学校氛围是一所学校内部成员共有的价值观念、思想作风和行为态度,影响着每一位教师的思想和行为。

二、教师的专业素质要求

教师是道德的引领者、知识的传播者和智慧的启迪者,因此,教师要注重自身修养,才能更好地履行"传道、授业、解惑"的职责,才能担负起教书育人的神圣使命。因此,专业素质就成为教师专业发展的重要内容。教师的专业素质主要包含了精深的知识学问、高尚的师德修养以及精湛的教学能力。

(一)精深的知识学问

作为一名专业的教师,应该具备普通文化知识、所教学科知识和学科教学知识三个大的方面。

第一,普通文化知识。教师应具有哲学、社会科学、自然科学等方面的知识。普通文化知识本身具有陶冶人文精神、养成人文素质的内在价值。因此,教师除了精通所教学科的知识外,还要有广博的知识储备。

第二,所教学科知识。学科知识是开展学科教学的基本前提。学科知识,又被称为专业知识,是学科教师(如语文教师、数学教师、英语教师等)区别于其他教师的特殊的知识和能力的统称。学科知识包括:与学科有关的事实、概念、原理、理论等;学科专业主体知识,如规律性知识、学科思想方法、学科思维特点和研究方法及学科专业前沿知识等。学科知识是教师的立业之本,是一个教师成为好教师的必要条件。教师的学科知识不仅要做到"专"和"懂",更要做到"通"和"透"。

第三,学科教学知识。学科教学知识是包含在学科知识中的一种属于教学的知识。教师要不断更新学科教学知识,研究学科教学的特点,掌握学科教学的思想,把握学科教学的规律,努力促成最丰富的学科教学知识的生成与发展。

(二)高尚的师德修养

教育承载着民族未来,教师肩负着民族大业。在教育发展中,教师是中流砥柱,在教师的专业素质中,教师的职业道德即师德的作用至关重要,教师的专业素质需要良好的职业道德去承载、去支撑。因此,教师要提升自身的师德素养,就必须从"爱事业"做起,进而"爱学生""爱专业""爱岗位""爱学校"。关于教师的职业道德前文中已有详述,此处就不再赘述。

(三)精湛的教学能力

教学能力是指教师达到教学目标、取得教学成效所具有的潜在的可能性,它由许多具体的因素组成,反映出教师个体顺利完成教学任务的直接有效的心理特征。教学能力主要包括教学设计能力、教学实施能力、学业检查评价能力、表达能力、组织与沟通协调能力、运用教学手段的能力以及教学创新能力。教学能力在教师能力结构中处于核心的地位。

第四节　新时期教育与社会发展对教师心理的挑战

随着经济竞争的日益激烈,社会向劳动者的素质提出了更高的要求,而劳动者素质的提升则主要取决于教育水平。新时期,教育与社会发展对教师心理提出了新的挑战。

一、社会发展对教师心理的挑战

科技的迅速发展、国际竞争的激烈、人们生活压力的加大等,对人的素质,尤其是心理素质提出了更高的要求。教师只有具备了健康、适应时代特点的心理素质,才能有效承担社会责任、促进学生健康发展。

(一)健康的心理是教师承担社会责任的前提

全面提高人的心理健康水平是时代、民族、社会等发展的强烈要求。教师在社会发展中起着承上启下的作用,他们的身心健康与否直接决定了是否有承担社会责任的能力。但目前教师的心理健康状况不容乐观,这主要是因为教师也是普通人,他们自身也面临着生存与发展的各种问题,对他们的心理、工作、生活等造成了严重的威胁,使其产生消极紧张的负面情绪。如果这些问题得不到有效解决,他们将无法充分发挥工作潜能,造成工作效率低下,无法承担社会赋予的历史责任,甚至影响生活质量,对家庭和社会造成威胁。

(二)健康的心理是教师促进学生健康发展的保障

教师的心理健康问题在很大程度上影响着学生的心理健康水平。长期以来,学生将教师视为楷模,教师的思想行为对学生发挥着潜移默化的作用。教师自身的言行带有重要的教育影响力,在塑造学生灵魂方面发挥着重要的作用。教师的心理状态如果不健康则会对学生产生不利的影响,具体体现在以下几方面。

第一,直接影响良好师生关系的建立。一些教师采用各种方式对学生进行体罚,严重影响了良好师生关系的建立,并造成学生的心理困扰。

第二,直接影响学生的学习态度和生活态度。教师不健康的心态对学生的学习态度和生活态度有着直接的影响,甚至会影响到学生的人生观与世界观。部分教师情绪调控能力较弱,常常将个人在社会、学校和家庭方面的失意、烦恼带入课堂,将学生作为自身情绪发泄的对象,或者用自己消极的人生观和世界观影响学生,造成学生心理向着不健康的方向发展。

第三,直接造成学生的心理伤害。教师的不健康心理,如暴躁、易怒等,往往会给学生带来极大的心理困扰。教师如果不能合理调整自己的情绪,不能理智地处理学生问题,就很容易对学生的心理造成伤害。

第四,间接影响学生人格的发展。学生在自身发展过程中,面临着来自环境和成长带来的各种压力和矛盾,如果这些心理冲突不能得到有效排解,就会引发学生产生一系列的心理障碍。因此,教师应及时关注学生的心理发展状况。可见,教师的心理健康间接影响着学生人格的发展,同时,教师对学生的态度也是影响学生心理发展的重要因素。

第五,间接影响学生认知能力的发展。教师应对学生的学习进行积极的引导,这就要求教师在指导学生学习基础知识和基本技能时,还要指导学生掌握发展自身认知能力的方式、方法。如果教师的心理不健康,就会影响教学工作的顺利进行,从而间接影响学生认知能力的发展。

综上所述,要实现学生的全面发展,教师必须具备健康的心理素质,只有这样,才能促进学生的健康成长和发展。

二、教育改革对教师心理的挑战

教育改革极大地推进了现代教育的发展,但在发挥其积极作用的同时,也带来了一些现实问题。教育改革在对陈旧的教育理念进行扬弃的同时,也对教师提出了更高的要求。

(一)教育改革考验着教师的心理承受力

教师是教育改革的直接实施者,对教师而言,改革实际上都是对自己过去的否定,这是历练其精神的过程,考验着教师的心理承受能力。因此,要在教育改革中关注教师心理的变化,以减少教育改革带来的不良影响。

(二)教育改革呼唤着教师的心理发展力

教学改革的关键是课程改革,课程改革的关键则是课程实施。课程实施的主体是教师,教师是否能够适应课程改革的需要进行相应的改变,直接决定了新课程的进程和成败。因此,新课程为教师带来了严峻的挑战,对教师提出了新的要求,呼唤着教师的心理发展力。教师的心理发展力首先体现在其教育意识上,要求教师具有全新的意识,具体体现为以下几点。

第一,学生全面发展的意识。教师应具有学生全面发展的意识。学生全面发展不仅是指知识、技能及身体的发展,还包括心理发展。心理发展包括认知策略的发展,态度的发展、情感或情绪的反应,动作技能的发展。

第二,学生自主建构意识。教师在教学过程中,既要使学生理解学习材料的具体含义,还要使其理解学习材料的实用价值,这就需要学生从自己的生活经验和已有知识出发,建构起相应的联系。

第三,教学过程的实践化与参与化意识。新课程改革强调师生在教学过程中的平等参与、相互促进,改变了学生适应教师的模式,而要求教师对学生学习的需求进行主动的适应和满足,具体表现为更注重学生在教学过程中的参与性和实践性。

第四,课程评价发展性意识。发展性教育评价既是对旧评价制度的改进,同时,也是对教育评价的促进发展、鉴定水平和选拔淘汰功能的完善,从而使教育评价在学校教育中的核心作用得到充分发挥。

三、教育对象对教师心理的挑战

(一)把握学生的心理发展特点的需要

与以往任何时代相比,现代的学生具有以下特点:一是学生的独立意识增强。他们在思想观念、生活方式等方面要求独立,不喜欢受到他人的束缚。二是学生的知识面广,思维灵活。他们获得知识的渠道越来越广。三是学生与社会更加融合。他们对知识的需求与社会需求有着紧密的联系,这一切都促进了学生身心的不断发展。作为教师,应充分了解学生的心理发展特点,否则,将无法解决学生在成长过程中面临的迷茫与惆怅、不解与困惑。

(二)促进学生心理健康发展的需要

教育与心理发展是相辅相成的,心理发展是教育最核心的目标。但从目前的教学实践来看,部分教师在教学过程中往往单纯地向学生灌输文化知识,忽视了心理健康教育以及学生心理的发展情况。事实上,教学过程不仅要引导学生实现知识的积累,更重要的是通过知识的学习和掌握,培养其认知能力。因此,教师要重视学生的心理健康教育,将心理健康教育与自己的教育教学理念相融合,将心理健康教育的理论、方法在自己的教学行为中有所体现,不断促进学生的心理发展。

要注意的是,教师的教育教学活动不仅要向学生传授知识和技能,更重要的是教会学生如何做人,使其拥有健康的心理品质。因此,教师在对学生进行评价时要做到全面客观,善于通过评价促进学生心理及整体素质的健康发展。另外,教师在评价学生时还应遵循赏识与尊重相结合、包容与公平相渗透、期待与引导相融合的原则。

第五节　信息化环境下教师信息技术能力要求与技术素养

一、信息化环境下教师信息技术能力要求

(一)信息化环境对教师能力的挑战

教育信息化的改革发展对教师的能力有了更高的要求和挑战。教师只有具备新的能力结构才能适应教育信息化改革的要求。想要成为一个能力卓越的合格教师,就需要具备以下几种能力。

1. 多媒体的运用能力

现代教育媒体即电子技术媒体,它由软件和硬件两部分组成。其中,软件指的是已录制的载有教育信息的幻灯片、录音带、录像带、课件等;而硬件是指各种教学机器,如幻灯机、投影仪、录音机、录像机、计算机等。现代教育媒体给教学带来了很大的便利,使得教师应用媒体的能力显得格外重要。但并不是所有的教学过程都需要运用多媒体的,这就需要教师具备优秀的多媒体应用能力,可以根据教学所需选择合适的多媒体辅助教学。

2. 信息应用能力

科技发展迅猛,计算机、多媒体、网络等信息技术在教学中的应用越来越多,发挥着日益趋重的作用。信息技术的应用不仅可以帮助学生更好地获取学习资源,还可以帮助教师更形象、生动地进行教学工作。信息应用能力是伴随科技的发展、信息技术的应用而产生的能力要求,主要指的是针对某一问题时对信息的获取、分析、利用、整合、评价等能力的总和。在信息技术时代,信息应用能力在教学过程中起着举足轻重的作用,换句话说,就是

高效地获取有用的信息并加以整合利用的能力,是对教育工作者的一项重要的能力要求。

3. 教学设计能力

作为一个教师,最应该具备的就是教学设计能力。备课是讲好课的前提,教师需要在上课前考虑到课堂可能出现的情况,提前做好应对措施,安排好教学过程的各要素是教学系统设计的一项要求。此外,教学系统设计还要求掌握教学理论、思想和教学技术等,运用科学的方法合理分配利用各项资源去设计并实施教学,实现教学过程最优化。教学系统设计主要是由学习者特征分析、教学内容分析、学习目标分析,以及教学过程设计、学习资源及策略设计和教学评价与反思等组成的。

4. 教育创新能力

创新是发展的第一要义,教育创新能力表现为科学的思维、提出问题及解决问题的能力,也表现为教育教学中的新颖性、求异性和高效性。在现代教育事业的发展中,创造性教育越来越重要。但是要实施创造性教育,就要求教师必须具备创新能力。在教学中应以创造性的精神对待教学工作,敢于创新,善于改革,勇于尝试新的教育教学理论,用科学的方法及优秀的科研成果去培养学生的创新能力。此外,教师还要在实践中不断地培养自身的创新精神。

5. 教育科研能力

信息技术时代的到来,教育工作者面临着许多新问题,这些问题凭借教师的以往经验已经很难解决,想要解决这些问题就需要教师具备教育科研的能力,在坚持教学的同时,积极地结合教育教学实践展开探究,摸索出其教育教学规律并最终指导实践。另外,教师通过搞科研在不断提高自身教学水平的同时,会潜移默化地影响学生的实践创新精神。教师的科研能力不仅可以帮助教师自身的发展,还可以影响学生的创新思维。通过教师不断进行科研,开拓创新,教育事业的发展会越来越好。

(二)信息化环境对教师信息技术能力结构的要求

在信息化环境下,教师信息技术的能力主要表现在其对信息技术基础知识的掌握和运用上。

1. 教师应具备的信息技术基础知识

信息技术基本知识由信息技术的基本常识、信息技术的作用与影响、信息技术有关法律与道德问题三方面组成。

(1)信息技术的基本常识。信息技术的基本常识包括信息技术的概念、信息技术常用名词术语、信息技术的发展历史与趋势、信息技术的软件和硬件系统在信息系统中的基本功能、信息系统工作原理等。

(2)信息技术的伦理道德。教师在利用信息技术时应格外注意法律与道德问题。信息技术伦理道德问题主要是故意制造与散布计算机病毒,利用信息技术盗窃国家机密或破坏他人的数据与信息,以及触犯信息技术相关的知识产权问题等。

(3)信息技术的作用与影响。作为教师要全面地认识信息技术,不仅要认识和发扬信息技术的优势,同时,也要认识到信息技术的劣势。信息技术的优势表现在可以为人们获取丰富知识提供便捷的方式;为人们提供丰富灵活的工具,帮助人们进行工作,并且还可以帮助人们进行评价和管理自己的研究成果。信息技术的劣势表现在利用信息技术传播信息时,有人会利用信息技术传播违背伦理道德的东西;在使用信息技术分享信息数据时,可能会出现错误的或不真实的信息对使用者造成损害。因此,信息技术有利有弊,在教学工作中,教师要充分发挥信息技术的优势,巧妙应对其劣势,并对学生进行正确的使用指导。

2. 教师信息技术基础知识的运用

伴随着教育信息化的不断发展,将信息技术应用到教学中去,培养学生的创新精神和实践能力已成为一种趋势。在学校教学中应用的现代信息技术,主要是指以数字化、网络化、多媒体化和智能化为特点的信息技术。

首先,教师是学习主题、学习目标和学习情境的设计者,要运用信息技术基础知识,通过教学媒体的开发与使用,指导和帮助学生高效获取和利用学习资源。

其次,教师要运用信息技术基础知识创造学习环境,建立校园网、多媒体教室网、教学信息资源库、各学科的教学信息资源库等。

总之,教师应具备的信息技术能力,就是完成教师教学观念的转变,将信息技术作为辅助工具应用到教学实践中去。

(三)将信息技术应用到教学中去

伴随着教育信息化的不断发展,将信息技术应用到教学中去,培养学生的创新精神和实践能力已成为一种趋势。在我国,信息技术在教学中的应用主要表现在以下几个方面。

1.教师教学观念转变

受信息技术的影响,教师教学观念有所转变,学生成为学习的主体,计算机网络是学习工具,构建学习理论、自主学习、研究性学习、合作学习、竞争学习等思想观念,指导和帮助学生高效获取和利用学习资源。

2.学习环境的创设

将信息技术应用到教学中时,应突出其创造学习环境的作用和工具本身的作用。建立校园网、多媒体教室网等,进行自主学习和研究性学习;重视建设教学信息资源库,建立各学科的教学信息资源库。

3.学习资源的利用

教师应在研究教学媒体开发及教学运用的基础上,更加注重研究学习资源的设计开发和利用资源进行学习的课题。

综上所述,在信息技术的环境下,对教师的信息技术能力的要求主要体现在学习信息技术的基础知识和将其应用到教学工作中去。另外,可以看出信息技术在教学中的应用是作为一种辅助工具存在的,而不是一种理论。从根本上来说,教师应具备的信息技术能力,就是完成教师教学观念的转变,将信息技术作为辅助工具应用到教学实践中去。

二、教师应具备的信息素养结构

从教师信息素养的技术层面来进行分析,掌握计算机技术只是教师进行传播和利用信息的重要手段,而教师的信息素养应具有广泛而确定的内涵,具体包括以下几方面。

(一)信息素养

教学信息技术素养最基本的构成就是信息素养。教学信息素养主要表现在对教学信息的理解、分析、查找、评价和使用上。这种素养在媒介素养之上,依靠技术的娴熟,同时,又独立于媒介技术,在其理论的指导下有更深层次的延伸。① 因此,信息素养的基本内容如下。

第一,能够熟练地运用信息技术网络中的搜索引擎或其他信息技术查找工具去查找、获取教学资源。

第二,能够合理地选择适合的多媒体,运用适合的传播媒体,将有价值的教学信息高效地传递给学生。

第三,具有对信息进行加工的能力,利用多种信息技术工具对所搜集的教学资源去粗取精、去伪存真,并且经过筛选后分类整理和再加工,形成可供利用的教学资源。

(二)信息化教学素养

信息化教学素养由信息化教学设计、信息化教学实施和信息化教学评价组成。其基本内容如下。

第一,能够根据不同学科和知识的特点,选择合适的媒体和资源融入教学设计中,为学生构建更良好的学习环境。

第二,在信息化教学实施的过程中,能够适当地使用学习管理系统,应用信息化的教学媒体以及教学资源与学生交互学习。使传递的信息量最大且价值性最高,充分调动学生的多种感官,从而提高学习效率。

第三,会使用信息化教学评价手段对学生进行过程性及总结性评价。如电子档案袋、学习管理系统等。

(三)媒介素养

多媒体在教学中的作用越来越大,利用多媒体进行教育对学生的发展也起着十分重要的作用。所以,媒介的选择很重要,选择合适的媒介工具有利于信息的传播。

媒介素养的基本内容如下。

第一,能够熟练使用多媒体计算机,安装并使用教学中需要的相关软件辅助教学。

第二,能够合理地选择高效的多媒体工具辅助教学,需要熟练掌握教育媒体应用的理论,客观地分析教学内容、学生的特点、教学环境以及媒体自身的特性,从而合理选择高效的多媒体教学工具应用在教学中。

第三,能够熟练使用其他的多媒体设备辅助教学,并能利用信息技术工具制作简单的课件。

---

① 李静,王建军. 网络学习平台下师范生教育技术素养提升策略研究[J]. 中国现代教育装备,2010(24).

(四)信息创新

伴随着社会的不断发展,竞争无处不在,只有懂得创新的人才能有立足之地。而作为承担培养人才任务的教师,首先就要具备创新意识、创新能力、创造性思维,因为只有这样才能具备进行创新教育的能力,才能培养出创新型的人才。

教师的信息创新能力由两方面组成,一方面是教师自身要具备创新意识和创新能力,另一方面体现在培养学生的创新能力上。

1. 教师的创新意识

教师的创新意识包括发现问题的高度的敏感性、分析问题的新颖性,以及强烈的好奇心、求知欲和浓厚的创新兴趣。发现问题的高度的敏感性,即能很快注意到某一事物或情境中存在的问题;分析问题的新颖性,就是能够通过自身对问题的理解,提出不同寻常且又合理的观点;强烈的好奇心、求知欲常常表现为对新事物的好奇关注以及想要寻求解决办法的欲望和决心等方面;浓厚的创新兴趣,创新型人才向往并热衷于创新活动,对各种活动都充满浓厚的兴趣,他们能在创新中得到心理上的满足和快感。正是因为创新型人才这种敢于发现问题、质疑经典、解决问题的意识,才能推动社会改革发展。

2. 教师的创新能力

与创新意识相匹配的必然是创新能力,在教师具备创新意识的基础上培养其创新能力。那么,首先就要培养教师勇于创新的精神。创新精神,能激励自己勇敢地追求真理,既不受自身原有知识的限制,也不受他人思想或者经典的束缚,敢于质疑权威、探索真知,勇于按照自己的判断去付诸实践。其次就是要培养教师活跃的创新思维能力。教师拥有活跃的创新思维能力是很有必要的,它可以激发人的潜能,使思维时常保持在具有活力与开放性的状态,在生活中迸发创新的火花。这就要求教师要具备持久的观察注意力,创新的热情与激情,创新的胆识与顽强的意志以及顽强拼搏的意识和强烈的团队协作精神。

另外,教师之所以要具备信息创新能力,其主要目的在于培养出创新型的人才,换句话说,就是培养学生的创新能力。在培养学生创新能力时,要求教师转变教学观念,采用创新型教育理念,在教学方式上充分体现学生的主体性,教师则主要运用信息技术手段为学生营造良好的学习、创新环境,通过启发、激励等方式引导学生自发地形成创新能力,进行创新活动。从为

学生的角度出发,教师要努力做到以下几点:

(1)转变传统的教学观念。课堂不再是教师进行"教"学的地方,而是教师与学生合作学习的地方。摒弃以往机械式的教育模式,让学生都参与到教学活动中去,关注每位同学的进步和创新。俗话说"授人以鱼不如授人以渔",一个好教师不单单是把信息知识教给学生,更要把获取信息的方法教给学生。多媒体信息网络教室的应用可以帮助教师实现这一转变。

(2)合理利用多媒体系统激发学生创新思维。教师在做课程设计时,要充分利用多媒体系统去启发学生自己发现问题、自己解决问题,使学生逐步养成独立获取知识和创造性地运用知识的习惯。另外,加强培养学生发现问题、提出问题和解决问题的能力。利用多媒体,采用更直观的方式让学生对所学的知识有直观清晰的认识,也可以让学生亲自动手,加深学生印象,充分调动耳、眼、手、脑,提高学生的学习效率,提高学生创新的思维能力;指导学生运用网络工具获得大量的知识。

(3)为学生营造良好的创新环境。教师要把学生看作是一个可以"独立思考的个体",启发、引导其自己思考,才能实现创新型教育,培养出创新型的人才,而不是把自己的思维模式强行地灌输给学生,要为学生营造一个良好的创新环境。教师要鼓励学生大胆质疑,要给予学生发表意见的机会,使学生逐步具有创新的意识。如果学生提出与自己完全不同的观点时,决不能立即否定学生,而是要和学生一起通过科学的探索得出正确的结论,使学生树立创新的自信心的同时,掌握探索方法。

3. 教师的创造性思维

想要成为创新型教师,首先就要注意训练自己的思维方式。与惯性思维这种直线式的思维方式不同,创造性思维指的是发散性思维,这种思维方式在遇到问题时,可以从多角度、多层次、多结构去思考和寻找答案,不会受现有知识和传统思想的束缚。其思维路线是开放的、扩散的,具有广阔性、深刻性、独特性、批判性、敏捷性和灵活性等特点。

另外,教师的创造性思维主要表现在对学生的创造性思维的培养,应遵循培养创造性思维的五个环节,具体如下。

第一,重视发散思维的培养。发散思维是一种从多角度、多层次、多结构去思考和寻找答案,最终使问题获得圆满解决的思维方法。

第二,重视直觉思维的培养。直觉思维是一种直接的领悟性的思维,仅根据内因判断而不用各种方法去分析探讨的思维方式。

第三,重视形象思维的培养。形象思维指的是运用直观的形象去表述问题、解决问题的思维方式,这种思维方式可以将知识难解的问题通过想象,使其形象、具体,便于解决问题。

第四,重视逻辑思维的培养。逻辑思维就是一种运用各种方法,分析、概括、推理使得问题解决的思维,与形象思维可以结合使用。

第五,重视辩证思维的培养。辩证思维是一种对从事物内在矛盾的运动、变化及各个方面的相互联系中进行调查研究的思维方式,讲究实事求是、对立统一、认识事物的本质。

教师只有抓好上述五个环节去培养学生的创造性思维,才可以真正实现培养创新型人才的愿望。

(五)信息伦理道德

信息技术是一把"双刃剑",在推动教育发展的同时,也存在着很多的问题。现代信息技术为教育教学信息的获取、加工、传输带来极大的便利。而与这种便利应运而生的就是诸如网络黑客、网络安全、版权问题、个人隐私问题、色情暴力等不良问题的出现。这些问题的出现给我们的道德教育提出了新要求,它要求信息社会的每一个人要具备良好的信息伦理道德。而教育以德为先,作为信息社会中的教师,不仅自己要具有良好的道德修养,还要具有进行信息道德教育的能力,因此,教师的信息伦理道德显得格外重要。

教师的信息伦理道德素养应体现在以下几个方面。

第一,提高道德的主体性,在理解接受信息伦理道德标准的基础上自觉开发制定新的标准。如不得未经他人允许侵犯他人的隐私等。

第二,正确认识全人类利益和民族利益的关系。

第三,正确认识文化多样性,尊重各民族文化传统。

第四,自觉抵制来自信息技术环境的不良影响。

第五,自觉遵守网络道德规范。

教师在培养学生伦理道德素养时应注意以下几个方面。

第一,在通信自由方面。因为网络在线交往的缘故,维护网络安全的责任主要由个人和团体来承担。作为教师,应弄清计算机网络对其内容有无限制以及限制的范围,以免因为人们的网络行为而造成持续不断、范围较广的影响。

第二,在网络安全方面。教师要充分提高对信息安全的认识并承担起维护网络安全的责任,除了加强教育与管理之外,还应注意技术防范。如安装防火墙技术、数据加密技术、端口保护与主体验证等。

第三,在网络隐私方面。作为教师应了解在网络信息环境下保密的、专有信息构成,专有信息以及信息的保密状态,当事人的版权和使用问题,以及当事人可以通过何种方式维权。

第四,在信息所有权方面。教师应理清共享与独享的冲突,根据知识产权法律规定,信息共享与信息独享在一定的背景下都是合法的,不违反道德的。因此,教师必须在一个合理的范围内利用信息资源,切不可有侵犯知识产权的违法行为。

第四章　现代教育中的学生

　　学生有广义和狭义之分。从广义上讲,所有学习的人都可以称为"学生",无论是自学者或生活经验中的学习者,还是在学校系统中的学习者。狭义上讲,学生是指学校中以学习为主要任务的人,是"介于婴幼儿与成人之间的'半'社会成员",他们"作为一个社会性未成熟者而生活于一个多重社会之中"。① 学生既是学习的主体,也是教师进行教育和培养的对象。没有学生,教育活动无从谈起。在传统教育里,学生只是被动地接受学习,而在现代教育中,尤其是在信息化环境下,更突出的是学生独立自主性。因此,教师必须掌握学生的教育需求和身心发展的规律及各阶段特点才能因材施教,培养出满足社会需要的优秀人才。同时,教育工作者必须正确认识学生在学校教育中应有的地位,充分发挥其学习主体的作用。认识学生的本质、权利和义务,探索学生的心理、学习动机,了解学生的发展特点,做好学生管理,有助于构建现代教育中新型的师生关系,也可以更好地贯彻信息化环境下的终身教育理念。

第一节　学生的本质、权利和义务

一、学生的本质

　　学生是教育的对象,也是教育的出发点和归宿。教师要拥有科学的学生观,就必须了解学生,了解学生是怎样的人,作为教育对象的学生具有哪些本质属性。学生首先是人,具有人类社会成员共有的本质属性,但学生又是针对特定群体的称谓,有着特定的社会角色,因此,必然会显现出不同于

---

　　① 　吴康宁. 教育社会学[M]. 北京:人民教育出版社,1998:222、223.

其他社会成员的个性特点。归结起来,学生的本质特点主要体现在以下几方面。

(一)学生是人

学生是人,这里所指的人包括以下几方面的含义。

1. 学生具有能动性,是一个能动体

自觉能动性也称主观能动性,是人类所特有的行为特征,表现为人们在认识世界和改造世界中具有目的性、计划性和主动性。人是一个有意识的存在物,对外界事物的影响会做出有选择性的反应,或积极或消极,使得同一事物对不同的人所产生的影响和作用有了强弱之分和方向之别。因此,人的发展一定是内外因相互作用的结果。尽管学生是被教育的对象,或者说是受教育者,其核心任务是学习,通过学习促进身心的健康发展,不过,这绝对不是说他们在教育活动中完全处于被动的地位。学生作为有意识的主体而参与到教育教学过程之中,对各种教育教学影响进行着有选择的接受或拒绝。

因此,在整个教育活动过程当中,教师需注重激发学生的积极能动性,引导学生自主地以一种与教师相重叠的目的活动,从而共同完成教育任务。除此之外,教师还要让学生形成自我发展的动力和要求,改善教育环境,创造和满足自身发展需求的条件。

2. 学生是具有思想感情的个体

学生是有血有肉的人,有自己的思想感情,这也是与作为物的劳动对象完全不同的。因此,教师对学生的心理反应不仅限于认知范围内,这也即是说,与其他物的实践对象不同,在教师的心理上,不仅仅把学生作为一种认识对象,而且必然会与学生建立起诸如情感、需要等的联系,而这些心理联系同时又必然是双向的,如教师对学生产生某种感情,学生对教师也有感情。

3. 学生是具有独立人格的个体

学生是具有思想感情的个体,这意味着他们具有自身独立的人格,他们有自己的需要、愿望和尊严,这一切都应当得到正当的满足和尊重,学生不同于其他的物可以听任摆布、屈从于人。

4. 学生是实现全面发展与充分发展的个体

实现人的全面发展和充分发展是每个学生的权利,其先天的生理遗传充分赋予了他们实现全面发展的条件,只有全面发展,才能得到充分发展。在现实中狭隘的应试教育是违背学生的本质属性的。

5. 学生具有独特的创造价值

可以说,每个人都有与生俱来的创造潜能,这也正是人的独特价值所在。世间的一切有价值的东西,都是由人所创造的。处于学习期间的学生虽然尚未进入创造价值的过程,但是学生的学习过程实质上是学习创造的过程,教育是释放人的创造潜能的重要途径。学生的一个新的想法、一个独特的解题思路、一个与众不同的设计等,无不体现了他们所蕴含的丰富创造性。所以,教育要保护学生的探索精神、创造意识和思维。

(二)学生是现实社会的成员

学生是社会当中的一员,所以,他们应当享有所有社会成员共同享有的基本权利,不能因为他们是学生而忽视其作为社会平等一员的基本权利,也不能因为他们是学校和教师的教育对象而忽视其作为一个主体的权利和地位。他们需要教师的指导和帮助,也需要学校的管理和约束,但是这并不意味着学校和教师可以凌驾于学生之上,学生应该像成人一样有权表达自己的意见、展示自己的个性、发挥自己的主动精神。

(三)学生是成长中的人

学生虽然是现实社会的成员,但他还没有完全地成熟,严格地说,他是一个尚未成熟、定型的个体,在他们身上所展现的各种特征都还处于不断地变化和发展之中。具体而言,学生的成长、发展性主要体现在以下几方面。

1. 学生具有与成人不同的身心特点

青少年、儿童不是成人的雏形,具有其自身的身心发展的特点。当生理学和心理学等科学尚未充分发展起来时,在一个很长时期里,人们都只是把儿童看作是一种"小大人",并不认为他们与成人有什么质的差别,在教育工作中往往抹杀他们的特殊性。同时,也由于以往生产力水平的低下,大多数少年儿童很早就参加到生产劳动中去,他们的生活准备期十分短暂,他们与成人承担了同样的社会义务,构成成人社会的一部分;他们没有独自的生活领域,得不到社会对于他们的特殊照顾、教育和对待。

2. 学生具有发展的潜在可能

对于发展中的人来说,在青少年、儿童身上所展现的各种特征都还处在变化之中,趋向于逐渐成熟的过程中。他们身上潜藏着各方面发展的极大可能性,他们的身心已经出现的某种发展的不足之处、思想行为上的缺点错误,较之成人来说,一般也有较大的矫正的可能性。每个健康的儿童都拥有巨大的发展潜力。据科学家研究,每个人都最多只是发挥了自身 10% 的潜能,其余 90% 的潜能在沉睡着。而对于正在发展中的学生来说,他们的潜能就更为巨大。

3. 学生具有获得成人的教育关怀的需要

由于青少年、儿童各方面发展不够成熟,取得成人的教育和关怀就成为他们发展中的必然需要。只有充分认识这点,才能以一种培养的观点去对待学生,积极发挥教育的作用。认为儿童的任何要求都是合理的,无须成人的帮助教育,听任他们自由发展,这种观点显然是错误的。

另外,正因为学生是不断发展的人,所以,教育不应以尽善尽美的标准去评判衡量学生,应该以宽容的态度对待他们在成长中所出现的各种缺点、各种倒退,应该允许他们犯错误。只有这样,才不会挫伤学生自我发展的积极性,使他们向着更高的目标迈进。

(四)学生是具有多样性的人

学生既然是人,就必然体现人性的丰富多彩。每个学生都有其独特的个性特征和不同的发展潜能。美国学者詹宁斯说:"自然界用尽所有心力,尽可能使得我们一群孩子禀性各异,自然不遗余力把无限的可能性隐藏其中,没有人能确定或预言这些可能性。"人的自然多样性决定了教育应关注到每个学生,承认他们之间的差异性,为他们的发展提供个性化的服务,让所有的学生都能在其适宜的环境中成长,使教育真正做到因材施教。

(五)学生是个性化的人

每个学生都来自不同的家庭,有着不同的遗传素质和不同的生活经历,他们对于生活的任何体验和感情经历都是别人不可替代的。抹杀任何一个学生的独特个性,就等于剥夺了他的创造能力,否定了其存在的个人价值,正视学生个体生命的差异性应是教育的基本要求。肯定、鼓励并发展学生的个性,以不同的标准去要求和衡量不同的学生,才能调动学生学习的积极性、主动性和创造性。事实上,随着信息技术和多元化社会的到来,个性已经成为现代人的一个本质特征,因为高科技发展需要人的创新精神和创造性的能力。教师在教学中要尊重学生的个体差异性,要培养学生的独立性,使每个学生都在个性的基础上得到生动活泼的发展。

(六)学生是具有完整性的人

任何人都具有一个完整的生命,他包含生理和精神两个基本层面。精神层面正是人区别于动物的,由认知、道德、审美所构成的一种潜在文化心理结构。学生作为人也必然体现这种完整性,即他们不仅具有保护和促进自然生命发展的需要,而且还具有追求智力、品德、审美等精神提升的需要。教育的意义在于"成人",而人是整体的人,是具有"多向度"的人。素质教育是完整的人的教育,它的真正功能在于让学生在获取知识的同时,还应该有人格的完善、灵感的启迪、情感的交融,从而让学生得到生命多层次的满足和体验。传统教育把学生只是当作"人才工具"看待,就是一种"非完整人"的教育。所以,教育者必须充分认识到学生的完整性,并积极地满足他们的生理和精神需要,促进其人格的健全发展。

(七)学生是以学习为主要任务的人

学习是人类生活的普遍现象,尤其在今天这样一个学习化的社会里,更是提倡每个人接受终身教育。然而,学生的学习是一种特殊形式的学习,它不同于一般人的学习,不同于日常生活的学习,也不同于劳动、工作中的学习。学生阶段是人生的一个特殊阶段,它的主要任务就是学习,这一特点是学生区别于社会上其他人的质的规定性,同时,它也赋予了学生接受教育的权利和义务。

学生的学习是由教师指导,在特定教育情境中有目的、有计划地展开的,这保障了学习的有效性,从而能更好地促进学生的全面发展。所以,学生的学习相比社会其他成员的学习来说,它更体现出一种规范化和制度化,学校教育对学生的成长起着主导作用。

学生的学习是有目的、有计划、有组织地进行的,它是由一定的教育制度以及学校的各项规章制度所规定了的。因此,作为学生的一系列行为模式和规范不仅要受到社会传统观念、文化习俗等影响,而且还要与现存的政治经济制度相适应。

二、学生的权利

斯宾塞曾提出"教育要为儿童未来完满的生活做准备"这样的口号,这既是功利主义和工具主义教育思想的反映,又表达了多数成人对于在校学生的看法。他们认为学生只是尚未进入成人社会的"准社会人""成人雏形的儿童",学生的一切都是为了适应将来成人世界的标准。这样,学生作为人的主体性、独立性和相应的权利被剥夺了。1924 年《日内瓦儿童宣言》是成人社会第一次在世界范围内对儿童权利的正式确认。1959 年 11 月 20 日联合国大会通过了《儿童权利宣言》,这是人类历史上第一次正式以国际组织的形式对儿童权利的肯定。1989 年 11 月 20 日联合国第 44 届大会通过了《儿童权利公约》,这是国际社会第一个肯定儿童权利的法律文件。我国于 1990 年 8 月 29 日在《儿童权利公约》上签字,1992 年 4 月 1 日在我国生效。儿童权利的核心是"儿童优先",《儿童权利公约》旨在保护儿童的合法权利不受侵害。为了保护未成年人的身心健康,保障未成年人的合法权益,促进未成年人在品德、智力、体质等方面全面发展,我国还制定实施了《未成年人保护法》。具体而言,学生享有一般的合法权利,在教育中又享有具体的权利。

(一)学生的合法权利

从大的方面讲,学生享有的合法权利包括受教育权、身心健康权、人格尊严权和隐私权。

1. 受教育权

我国一系列法律规定了受教育权是学生最主要的权利。任何组织和个人不得随意剥夺学生受教育的权利,每个适龄儿童都应有机会平等地接受正规教育。而且机会平等意味着每个人都能受到适合其个人特点的教育。我国《宪法》第 46 条规定:"国家培养青年、少年、儿童在品德、智力、体质等方面全面发展。"此外,《教育法》《未成年人保护法》也对此有相关的规定。

2. 身心健康权

身心健康权包括未成年学生的生命健康、人身安全、心理健康等内容,如合理安排学习时间和作业量、合理安排学生的体育锻炼、定期组织身体检查;保证教育教学设施的安全;安排有利于学生身心健康的社会活动等。《未成年保护法》第 16 条、第 25 条、第 27 条对此作了相关规定。

3. 人格尊严权

指学生享有受他人尊重,保持良好形象及尊严的权利。因为学生首先是作为人而存在的,只要是人都需要得到他人的尊重,这是做人的基本权利。《世界人权宣言》第 1 条规定:"人人生而自由,在尊严和权利上一律平等。他们富有理性和良心,并应以兄弟关系的精神相对待。"第 26 条规定:"教育的目的在于充分发展人的个性并加强对人权和基本自由的尊重。"我国《未成年保护法》第 15 条对此也作了相关规定。

4. 隐私权

指学生有权要求私人的、不愿或不便让他人获知或干涉的、与公共利益无关的信息或生活领域得到保密。如教师不得随意宣扬学生的缺点或隐私,不得随意私拆、毁弃学生的信件、日记等。《未成年人保护法》第 30 条、第 31 条、第 36 条对此作了相关规定。

(二)学生在教育中享有的具体权利

根据我国《教育法》第 42 条的规定,各级各类学校的学生在教育中主要享有以下五项基本权利。

(1)参加教育教学计划安排的各种活动,使用教育教学设施、设备、图书资料的权利。这是保障学生学习权利的前提和基础。任何组织和个人不得以任何借口非法剥夺学生的这一基本权利。

(2)按照国家有关规定获得奖学金、贷学金、助学金的权利。我国各级各类学校都设立了奖学金制度,对品学兼优的学生实行奖励。国家对家庭确有困难的学生实行贷学金制度和助学金制度,资助贫困学生完成学业。在奖学金、贷学金、助学金的实施中,凡是符合条件的都应允许申请,不得拒绝和歧视。

(3)在学业成绩和品行上获得公正评价,完成规定的学业后获得相应的学业证书、学位证书的权利。在学业成绩和品行上获得公正评价是指受教育者在德、智、体等方面都有权获得公正评价。

(4)对学校给予的处分不服可以向有关部门提出申诉,对学校、教师侵犯其人身权、财产权等合法权益,有提出申诉或者依法提起诉讼的权利。这是公民申诉权和诉讼权在学生身上的具体体现。学生对学校给予的处分不服时,可向有关部门(本校的教育行政部门)提出申诉。主管教育部门接到申诉后,应在规定时间内进行调查研究并作出裁决。学生对学校或教师侵犯其人身权、财产权等合法权益的行为,有权依照《民事诉讼法》等法律提起诉讼。

（5）学生有权享有《教育法》以外的其他法律、法规规定的权利。学生同样也是公民,国家法律、法规规定的公民权利学生都有权享有。

三、学生的义务

学生的义务是指学生在教育教学活动中必须履行的责任,表现为学生在教育教学活动中必须作出一定行为或不得作出一定行为。依据学生的不同年龄阶段和就读学校的不同类别,学生的具体义务各有差别。我国《教育法》第 43 条对各级各类学校学生的基本义务作了如下规定。

（1）学生有遵守法律、法规的义务。

（2）遵守学生行为规范,尊敬师长,养成良好的思想品德和行为习惯。学生要严格遵守《小学生日常行为规范》《中学生日常行为规范》和《高等学校学生行为准则》等学生行为规范。养成良好的思想品德和行为习惯是学生必须履行的义务。

（3）学生有努力学习、完成规定的学习任务的义务。

（4）学生有遵守所在学校或者其他教育机构的管理制度的义务。

第二节　学生的心理与学习动机探讨

一、学生心理的分析

学习,是学生本身的自主活动。一切教学影响只有通过学生自身的积极活动,才能转化为学生内在的精神财富,才能使学生得到成长和发展。因此,分析学生的学习心理,特别是他们的学习动机与学习期望,是选择和制定教学策略、提高教学过程的有效性的必要基础。学习动机后文进行专门论述,这里仅从学习期望的角度论述学生心理的分析。所谓学习期望,是指学生在进入教学过程之前,对教师的教学内容与教学方式抱有的希望或期待。具体来说,学生的学习期望主要涉及以下几个方面。

（一）教学的价值性

期望教师的教学内容与教学方式具有吸引力,能满足学生的特定学习需要,是学生的普遍心愿。尽管学生对其的表述形式多种多样,但从教学任务与需要满足的关系综合来看,可以归纳出学生对教学的价值性的四个方面期望。第一,期望教学具有兴趣性价值,即充满新异性和趣味性,能给学生带来愉悦的感受。第二,期望教学具有发展性价值,即教学活动本身能使学生不断增长才干,并因此增强自信心、提高抱负水平。第三,期望教学具有评价性价值,即学生在教学过程取得好成绩或获得成功可以得到好评,并能证明自己的能力。第四,是利用性价值,即完成这一教学任务可使学生达到更高的学习目标。当然,上述四种价值在对学生学习积极性的影响上也有差异。其中,具有兴趣性价值和发展性价值的教学任务,具有内在和持久的影响。

(二)互动的民主性

学生的另一普遍期望是要求与教师建立一种民主的、平等的、友爱的教学互动关系。他们希望教师尊重、信任、同情、关怀他们,能公正地、实事求是地对待和严格要求他们,能把他们看作是一个独立的、完整的、正在发展的人,不要用那种讽刺、挖苦、冷酷与不负责任的态度对待他们,更不要把自己的意志强加给他们。与之相应,心理学研究表明,学生大都有尊重教师、乐于接受教师指导的自然倾向,都希望得到教师的关注、重视、关怀和鼓励,都希望有个好教师来教他们。可以说,教师只要不负于他们的尊重、信赖和希望,不以自己的言行败坏自己的教师形象,他们就乐意听取和遵从教师的教导,把教师当作可信赖的亲人。

(三)评价的发展性

教师对学生学习状况进行的评价,是影响学生学习积极性的重要外部因素之一,被学生普遍看重。在这方面"要用发展的眼光看学生,不要单看学生的成绩,更要看学生所作的努力",是学生的普遍期望。与之相应,现代教育改革在教学评价方面有着明确的原则要求,即着重评价学生在学习过程中取得的进步和做出的努力,而不是着重评价学生的能力高低和名次前后。尤其是那些自认为能力不佳的学生,极易采取回避和远离挑战的策略,以防自尊心受到伤害。即使是那些对自己能力有较高估价的学生,也常会因学习任务中含有出错的风险而"明智地"放弃学习机会。而在强调发展和努力的评价情境中,学习目标的具体指向及其特定的结果,使学习被强调为通过努力求得进步的一种方式,因此,它自然使学生的学习动机建立在对学习任务本身的兴趣和对所学知识的发展价值的关心上。为了自身的发展,学生常会以跃跃欲试的态度去掌握那些他们不懂、不会或不敢确信是否能做的事情。总之,强调评价的发展性,可以使学习成为学习本身的目的,从而易使学生产生寻求挑战的学习倾向。

(四)反馈的及时性

及时反馈学习结果能帮助学生及时发现、纠正错误,调整学习的进度。使用合适的学习策略来完成学业任务。同时,了解自己学习活动的进展情况,本身就是一种激励力量,会激发学生进一步学习的愿望。反馈在学习上的效果是很显著的,尤其是每天及时反馈,较之每周反馈效果更佳。所以,学生期望教师应尽可能让他们及时、准确、具体地了解自己学业的进展情况及取得的成绩,对他们完成的作业(练习、试卷等)的批改切忌拖延,也不要过于笼统,越具体、越有针对性越好。

(五)难度的合理性

学习任务的难易程度也直接影响学生的学习动机。如果任务难度太低,学生做起来轻而易举,会使学生觉得缺乏挑战性而不感兴趣;如果任务难度太高,学生力所难及,又会使学生因遭受挫折而丧失自信,或为避免自尊心的受挫而产生回避倾向。根据教育心理学的"最近发展区"理论,那些对学生具有一定的挑战性且经过适当努力就能够完成的任务,既能激起学生跃跃欲试的心态,又能让学生体验到成功的满足,还能达到有效地增长能力的目的。

二、学生的学习动机

学习动机是激发和维持人的学习行为,并使学习行为指向一定学习目标的内部动力。这种内驱力来源于与学习有关的生理性刺激和社会性刺激,正是这些刺激的作用使人产生了学习的能量和冲动,从而推动和维持人的学习行为。[1] 学习动机是学校教育所要关注的核心问题之一,要理解学生在学习活动中的行为表现,就必须深入了解行为背后的内在原因,即学习动机,也就是为什么而学的问题。学习动机不同,学生的行为表现也就大不相同,进而对学习效果也会产生影响。简单来说,学习动机可以被看作是学习者的一种特质,也可以被看作是一种状态。作为特质的学习动机在学习者身上往往有较稳定的体现,如学习者强烈的需要、持久的兴趣等。作为状态的学习动机常常是学习者的一种短暂状况,会随时间和情境而变,如为了

---

① 韦洪涛. 学习心理学[M]. 北京:化学工业出版社,2011:194.

应付即将到来的考试而努力学习就是一种状态性的学习动机,因为考试过后学习者可能再也不会去学习了。

(一)学习动机的变化规律

学习动机并非神秘莫测、不可捉摸,其变化同人的所有心理活动一样具有一定的规律性。如果人们在学习中自觉地遵循这些规律,便有助于改善学习行为,提高学习效果。

1. 学习动机是由多种内部心理因素转化而来的

在学习活动中,很多内部心理因素都可以转化成为学习动机,如好奇心、求知欲、兴趣、情感、自尊心、自信心、好胜心、对学习的需要等。例如,一个学生对某门学科有浓厚的兴趣,他就会乐此不疲地学习这门学科,从而形成较为浓厚的学习动机。这种由内部心理因素转化而来的学习动机也被称为内部学习动机,它对于个体的学习活动会产生较大影响,且影响时间也较长。

2. 外部客观条件也可以激发学习动机的产生

除了内部心理因素之外,外部客观条件也可以激发学习动机的产生,这些因素既可以是简单的物体,如食物、饮料、物品、金钱等,也可以是复杂的事件和情境,如名誉、威望、竞赛、评优等。例如,父母的奖励、老师的表扬等都可以激发一个学生学习动机的产生。不过,这类条件对学习活动的影响较小,影响时间也较为短暂。

3. 内部学习动机与外部学习动机可以相互交替、转化

内部学习动机与外部学习动机在一定条件下是可以相互转化与交替的。例如,当一个学生在获得某种奖励(外部客观因素)的推动下进行学习时,渐渐地对学习产生了兴趣、热情或责任感,更加积极主动地学习,这样,外部学习动机便转化为内部学习动机。再如,一个学生本身对某一知识存在一定兴趣,在这种情况下,有关这一知识的某些比赛便可以推动该学生对这一知识进行深入学习与探索,这样,内部学习动机便与外部学习动机进行了转化。可以说,在学习活动中,有时是外部学习动机起作用,有时是内部学习动机起作用,两者轮流交替、相互转化,贯穿于学习活动的全过程,直至达到既定的学习目的。

4. 只有处于最佳的水平,学习动机才有利于个体学习效率的增强

理论上来说,学习动机越强,则对学习活动的影响越大,学习的积极性和效率也越高。然而,从实际情况来看,情况却并非如此。如果学生的学习动机过强,则有可能导致学习效率的下降。例如,一个学生由于上大学的动机过于强烈,以致一进入考场便因情绪紧张而产生"怯场"现象,降低了记忆和思维效率,连平时较为熟悉的题目都回答不出来。若一个学生的学习动机过弱,则也会导致学习效率的下降。

5. 学习动机可以迁移

学习动机也可以迁移,即把其他活动动机转移到学习上来,或者把对这一科目的学习动机转移到另一科目的学习中去。例如,有的学生对学习缺乏动机,但却十分喜欢玩游戏,那么,教师便可以利用游戏与学习的联系,把他对游戏的动机转移到学习上来。

(二)适当水平学习动机的培养与激发

培养和激发学生的学习动机是教师的一项重要任务,然而,过高和过低的学习动机都不利于学生的学习,只有保持适当水平的学习动机,学生才能有较好的学习表现。因此,培养与激发学生的学习动机需要注意培养和激发学生适当水平的学习动机。这可以从以下几点入手。

1. 培养与激发学生适当水平学习动机的教学设计

教学设计是否得当将会在很大程度上影响其教学效果,对于学习动机的培养和激发而言,常见的教学设计主要有两种:一种是由德国著名心理学家科勒从动机—成绩—教学影响理论出发而提出的 ARCS 模式;另一种是艾姆斯在成就目标理论的基础上,根据大量的研究成果提出的 TARGET 模式。

(1)ARCS 模式。20 世纪 80 年代,德国著名心理学家科勒提出了一个动机设计模型,该模型将激发学生动机的任务看作是一个系列过程。在进行教学之前,首先要引起学生的注意;之后要让学生相信教学与其个人目标有关而且会满足其具体需要;接下来要树立他们学习下去的信心;最后要让学生看到学习的回报,感到满足。这四个过程可以简称为引起并维持注意(attention,A)、促进相关性(relevance,R)、树立自信心(confidence,C)和产生满足(satisfaction,S)。科勒取这四个过程的英文名称的首字母构成了ARCS,于是,这一模型就被称为 ARCS 动机设计模型。根据这一模型,科勒认为在教学设计中要从这四类要素来激发学生的学习动机。

(2)TARGET 模式。TARGET 是六种影响学生学习动机的课堂环境因素其英文名称首字母的缩略词,这六种因素分别是任务设计(task design,T)、权利分配(authority distrmution,A)、认可方式(recognition practices,R)、小组安排(grouping arrangement,G)、评价方式(evaluation practices,E)、时间分配(time allocation,T)。这一模型最初是爱泼斯坦在 1989 年提出来的,当时提出这一模型是为了全面刻画影响学生在学校学习动机的家庭环境因素,这六种因素之所以按上述顺序排列,是为了强调家庭环境的这六个方面应成为家长和教师关注的目标(首字母 TARGET 的意思是"目标"),以改进家庭对个体(尤其是儿童)学习动机的影响。后来,艾姆斯将这六种因素用于刻画促进学生学习动机的课堂环境,而梅尔和米奇利则以这一模式为指导来构建促进学生学习动机的学校文化。

2. 做好学生适当水平学习动机的培养与激发

(1)帮助学生树立恰当的学习目标。当学生准备学习时,常常怀着一种期待的心理,期待着能如愿以偿实现预期目标。帮助学生树立学习目标,最好的办法是让他们的活动有明确的目的和任务。目标的可接受性也会影响动机,如果学生接受教师或自己设定的目标,就能激发学习动机。一般来说,如果目标是现实的、有一定难度且有意义,而且对目标的价值有合理的解释,学生就容易接受目标。

(2)通过积极创设问题情境促使学生产生学习动机。学习动机的激发是指在一定教学情境下利用一定的诱因,使学习需要由潜在状态变为活动状态,形成学习的积极性。这就需要教师根据学习任务与学生已有知识经验的适合度来创设问题情境,以情境激发学生的求知欲望,通过解决问题,使其求知需要得到一定的满足,强化其求知兴趣,进而转化为探求更多新知识的动机。

(3)培养学生的学习兴趣。学习兴趣是在学习需要基础上,带有积极情绪色彩的认知或心理倾向。由于学习兴趣与学习需要相一致,又伴有积极情绪体验的支持,因此,对学习活动具有巨大的推动作用。美国心理学家拉扎若斯做了兴趣与智能对比的研究,认为具有浓厚学习兴趣的学生更能努力地进行学习。教育实践也证明,学习兴趣能促使学生去探究知识,推动学生去更多、更深入地获取知识。例如,对地理知识感兴趣的学生,他会经常阅读有关地理知识的文章、书籍,也愿意观看反映这方面情况的影视节目,参观名胜古迹等。此外,研究表明,凡是与人的学习兴趣相联系的知识,不仅使人掌握得快、学得活、记得牢,而且还能运用自如。因此,培养学生的学习兴趣,也是培养和激发学生适当水平的学习动机的一个重要方式。

(4)以新颖的学习内容和丰富多样的学习方法激发和培养学生的学习动机。新异的东西能激发人的兴趣,引起学生新的探究欲望,教学内容的不断更新,可以引起学生新的探究活动,从而可能在此基础上产生更高水平的求知欲。在此过程中,考虑到教学内容毕竟要通过教师的一定的教学形式和方法为学生所接受,作为教学内容载体的教学形式和方法的艺术性便是激发学生学习动机的一种有效的方法。有些教学内容生动有趣,有些则枯燥无味。生动有趣的教学内容可能会在死板单一的教学方式中失去对学生的引诱力,而单调无趣的教学内容常会在花样翻新的教学方式中唤起学生的热情。因此,在教育教学活动中,教师应在保证教学内容新颖性的前提下,采用灵活多样的教学方法来增强学生的内部动机。

(5)引导学生进行合理归因。不同的归因对学生的学习动机和积极性起着不同的作用。如果把学习成功的原因归结为任务简单和能力强,会有利于增强学习动机,提高学生的积极性。在失败的情况下,如果把原因归结为个人努力不够,可能提高学习的积极性;如果把失败的原因归结为任务难、能力低,则会降低学习的积极性。可见,学生对学习成功和失败的正确归因对学习动机的激发具有极其重要的作用。

(6)适度进行奖惩,维护内部学习动机。在对学生进行评价时,奖励和惩罚对于学生动机的激发具有不同的作用。顺应评语能够针对学生答案中的优缺点作出评价,具有最高的强化价值,学生的成绩进步最大。特殊评语没有针对学生的个别特点,虽有激励作用,但效果弱于顺应的评语。无评语的成绩则明显低落。因此,教师对于学生的作业,除了给以分数或等级外,加添适当的短评,效果会更佳。除了奖励之外,教师在教学中也可以合理地使用一些惩罚方式来刺激学生的学习动机。不过,教育中表扬的作用优于批评,批评又比不闻不问要好。

虽然表扬和奖励对学习具有促进作用,但使用过多或者使用不当,也会产生消极作用。有许多研究表明,如果滥用外部奖励,不仅不能促进学习,而且可能破坏学生的内在动机。在运用表扬和批评时应该注意:第一,以表扬为主;第二,实事求是地根据每个学生的实际进步和努力情况进行适度的表扬;第三,要考虑学生的年龄特点和人格特点;第四,要注意培养和保护学生的自尊心,不宜使用嘲笑、羞辱的办法。教师应尽量利用教学内容来激起学生的内部学习动机,避免使用不必要的物质奖励,但是当确实需要外部奖励时,也不必回避使用。

(7)适当地开展竞赛活动。竞赛被认为是有助于提高工作效率、克服困难、完成任务的强烈诱因。查普曼和费得曾对五年级两组的学生进行了10天(每天10分钟)加法练习的对比实验。竞赛组学生的成绩每天都公布在墙上,有进步者和优胜者都贴上红星;无竞赛组只做练习,无任何诱因。结果表明,竞赛组的成绩优于无竞赛组,这是因为学生在竞赛过程中,获得成就和声誉的动机表现得更为强烈,学习兴趣和克服困难的毅力增强,使学习积极性得到充分的发挥。通过竞赛活动,学生的成就动机会更加强烈,学习兴趣和学习毅力也会有所增强。但是,竞赛也可能产生某种竞争心理,竞争者在竞争中取得的优秀成绩往往是以高度的紧张为前提的,获胜者受到鼓励,失败者会焦虑不安并承受一定的心理压力。为了保证竞赛对动机的激发与培养产生积极作用,避免不良后果,应该注意合理安排和实施竞赛。

第三节　新时期中小学及大学生的发展特点

一、小学生的发展特点

我国小学教育阶段的学生正处于 6～12 岁的年龄阶段,这与发展心理学年龄划分的童年期阶段基本吻合。这个阶段的小学生开始接受正规的学校教育,其学习具有较大的社会性、系统性、目的性和一定程度的强制性。

童年期小学生的身体发育处于相对平稳阶段。小学生身高平均每年增长 4～5 厘米,体重平均每年增加 2～3 千克,胸围平均每年增宽 2～3 厘米。从发育时间上来看,女生身体发育的高峰期均比男生提早 1～2 年。总的来说,在小学阶段学生的身体发展相对稳定和平衡,速度比较均匀。此阶段学生的体质发展水平与其突然增加的学习任务相比,还是比较柔弱的。因此,安排适度的学习任务,保护学生的身体健康是教育者应当注意的问题。

进入小学阶段的学生,开始从家庭走向学校,随着生活环境的变化、知识的逐步增长和交往范围的扩大,其心理发展速度加快。

在认知方面,与生活在家庭中的幼儿相比,小学生的认知不仅有量的增加,而且有质的变化。在认知来源上,由口头语言、形象实物为主向以书面语言、非实物伴随的概念为主转变;在认知过程中,由自然情境中的无意识学习向特定情境中教师指导下的有意识学习转变。这种变化促进了学生对事物的认识由日常经验向科学概念转化,由掌握个别、分散的知识向整体掌握系统化的知识转化。

(1)小学生的感知觉发展很快,准确性和系统性不断提高。小学生从笼统、不精确地感知事物的整体渐渐发展到能够较精确地感知事物的各部分,并能发现事物的主要特征及事物各部分间的相互关系。小学低年级学生在感知事物时满足于事物的大概轮廓与整体形象,常常不对事物作精细的分析,容易忽略事物的某些细节。随着年级的升高,小学生能够较精确地感知事物的各部分,并能发现事物的主要特征及事物各部分间的相互关系;感知从无意性、情绪性向有意性、目的性发展;空间知觉从直观向抽象过渡;对时间单位的理解力和对时间长短的判断力不断提高。

(2)小学生的注意力有很大发展,注意的时间和注意范围渐长、渐宽,注意的转移也逐渐灵活,但注意力不稳定、不持久,且常与兴趣密切相关。小学低年级学生,其注意以无意注意为主,有意注意逐渐发展但还不完善,常与兴趣密切相关。他们的注意常常容易被活动的、鲜艳的、新颖的、有趣的事物所吸引。因此,教室之外的小鸟、飞蝶、虫鸣都容易使他们的注意力分散。随着年级的增长,小学生的有意注意逐渐发展,可以有意识地去学习,而且对于自己感兴趣的事物可以注意更长时间。整个小学阶段应帮助他们学会控制自己的注意力,发展有意注意,始终培养他们注意力。

(3)不随意记忆占主要地位。小学生的记忆最初仍以无意识记、具体形象识记和机械识记为主。他们对有趣的事情和具体直观的材料能很好地记住,而对教师交给的学习任务和一些抽象的词、公式和概念却难以记住。由于小学低年级学生的机械记忆水平较高,因此,不能浪费他们的这一能力。小学生的记忆任务在于培养意义记忆,逐渐学会在理解的基础上去记忆,而不是满足于死记硬背。不过,这一任务只有伴随学生思维的发展和知识的积累才能实现。

(4)小学生的想象从形象片断、模糊向着越来越能正确、完整地反映现实的方向发展。小学低年级学生的想象还保留着学龄前儿童的特点,情境性较强,目的性较差。他们的想象内容常被当时的具体情境所左右。因此,小学低年级学生的想象的任务,在于培养想象的目的性,使他们学会按教师的要求、按书本的要求展开自己的想象。到中、高年级,他们对具体形象的依赖性会越来越小,创造想象开始发展起来。

(5)小学生的思维从以具体形象思维为主要形式逐步向以抽象逻辑思维为主要形式过渡,但抽象逻辑思维仍直接与感性经验相联系。低年级学生在不能直接观察到事物特征的情况下,对某些概念进行概括会感到困难。而到了高年级,他们则开始能够依靠表现一定数量关系的词语来进行概括。

(6)口语和书面表达能力都有明显提高。在口语和书面表达能力培养过程中,学生阅读、拼写的技能如果在学习中不能正确掌握,则容易表现为相应的学习技能障碍,从而影响学习成绩。

(7)自我意识更加明确。与学龄前儿童相比,小学生更加自觉、更加明确地意识到自己作为独立个体的存在。但与中学生相比,他们的自我意识更多地依赖于他人对自己的评价,尤其是权威人物(主要是教师和家长)的评价。

从总体上说,小学生自我意识的社会化程度有了较大提高,但是仍然不够客观全面,带有明显的主观色彩。

在情绪情感方面,小学生的情感体验开始复杂起来。小学生通过参加各种形式的学生活动以及同教师、成人和不同年级学生的多方面交往,能够进行多层次的情感交流,并从中得到不同的情感体验。他们这时的情感因素已不局限于个人的生理或心理需要的满足,别人的遭遇、感受,书中的情节和人物的命运,都有可能唤起学生丰富的情感活动。小学生的情绪变化仍较外露、易激动、不深刻、持续时间短,随着年龄的增长,情绪反应向集体荣誉感、责任心、友谊感等高级情感活动发展。

在意志方面,小学生的意志力有了较大的发展,但对于较强目的性、持久性和复杂性的学习活动而言,其意志力从总体上讲还是比较薄弱的。

在社会化行为方面,小学生喜欢过群体生活,此时期被称为"集团时期"。这种集团或集体的形成与教师的正确引导有关,也是形成集体主义"团队"精神的必然过程,在此期间对学生进行正确引导十分重要。

二、中学生的发展特点

中学生的年龄范围为 11 岁、12～17 岁、18 岁,正处于青少年阶段。初中阶段从十一二岁到十四五岁,可称为青春期、少年期。高中阶段从十四五岁到十七八岁,可称为青年早期。中学阶段是学生开始向成熟期过渡的重要阶段。

(一)初中生的身心发展特点

进入初中的学生,身心开始发生急剧变化,自我意识和独立意识明显增强,心理上的"成人感"日益显露。在与人特别是与成人的交往中,力求成为主动的探索者、选择者和设计者。如果说童年期的学生主要是关注外部世界的话,那么,少年期的学生则开始由单纯地对外部世界的探究向更为关注内部世界转化。

在认知方面,初中生思维能力的发展、抽象、概括和逻辑推理能力明显增强,其学习迁移能力也有了很大提高。在此期间,学生之间、男女性别之间,对事物的认识兴趣和方式的差异变得明显,学习上的个体倾向性开始显现出来。独立思考和判断能力增强,他们对发生在周围的人或事,往往以"成人"的姿态表明自己独立的评价和见解。"成人意识"的产生是初中生认知发展的一个重要特点。初中生在认知方面的发展还表现在自我意识的增强,他们逐渐能有意识地把自己的思想和行为作为认识对象,除关心别人对自己的评价外,也注意自我评价。初中生认知水平的提高和自我意识的增强,使他们容易产生逆反心理。

在情感方面,由于初中生正处于身体迅速发育时期,精力充沛,所以,他们富有朝气、充满热情,但情绪不够稳定,易受外界刺激的影响而波动,忽而表现出充满激情和冲动,忽而又表现得悲观和失望。

在意志方面,初中生的自控能力总体上有了较大发展。在正常情况下,他们能够把自己的行为和所要达到的目标结合起来,并为之付出意志努力。但由于他们的情绪易受外界的影响而波动,其意志发展还不完善。

(二)高中生的身心发展特点

进入高中的学生,不仅身体发育趋于成熟,而且在心理发展上也有了质的变化。他们大多对自己、对周围的事物有较清晰的认识和较深入的思考,人生观、世界观、价值观已开始形成。他们的认知水平迅速提高,情感丰富细腻,自我教育能力达到了较高水平,社会意识和社会责任感增强。

高中生在身体发育趋于成熟的同时,在心理上也日益成熟起来。

在认知方面,高中生的认知结构和对世界的基本观点逐步形成。一方面,他们的逻辑思维和辩证思维能力增强,能从一般的理论、原则出发进行判断、推理得出结论,表现出较高的综合分析问题和解决问题的能力;思维的独立性和批判性也达到了较高的水平,看问题时不轻信、不盲从,注重理性思考,能提出自己的新见解,但也往往因此而固执己见。另一方面,高中生开始更加关注社会,关心社会的政治、经济生活以及国内外大事和热点问题,并经常就此发表个人见解。总之,这一时期的学生对外部世界和自我的认识都达到了较高的水平,内心世界更为丰富,人生观、世界观、自我观初步形成,但还不够稳定。

在情绪情感方面,高中生情感日益深厚,意志行动带有自觉性。高中生的责任感、荣誉感都有了较高的发展,自尊心进一步加强,友谊显得更为强烈牢固,择友更为严肃稳定。高中生的情感与初中生相比,不仅更为丰富,而且也细腻、稳定和深沉得多。他们在意志方面也有了很大发展,不仅表现在处理外部世界人和事时具有较强的自控力,更重要的是表现在平衡内心世界的矛盾斗争中。

高中生自我意识日趋成熟,自尊心日益增强,表现在能比较全面地观察、解剖自己,自觉进行反省和自我批评;对自己的过失能从动机、思想、心理根源上寻找原因,对于成功或失败能持比较谨慎的、冷静的态度,情感起伏的波幅减小;对他人的评价能从个性品质上进行等。高中阶段的学生的自我意识虽已接近成熟,但仍未完全成熟,所以说,高中阶段是人格塑造的关键时期。

三、大学生的发展特点

我国大学生多数处于17～24岁的年龄阶段,大致相当于发展心理学年龄阶段划分的青年中期阶段。在这个阶段,个体已具备了成年人的体格及种种生理功能,心理也走向成熟。

在心理方面,大学生智力发展呈现"量"和"质"的发展态势;情绪情感复杂矛盾;意志发展不稳定;自我意识发展呈现"自我认同危机"的态势;性心理不断发展;社会化不足。这具体表现在以下几方面。

(1)大学生的年龄一般在17～18岁、19～23岁、24岁之间,其智力发展正处于黄金时期,基本上达到了巅峰的状态。观察力、记忆力、想象力和思维能力比中学时都有了明显的发展。

(2)大学生情绪呈现出两极性和矛盾性。当情绪高涨时,大学生总能自信满满,认为自己可以克服任何困难;当情绪低落时,大学生就会觉得任何事情都不顺意,觉得自己特别无能,对生活也没有了兴致。友情与爱情构成大学生情感的重要内容。

(3)与中学时代相比,大学生的意志得到了很大的发展,其行为的目的性、自觉性也因此得到明显的提高;大学生思考、行动较理性,能抑制自己的冲动。但大学生的意志仍表现出不稳定的特点,意志行动易受情绪的影响,行动中往往缺乏毅力和恒心。

(4)大学生正处于自我意识发展的关键时期,既有分化、矛盾,又有统一,出现"自我认同危机",无法全面地认识自我,不知道自己是怎样的一个人,将来从事什么行业,不能确定自己的价值和生活方向。

(5)大学生随着性生理的成熟,开始渴求性知识,爱慕异性,但表现得比较隐蔽,因此,其性意识的表现形式也多种多样,如性兴趣、性幻想、性好感、爱慕异性、恋爱等。大学生的性冲动往往强烈而普遍,而且很多是非理性的,许多大学生对自己的性冲动会产生羞愧、自责、困惑和苦恼。

(6)与其他早已步入社会的青年相比,生活在校园的大学生的社会化程度带有一定程度的封闭性、虚假性和准成人性的特点。高校为大学生提供的社会化环境是以自己内在化的社会化方式为主,因此,社会化不足或过度构成大学生社会化的一大特点。

第四节　当代学校学生管理研究

一、学生管理的概念

学生管理,即学校对学生工作的综合管理。具体来讲,学生管理是指为实现人才的培养目标,实现学生德、智、体、美的全面发展,学校通过一系列决策、计划、组织和控制,对各种资源进行充分有效的利用,以服务和指导学生的成长、成才的过程。

学生管理的主体,一般都会认为是学校。其实,学生管理的主体并不是唯一的。学校、教育行政管理部门和学生都是学生管理的主体,只不过学校是学生管理最重要的主体,教育行政部门则主要通过制定法律、法规以及各种规章制度,对学生的学习和活动做出明确的规定,以此在宏观层面上对学生进行管理。学生既是管理的客体,又是管理的主体。因为学生在被管理的同时,也可以参与到学生管理的活动中,这种参与的过程正是学生主体性不断形成的过程。此外,学生是管理的主体还表现在其对管理活动结果具有建构作用,也就是说学生能够将自己建构成认识主体,既认识管理对象,也认识自身。

二、学生常规管理

常规指经常性的规章制度,是保证学校各项工作正常运转的规矩,对学生加强常规管理的目的在于培养学生良好的行为习惯,贯彻常规是教育学生的有力手段。学生常规管理包括学籍管理、学习管理、生活管理、考试考核管理以及学生安全管理等。

(一)学籍管理

学籍管理是学校教学运行管理的内容之一,也是学校一项政策性、原则性较强的工作。学校应根据上级有关规定,制定本校的学籍管理办法,并建立学籍档案。学籍管理主要包括以下三方面内容。

1. 学生注册制度的改革与管理

学生注册是学校学籍管理最基本的手段之一,要维护注册制度的严肃性,建立严格的学期注册制度。在注册制度的基础上,结合学校的实际情况,积极探索建立具有高等职业教育特色、适合行业岗位特点要求的,以弹性制(包括学分制、选课制、导师制、辅修制、弹性学期制)为基础的教学管理新制度和教学运行新机制,更好地适应学生与社会对教育教学的多样化需求,不断提高高等职业教育人才培养质量。

2. 升学、降级、休学、停学、退学管理

学生学完本学年教学计划规定的课程或学分,经考核成绩合格,准予升级。如果成绩较差,则可降级学习或跟班试读。

如果学生因身体原因需停课治疗休养占一学期总学时三分之一以上,或因其他合理原因不能坚持正常学习,可准予其休学。学生可以分阶段完成学业,学生在校最长年限不得超过学年制两年。学生休学一般以一年为期,累计不得超过两年。学生因病休学期满,应于学期开学前向学校申请复学。保留学籍学生在期满前一个月,向所在系(部)申请复学。学生在休学、保留学籍期间如有严重违法乱纪行为,学校将取消其复学资格。

学生因特殊困难等原因需中途停学,但又不符合休学条件的,经本人申请,学校批准,可保留学籍一年。保留学籍的学生不享受在校生和休学学生待遇。保留学籍期满,不办理复学手续者取消学籍。

学生留级一次后成绩考核再次达到留级条件,或在校学习时间超过其学制两年的(不含服兵役),或休学期满逾期不办复学手续的,或申请复学审查不合格而不准复学的,或经学校指定医院诊断患有疾病或意外伤残无法继续在校学习的,或超过学校规定期限未注册而又无正当事由的,或未请假离校连续两周未参加学校规定的教学活动的,应予退学。

3. 毕业管理

首先,学校对毕业生进行全面鉴定和审核。鉴定和审核内容包括德、智、体、美等几方面,作出评定,肯定成绩,指出差距及努力方向。

其次,有正式学籍的学生,修完教学计划规定内容,德、智、体、美达到毕业要求,准予毕业,由学校发给毕业证书。

(二)学习管理

学生在学校的主要任务是学习,教育行政部门和学校有责任帮助学生顺利完成学业,这是学习管理的根本目的。建立正常的教学秩序,规范日常的教务工作,能够为学生的学习提供适宜的条件。因此,可以说学习管理是学习活动的基础性工作。学习管理覆盖了从招生入学到毕业离校的整个学习过程。

(三)生活管理

除了做好学习管理外,学校还须强化生活常规管理,以培养学生的日常行为规范、自理能力和生活技能。

学生的生活管理,指管理者通过对学生进行有意识的、有目的的生活自理能力方面的培养训练,从而有效地培养学生生活自理能力及习惯的管理活动。学生生活管理的目的在于教会学生学会生活,这不仅是学生自我教育的重要方面,更是学生适应未来生活的基本需要。学生生活的管理主要包括两方面的内容:一是培养学生科学的时间观,科学地安排和利用时间,提高时间的利用率。同时,学会正确处理学习和休闲的关系,学会学习,学会休息。二是养成良好的生活自理习惯,提高学生的生活自理能力。学校管理者要针对当前学生中普遍存在的生活自理能力差的状况,开展各种教育和实践活动,在实践中提高学生的自理能力,养成良好的行为习惯。

(四)考试考核管理

学校要根据上级有关规定,加强对学生考试考核的管理,做好以下几方面。

第一,制订详细、周密的教务安排细则。教务处组建考试中心,全面负责试卷印刷、试卷归档等各项教务工作。学校聘请教学工作态度认真、作风严谨、有实际工作经验的教学管理干部深入考场担任巡视工作。

第二,教学计划中规定开设的课程(包括实践教学项目)都要对学生的学业成绩进行考核,着重检查学生掌握所学课程的基本理论、基本知识和基本技能的情况和实际应用能力。

第三,若理论考试采取笔试形式,需实行考、教分离。要加强对实践教学的考核管理,不论实践教学环节长短,均应安排专门的考核时间,采用笔试、动手操作和答辩等形式,依据《实践教学项目考核标准》,对每一个学生进行考核,并结合平时表现综合评定成绩。

第四,积极鼓励教师改革考试考核内容和方法,逐步建立符合学校教育发展需要的以能力考核为主、常规考试与技能测试相结合的考试考核内容和方法体系。

第五,凡考试违纪者,本次考试成绩以零分记载,计入留降级门数或学分,并视情节轻重,予以记过、留校察看甚至开除学籍。

第六,教务处组织教师实行封闭式流水阅卷,要求教师评卷认真、公正、客观。督察室对试卷进行复核、抽检。

(五)学生安全管理

学生安全教育管理的主要任务是宣传、贯彻国家和学校有关安全管理工作的方针、政策和法律、法规,依法对学生实施安全教育及管理。学生的安全教育管理要坚持以人为本、预防先行、预防为主、保护学生、明确责任、管理结合、依法办事、妥善处理的原则,做好学生安全教育及管理和安全事故处理工作。

首先,学生安全教育要根据实际和学生特点适时开展。从学生入学到毕业,每学期都要集中对学生进行安全教育活动。在各种教学活动和日常学习生活中,要以适当方式经常对学生进行防盗、防火、防传销等安全防范教育,使学生安全教育工作落到实处。

其次,学校要把安全教育及管理工作纳入领导任期的责任目标,建立和健全学生安全教育及管理规章制度,明确职责,严格管理,努力做好各项安全教育和管理工作,保护学生人身和财产安全。

再次,学校要成立学生安全教育管理委员会,其职责是全面规划和领导学生安全教育及管理工作,指导和监督有关部门和单位对学生进行安全教育及管理,研究决定学生重大安全事故的处理。

最后,学生应在各项教学活动和其他活动中,遵守纪律和有关规定,应自觉学习安全防范知识,积极参加安全教育活动,增强安全意识和法制观念。

此外,学生安全教育要与学生心理健康教育有机结合,要通过心理健康教育,帮助学生克服因各种原因造成的心理障碍,使学生保持健康的心理状态,把因心理障碍发生的事故消除在萌芽状态。

第五节　信息化环境下的终身教育

一、终身教育的提出与发展

20 世纪 20 年代,现代终身教育开始萌芽。1919 年,英国成人教育委员会的《最终报告书》提出:"可通过对现有中等教育的'民主化、大众化'的改革进程,设想在义务教育年限的延长线上来实现作为继续教育的成人教育机会的扩充。"这一设想或主张,实际上已经非常接近于现代终身教育论所倡导的基本理论。真正意义上全面阐述终身教育思想的是法国著名教育家保罗·郎格朗,他在1965年的巴黎成人教育会议上第一次以"终身教育"为题发表演讲,提出了终身教育的概念和内涵。同年,在泰国曼谷召开的国际成人教育促进会议上,他进一步解释了终身教育的含义。结合当时社会急剧变化和发展的背景,保罗·郎格朗否定把人的整个一生机械地划分为学习期和工作期、把学习与工作截然分开的传统观念和做法,认为这已不合时宜。从社会发展和个人发展的实际需要出发,他认为人的发展应当是终身的过程,教育和学习应该从摇篮到坟墓,从生到死,连续不断。同时,他主张人的一生要把教育同生活联系起来,把所有教育机会与教育机构统一起来,形成一个随时随地向人们提供不同教育和学习机会的一体化组织,以便促进经济发展,促进人格完善,促进人类文明和进步。

自20世纪60年代以来,终身教育理念迅速传播,关于终身教育的研究也迅速兴起。1970年,联合国教科文组织出版了郎格朗《终身教育引论》,并开始着手实施与终身教育有关的49项工程。1972年,联合国教科文组织对23个国家的实地考察和研究了70多篇有关教育形势和改革的论文后,出版了《学会生存——教育世界的今天和明天》。这篇报告使终身教育思想进一步系统化和理论化。

20世纪70年代至90年代,各国在翻译介绍联合国教科文组织有关终身教育的文件的基础上,纷纷开始了终身教育的研究和实践的探索。在北欧各国,建立终身教育体系被看作是重新分配教育资源,促进教育民主化、平等化的进程。挪威以立法手段来推进终身教育体系的建立,于1976年制定并颁布了《成人教育法》。在英国,"纪元2000年教育委员会"于1983年提出终身教育是重要课题的报告;1996年英国成人继续教育学会也发表《扩大参与迈向学习化社会的途径》建议书。法国议会于1971年通过了《在终身教育框架内组织继续教育》的一组法律,其后在1989年第十次国家计划中又强调,学校毕业后的就业青年,随时可接受其喜欢的教育。欧盟会员国曾发表《迈向学习化社会政策》白皮书,并把1996年定为欧洲终身学习年。

在亚洲,日本政府为终身教育策略的确立起到了积极作用。1971年,作为日本文部省咨询机构的中央教育审议会在一份咨询报告中指出:"有必要从终身教育的观点出发,全面调整教育体制。"1972年,日本文部省调查统计课公布了"对终身教育需求的调查"报告,总理府"关于终身教育设计计划调查研究"的一个部分,由文部省组织实施,旨在取得设计终身教育体系所需的基础资料。1978年9月,文部省为了加快终身教育体系的构建,又在中央教育审议会中专门设立了"关于终身教育的小型委员会"。

20世纪70年代末,现代终身教育思想在我国开始传播。1979年,上海师范大学外国教育研究室翻译了联合国教科文组织国际教育发展委员会的著名报告《学会生存——教育世界的今天和明天》,其中提出的"终身教育"和"学习化社会"等理念开始受到关注。1985年,周南照、陈树清翻译了保罗·郎格朗的《终身教育引论》,进一步加深了国人对于终身教育的理解。但由于各方面因素的影响,在20世纪七八十年代,终身教育只是偶尔出现在个别学者的研究中,并没有进行大范围的研究。1993年,我国教育政策文本《中国教育改革和发展纲要》中首次出现终身(生)教育的相关表述。1999年,国务院转批了教育部的《面向21世纪教育振兴行动计划》,提出:"到2010年,基本建立起终身学习体系。"这是我国的教育政策文本中首次提出构建终身学习体系的目标。

进入21世纪以后,随着我国对终身教育认识的深化以及政策实践的进展,作为全面推进终身教育的升华,党和国家提出了建设学习型社会的战略目标和任务。2002年,党的十六大报告中作为全面建设小康社会目标的一部分,第一次提出"形成全民学习、终身学习的学习型社会,促进人的全面发展"的战略目标。2007年,党的十七大继续强调了构建终身教育体系和建设学习型社会的战略任务。2010年,国家颁布《国家中长期教育改革和发展规划纲要(2010—2020年)》(简称《教育规划纲要》),该纲要在继承既往政策文献相关表述的基础上,对终身教育的认识有了新的发展。一是拓展了对终身教育内涵的认识,将视角从成人教育领域拓展到整个教育。二是进一步明确了构建终身教育体系的内涵。2012年,在党的十八大报告中,政府再次强调要完善终身教育体系,建设学习型社会,并将终身教育视为国家提高民族素质、增强发展动力和竞争能力的重要因素。十八大以来,以习近平同志为核心的党中央,着眼统筹推进"五位一体"总体布局、协调推进"四个全面"战略布局,对教育工作作出一系列重大决策部署,其中,重要的一环就是推进终身教育的发展。在这方面,目前我国正在构建正规教育与非正规教育、普通教育与职业教育、职前教育与职后教育纵向衔接、横向贯通的终身学习体系,让教育覆盖人的整个生命周期,真正实现终身教育。

二、终身教育的信息化背景

在信息化社会,传统的成教方式,其教育理念、教学方式、教学手段相对滞后,已越来越不能适应和满足社会发展的需要。在新的发展时期,社会转型中的各种矛盾特别是关于知识及其人才的矛盾比较突出,与之相应的就是服务知识传承与创新的教育、研究机构与社会人才特别是创新型人才的需求矛盾突出。在社会工作方面,产业的升级必然带来知识更新、技术更新、制度更新等方面的压力,而知识更新周期的逐渐缩短更加剧了这一形势。在生活娱乐方面,社会的信息化进程促进了人际交往与生活模式的变革,知识社会"把我们带进一个既非完全孤独又没有团体归属感的世界","光盘、移动电话、计算机、计算机游戏以及多频道电视越来越成为我们生活世界的主导","飞逝而去的想象、瞬时享受的快乐以及极度退化的思考能力使我们'在欢快的娱乐中死亡'"①。技术给人们提供了大量便利,"足不出户知天下"已经升级为"看天下、吃天下、交(聊)天下、用(买)天下",同时,也带给人们基于社会交往传统模式转变的诸多困惑。在这样的情况下,终身教育的发展就具有更多超越知识传授和技能培训的意义,如学习能力的培养(个体知识学习永远赶不上社会的知识创新)、闲暇教育、老年教育、精神信仰的培养,以及引导、启迪人们如何应对知识经济的机遇与挑战、信息数据的机遇与挑战,应对社会传统的变革带来的诸多不适等。

以网络技术、多媒体技术及计算机技术为代表的信息技术为终身学习理想的实现提供了一个全新的教育平台,终身教育正在由理念变为现实。信息技术的飞速发展为终身学习提供了新的契机和活力,学习型社会和社会化学习的局面正在形成。信息化教育秉承终身学习的理念,不仅要求教师在课程教学中注重学生终身学习能力的培养,教会他们学习的方法和技能,而且要营造一个宽松、和谐、民主的文化氛围以利于终身学习的进行。同时,教师自身也本着终身学习、教学相长的理念不断充实和寻求自我的可持续发展,给学生身正为范的人格示范,以及学而不厌、诲人不倦的人师精神。在教学过程中,教师要提高信息化教学能力,学生要提高信息化学习能力。

三、终身教育的基本特征

(一)整体性

终身教育涵盖了个体从出生到死亡的所有教育,是"形散而神聚"的有机整体,具有高度的整体性,这也是终身教育最本质的特点,它意味着终身

---

① 安迪•哈格里夫斯. 知识社会中的教学[M]. 熊建辉,陈德云,赵立芹,译. 上海:华东师范大学出版社,2007:30—34.

教育不是各级各类教育的相互分割或简单叠加,而是它们彼此之间的相互协调和沟通,具有整体大于部分之和的功效。终身教育的整体性可以从以下三个方面来理解。

1. 教育内容的整体性

终身教育强调人的全面发展和持续发展,因此,教育必须从人的发展需求入手,促进个体德智体美的全方位发展。也因为如此,终身教育主张文理渗透,反对一般教育与职业教育之间的过分分割,同时,强调教育内容之间的有机协调和相互促进。

2. 教育形式和方法的整体性

终身教育特别强调各种教育形式和方法的综合和结合,例如,现实教育与虚拟教育的结合;面授教育与远程教育的结合;正规教育、非正规教育和非正式教育的结合;教育与生产实践的结合;继承性教育与创新性教育的结合,等等。

3. 教育制度的整体性

终身教育是一个完整的制度,其整体性或一体化将贯彻两个组织原则:一是垂直贯通,即从制度上消除入学障碍和学习障碍,保证各级各类教育的衔接,从而体现各级教育的连续性和一贯性。二是水平整合,即从制度上保证个体在生命周期的不同阶段可获得各式各样的教育活动和学习机会,亦即建立学校或其他具有教育功能的组织之间的联系,构成全方位的学习网络。

(二)多样性

终身教育具有多样性的特征,这不仅体现在其教育形态多样性、教育内容多样性、教育方法多样性等方面,还体现在投资主体、教育职能以及教育发展模式多样性方面。这里重点说终身教育投资主体、教育职能以及教育发展模式的多样性。

1. 投资主体的多样性

终身教育的投资主体不仅应包括国家、社会、组织、家庭和个人等各级投资主体,还应包括同一级别中不同类型的投资主体,如教育不但是教育部门的职责范围,而且还是其他部门,如人力资源与社会保障部、财政部等部门的职责范围,这就要求教育发展必须实施综合行政和综合管理。从这一层面来看,终身教育打破了国家作为唯一或绝对的教育投资主体的局面,有助于教育资源的优化配置,有助于投资主体获得相对理想的教育收益。

2. 教育职能的多样性

从终身教育提出和发展的社会背景来看,正是现代社会发展所产生的诸多令传统教育无法解决的问题或危机,促使人类社会进行教育改革和教育创新。终身教育被视为解决现代社会危机和挑战的主要手段,这本身表明终身教育具有解决多方面社会问题的职能。例如,终身教育有助于教育与生活或工作的相互结合;有助于满足不同层次和不同类型的学习需求;有助于促进人的可持续发展等。

3. 教育发展模式的多样性

由于社会经济发展水平、历史文化传统、社会发达程度、公民基本教育水准的差异,各国或各地区对终身教育的理解不同,终身教育体系构建的重点以及发展进程也不同,从而出现了众多的各具特色的发展模式。

(三)持续性

终身教育是持续不断进行的教育,贯穿于个体的一生,这也是终身教育区别于传统教育的最明显的标志,其通俗的理解是"活到老,学到老"。

教育的持续性本质上是对传统发展观的根本颠覆。传统的发展观将人的一生划分为两个时期,即从出生到成年的发展期和从成年到死亡的衰退期。在传统社会,人们不但在研究上忽略成人的发展问题,而且在实践中也往往不重视成人的教育问题。这是因为传统社会发展缓慢,人在不同阶段的发展具有很强的相似性或同质性,人在后期的发展问题不突出。在现代社会,随着社会经济的快速发展,个体一生的发展都面临着诸多的挑战和危机,而"持续的变革需要持续的学习",只有如此,人的持续发展或终身发展才能实现。终身教育可以促使教育在人的发展的不同阶段进行相对的分工,而不是像传统教育那样把教育的任务集中在某个阶段进行,从而导致教育负担过重,学生厌学、辍学以及教育效果低下等问题,真正意义上实现全面教育。

(四)开放性

终身教育体系是一个有机的开放系统,具有很强的开放性,其系统内部各要素之间以及系统与社会外部环境之间不断进行物质、信息和能量的交换。终身教育的开放性体现在以下两个层次上。

1. 系统对外部环境的开放

(1)终身教育的发展必须改变传统的教师观念,真正实行能者为师,除职业教师外,许多社会成员都可能成为教师,尤其在其自身擅长的领域。因此,发展终身教育,一方面学校教育的师资要为社会提供各种教学服务;另一方面又必须充分调动和利用社会的教师资源,为各级各类教育提供必备的师资条件。

(2)不同的个体或群体有各自的个性特征、群体特征和约束条件,从有利于人才培养的角度和立场出发,教育发展必须采用各种可能的和有效的方式、方法、途径和手段,从而使教育方式能够适应不同教育客体的需要,真正贯彻"因材施教"。此外,不同的教育内容也要求教育方式的开放,以保证教育的可行性和有效性。

(3)教育客体不再局限于传统学龄儿童和青少年,不再局限于强势群体,而是包括传统学龄儿童和青少年以及强势群体在内的所有社会成员。社会所有成员都可以在他们认为需要的时候进入或重新进入教育系统,接受自己所需要的教育。终身教育是一种"有教无类"的教育。

(4)终身教育与科技发明、职业发展以及社会生活紧密联系,因而,社会上各种先进的思想观念、先进的科学知识和先进的科技成果能够及时为教育所用,进而又以教育的形式或途径反馈给社会成员,促进人的知识和技能更新。

(5)终身教育是不受空间和时间限制的教育,人们可在任何地点、任何时间接受某些类型的教育。随着教育技术的迅速发展,"无墙大学""空中大学"以及"虚拟大学"越来越多,从而赋予了教育的时间和空间以极大的弹性。

2. 教育系统内部各子系统或各要素之间的相互开放

终身教育是一个要素繁多、结构复杂以及功能多样的大系统,从教育内容划分,可以将其划分为基础教育和专业教育,专业教育又可进一步划分为文、理、工、医、农、林、师范、财经、政法、体育、艺术、军事等各大门类,每一门类又可划分为若干具体专业;从教育对象划分,可以划分为婴幼儿教育、儿童教育、青少年教育、青年教育、成人教育和老年教育。

尽管终身教育系统内部的要素繁多、结构复杂,但是教育系统内部各子系统或要素之间总表现出一定的层级和类型,因此,它们之间的开放性主要体现在纵横两个维度。首先,在纵向维度上,教育系统内部各级子系统之间衔接或贯通。终身教育的纵向贯通包括各级教育之间的垂直贯通和斜向贯通,这意味着"进了职业中学的门,就断了进大学的路"以及封闭性的"断头"教育,将在终身教育系统中逐渐消失。其次,在横向维度上,教育系统内部各类子系统之间教育内容的相互渗透,教育信息、教育资源的共享,教育制度的沟通,教育目标的相互借鉴,表现出很强的开放性。

第五章　现代教育中的教学过程与教学资源

在现代教育中,教学过程的组织情况以及教学资源的开发与应用情况等,既会对教育教学的效果产生重要的影响,也会对整个学校的教育工作产生重要影响。因此,在开展教学活动时,必须做好教学过程与教学资源的组织、运用工作。本章将会对现代教育中教学过程与教学资源的相关内容进行详细论述。

第一节　教学过程的本质及其规律

一、教学过程的内涵

(一)教学过程的含义

教学过程是教师根据一定社会的需要和学生身心发展的特点,借助于一定的教学条件指导学生认识课程,从而认识客观世界的过程。

(二)教学过程的特点

教学过程概括来说有以下几个特点。

1. 教育性

教学具有鲜明的教育性特征,这是因为任何社会和国家举办教育,最先考虑的就是用本国的意识形态来影响学生,进而将学生培养成自己国家所需要的栋梁人才。因此,教学的方针、教学所选用的教材中都有着强烈的思想倾向性,不同的世界观、方法论的要求也始终贯穿其中;教学的方法以及教学的组织形式也始终体现出一定的思想、观点和道德精神;教学的主体之一的教师的言行品德,在潜移默化中影响着学生等。所有的这些,都使得学生在教学过程中既增长了知识、发展了能力,又不断改善着自己的思想情感、道德品质和精神面貌,因此说教育过程具有教育性。

2. 间接性

在教学过程中以教材为主的间接知识是学生的主要认识对象,因此说教学过程具有间接性。教学过程的间接性特点,决定了学生有可能跨越时空的限制,加速认识的进程,进而在短短的十几年内接受并掌握人类几千年积累的基础知识,满足自己参与社会生产与生活的需要。但是教学过程的间接性并不意味着学生只能学习书本知识,因为他们还需要从实践中获得感性经验,并需要在实践中对所学习的书本知识进行检验。因此,教学过程在注重传授学生间接经验的同时,也要重视引导学生获得直接经验,从而使他们能够更好地对抽象的理论知识进行理解和掌握。

3. 互动性

教师的教与学生的学共同组成的双边活动过程,才是一个完成的教学过程。而且,在教学的双边活动过程中,不论是教师的教还是学生的学都是能动的因素,教师和学生也都在充分发挥着自己的主观能动作用。同时,教师与学生在教学的过程中进行着信息的交流传递和往来反馈。因此说教学过程具有互动性。

(三)教学过程的功能

教学过程具体来说有以下几个功能。

第一,引导学生探索知识。引导学生探索知识,并对知识真正理解和掌握,是教学过程的基本功能之一。通常来说,教学过程是教师对知识进行传授的过程,因而,与其他传授知识的活动相比,更有利于调动学生对知识的兴趣,进而引导学生对知识进行探索。

第二,帮助学生形成基本技能。教学过程既是对知识进行传授的过程,也是帮助学生形成基本技能的过程。而且知识的学习和掌握是培养基本技能的基础,基本技能的掌握也有助于进一步加深对知识的理解,进而顺利地学习知识。

第三,培养学生的智慧和能力。智慧和能力可以合称为"智能"。所谓智慧,就是人们对外界环境进行认识、适应和改变的心理能力,具体包括注意力、观察力、记忆力、想象力和思维力等,其中,以思维力为核心。所谓能力,就是对人们的活动效率以及顺利完成某一任务有直接影响的心理特征。

一般来说,人的智能是通过遗传和文化传承的,但是也可以通过教学这一重要途径发展智能。

第四,发展学生的情感和态度。在教学过程的基本功能中,发展学生的情感和态度也是非常重要的一项。但是教学过程中发展学生的情感和态度的功能,长期以来始终未得到应有的重视。

二、教学过程的本质

当前,关于教学过程本质的认识还未形成一致观点,其中,较为主要的观点有以下几个。

(一)特殊认识说

特殊认识说是依据苏联凯洛夫主编的《教育学》中的基本主张,以马克思主义认识论原理为指导提出的一种教学过程本质说。该观点认为,教学过程本质上是一种认识过程,但这种认识又不同于一般的认识,而是具有一定的特殊性。这种特殊性主要表现为以下四个方面:一是间接性,教学过程主要是学生掌握人类长期积累起来的科学文化知识,以此为中介间接地认识客观世界;二是引导性,教学过程中学生的认识是在教师的引导下完成的;三是简捷性,教学过程中学生的认识完全走的是一条捷径,许多知识是人类经过数百年甚至上千年才总结出来的,但学生在很短的时间内就能掌握;四是教育性,教学过程中学生进行认识的过程同时,也是接受德、智、体、美等全面发展教育的过程。

教学过程本质的"特殊认识说"在近年来受到了诸多质疑。人们在肯定它试图以马克思主义的科学认识论为依据分析教学过程本质的积极意义的同时,也指出了它的缺陷,如把教学过程仅限于认识过程导致了对其他方面的轻视;忽视了学生多种心理的参与对于教学的积极意义等。

(二)认识—实践说

关于教学过程本质的"认识—实践说",认为教学过程是认识和实践相统一的过程。该观点认为人类的活动有两类,即认识活动和实践活动。马克思主义认识论中的认识包括了"认识和实践"两个方面。而教学过程的本质特征表明,教学过程也包含认识和实践两个方面:教学过程不仅是学生在教师指导下掌握人类已有知识经验,发展认识世界的技能、能力的认识过程,而且还是一种师生共同参与改造主观世界、促进个性的形成、推进个体社会化的实践过程。所以,从根本上说,教学过程实质上是一种认识—实践相统一的过程。

这一关于教学过程本质的观点,最大的特点在于强调学生在教学过程中的主体地位和教师的主导地位的结合,并且以人的全部心理活动为基础。"主体结构"是认知系统和情意系统组成的动态系统,教学任务的完成必须有两个系统的同时参与。这种提法将"实践观"引入教学过程本质的探讨,是对"特殊认识说"的发展。

(三)认识—发展说

关于教学过程本质的"认识—发展说",认为教学过程既是一个认识过程,也是一个发展过程,实质上是学生认识与发展相统一的过程。持这一观点的学者认为,教学过程是在教师有目的、有计划地引导下,学生主动积极地掌握知识技能、发展智能、形成世界观和道德品质、全面发展个性的统一过程。无疑,它是对"特殊认识过程说"的一种扩展,不仅看到了教学过程中学生认识活动的一面,而且也意识到了通过认识活动而使学生各方面得到发展的一面。近年来,这一观点的科学性和完善性受到了人们的怀疑,如以"发展"补充"认识",违反了逻辑学上的"属种关系"等。

(四)双边活动说

关于教学过程本质的"双边活动说",认为教学过程实质上是教师的教与学生的学相结合的双边活动过程。认为其他的论断并不能表达教学过程的"双边性"这一真实本质,而是把"简单"的教学过程问题"复杂化"了。

将教学过程看作一个教师的教和学生的学的双边活动过程,确实为进一步探讨教学过程的本质奠定了认识论的基础。但是这种观点没有揭示教学过程中教师的教和学生的学之间的主次关系。因为教学的主要任务是解决学生现有的认识水平同教育者提出的要求之间的矛盾,学生的学是教学过程的出发点和归宿,是教和学这对矛盾的主要方面。"双边活动说"恰恰忽视了这一点。

三、教学过程的规律

教学过程的规律就是教学过程本质的必然的联系,对教学过程的规律进行探讨,对教学工作的顺利开展有着重要的指导意义。具体而言,教学过程的规律主要包括以下几点。

(一)间接经验与直接经验相统一

间接经验指的是他人的认识成果,这里主要指人类历史经验的沉积。直接经验是学生亲身获得的感性认识。间接经验与直接经验相统一的规律强调系统知识传授或直接经验的积累,揭示的是教学过程中学生的认识由不知发展到知的一对基本的矛盾关系,主要表现在以下两方面。

1. 学生主要是学习间接经验

个体的活动范围尽管有较大的弹性,但对于整个世界而言,其在时间上和空间上都受到一定的约束。另外,个体的认识能力并不是无限发展的,往往会受到各种阻碍和限制。因此,如果个体完全依靠直接经验去认识世界,可以说基本上是不可能的。加之如今处于信息"大爆炸"的时代,知识的更新速度不断加快,社会对人才的要求也越来越高。个体要适应现代社会的发展节奏,就必须在尽量短的时间内掌握人类长期积累起来的基本文化知识和技能。因此,学校为了使学生能够在最短的时间内,以最为有效的形式认识世界,便在教学中要求教师以学生身心发展规律以及一定的社会需求为参考,将人类长期积累起来的科学文化知识有选择地加以编排成教材,从而引导学生循序渐进地学习。这种间接经验的学习在提高了学生认知效率的同时,也使学生避免重蹈前人的错误,从而使学生较为快速地掌握了人类创造的基本知识。

2. 学生的直接经验是学习间接经验的基础

对于学生来说,不论书本知识如何精确、完整,也只是一种十分抽象的概念。毕竟对于他人的认识成果,并不是每一名学生都能够轻易理解的。如果教师想要让学生理解书本知识,那么,就需要将这些知识建立在他们已经具备的知识的基础之上,即以他们所积累的或现时获得的感性经验为基础。所以,在教学过程中教师应创造感性材料或者采取直观等手段,使学生获得一定的感性认识,也可充分利用学生已有的经验增加学生学习新知识所需要的感性认识,使教学工作得以最终完成。

(二)掌握知识与发展智力相统一

知识是人们在实践活动中对客观世界的正确反映;智力是一种心理特征,包括观察能力、注意能力、想象能力、记忆能力和思维能力,其中,思维能力是核心。掌握知识与发展智力的关系,是教学过程中学生认识发展和心理的矛盾关系,主要体现在以下几方面。

1. 掌握知识与发展智力是相辅相成的

掌握知识与发展智力是无法分开的,二者相互促进。一般来说,智力的发展需要以知识的掌握为前提,而知识的掌握往往又依赖于智力的发展。虽然知识的发展并不代表着智力的发展,但智力的发展却有助于知识的掌握反之亦然。

2. 学生智力发展的关键在于能否实际运用所掌握的知识

要发展学生的智力,最为关键的是引导其自觉地将掌握的知识进行实际的运用。教学的一个重要任务便是通过教学将知识传授给学生,从而促进学生智力的发展。但如果教师只传授知识,不一定会让学生的智力得到充分发展,毕竟学生知识的多与少,与其智力发展的高与低并不一定成正比。以往传统的教学方法严重忽视了学生智力的发展,几乎难以使学生的思考力得到明显的提高,也无法保证学生思维能力的提高,而且经常培养出"高分低能"的学生。因此,教师在教学中需要用科学的方法,改变传统教学中学生被动学习的境遇,从而引导学生自觉地掌握知识和运用知识。在学生拥有了学习的积极主动性的情况下,他们才会勤于思考,在学到知识的同时也学会了如何学习。与此同时,学生学习的积极性越高,那么,他们就越会创造性地运用所学知识,从而增强自身处理实际问题的能力。

掌握知识与发展智力相统一的规律,要求教师在教学过程中要防止教学的两种片面性,即单纯地偏重知识教学而导致学生智力的发展滞后和偏重智力发展而不重视学生的知识累积和知识构建。出现这两种教学片面性的原因是形式教育论与实质教育论之争。形式教育论认为教学的主要任务是训练学生的思维形式,并放松对知识传授的重视程度;而实质教育论则认为教学的主要任务就在于传授对实际生活有用的知识,对智力的发展和智力的训练没有较大的必要。显而易见,二者没有认识到智力的发展和知识掌握之间的依存关系。因此,必须重视知识发展与智力提高之间的关系,使两者能够相互促进。

(三)掌握知识与提升思想品德相统一

教学过程不仅是教授知识的过程,同时,也是育人的过程,即它不仅是学生掌握知识发展能力的一个过程,也是学生接受思想品德教育的过程。无论施教者的主观意识如何,学生在接受知识教育的同时,都客观地受到一定政治立场、世界观、方法论的诸多影响,并且受到一定意识形态、文化观念、伦理道德的熏陶等。在教学活动中,教师引导学生掌握知识的过程,也就是提高他们思想觉悟的过程。具体来说,教育的知识性和思想性相统一的规律要求做到以下两个方面。

1. 掌握知识与提升思想品德的基础

人们的思想品德、世界观与人生观的形成,都离不开自身所占有的知识,都要以一定的自身经验和理性化知识为前提。因此,教师在引导学生学习间接经验的时候必须逐步引导他们认识和接触周围的自然和社会生活,通过对人生、社会、自然的不断探索,使他们认识人生、社会、自然及其发展规律,从而为他们树立正确的价值观、人生观和科学的世界观提供认识来源。此外,教师要摆正教学的知识性和思想性之间的关系,格外注重知识讲授过程中对学生思想产生的深刻影响,并注重学生情感价值的塑造。不仅如此,教师在引导学生深刻领悟知识的同时,也要让学生认真思考和真正意识到这些知识所具有的社会意义,从而帮助他们形成自己的是非观念、爱憎情感和价值追求,使他们自身的思想修养境界得到不断提高。

2. 思想品德提升是促进学生积极学习的重要动力

学生掌握文化知识的过程是一个能动的认识过程,他们的思想品德状况、学习动机和态度对他们的学习起着十分重要的作用。假如学生志向高远,那么,他们在学习上便会有巨大的思想支撑和强大的学习动力,从而不断刻苦钻研。因此,教师需要端正学生的学习态度和思想,以便使他们产生巨大的学习动力,推动他们自觉地、主动地掌握科学文化知识,最终促进自身的发展。

(四)教师主导作用与学生主体作用相统一

教师与学生的关系以及二者在教学过程设计中的地位和作用,可以说是教学理论与实践中的核心问题之一。在如今的教育界里,教学中教师的主导作用和学生的主体地位是紧密相连、辩证统一的。因此,教学过程设计可以说是师生双边互动的一个过程。教师的主导作用是学生有效学习和发展身心的必要条件之一。而调动学生学习的主动性、积极性,则是教师有效教学的重要因素。

(五)智力因素与非智力因素相统一

教学活动是教师指导学生逐步认知的过程,在这一过程中既需要师生的智力因素参与其中,也需要师生的非智力因素参与其中。以学生来说,其在教学活动中既需要充分发挥观察、记忆、思维、想象等智力因素,也需要兴趣、动机等非智力因素来调节自己的学习与认知。此外,智力因素活动是非智力因素活动的基础,而且适时地按教学需要调节学生的非智力因素,才能确保有效地进行智力因素活动。也就是说,只有智力因素与非智力因素紧密结合才能确保教学过程的顺利展开。

还需要指出的一点是,教学过程既是利用教师和学生的智力因素和非智力因素使其积极发挥作用的过程,又是培养学生智力因素和非智力因素的过程。利用和培养是相辅相成的,只有做到有效地利用、自觉地培养,才能使智力因素和非智力因素在教学过程中发挥作用并得到发展。

第二节 现代教学过程的基本环节和组织形式

一、现代教学过程的基本环节

教学过程的基本环节对教学的效果、教学的进展以及有效解决教学中出现的问题等都有着重要的意义。具体而言,现代教学过程有以下几个基本环节。

(一)明确教学目标

按照国家的课程规划和培养目标,预先设想、确定教师和学生在教学过程中所需要完成的教与学的具体任务便是明确教学目标。在教学过程的所有环节中这是第一个环节,也是非常重要的一个环节,其对整个教学过程设计环节起到了导向的作用。

(二)激发学习动机

教学活动是一种双向活动,没有学生的参与,组织再好的课程也达不到预定的课程与教学目标。学习活动总是在一定的情感和愿望影响下进行的,而动机是激发和维持个体行为指向某一目标的内部力量。因此,教师在教学过程中必须注意激发和调动学生的学习动机。

引发学生的学习动机,目的是帮助学生保持积极学习的状态。而且学生的需要、兴趣、理想、情感等都可以成为学习动机。需要注意的是,该环节用时不宜过多。当学生的学习动机被有效地激发出来后,教师应以最快的方式引导他们积极投入学习之中,从而不断强化他们的学习动机。

此外,学生的学习动机在一般的教学条件下是十分混乱的,如谋求好成绩、获得奖励、避免惩罚、与同学竞争等。这些学习动机概括来说都是外在动机,对学生学习积极性的激发是十分有限且过于短暂的,而学生只有形成内在动机或将外在动机转化成内在动机,才能产生强大的动力不断进行积极探索。因此,教师在激发学生的学习动机时,要着重激发其内在的学习动机,如学习兴趣、学习需要等。

(三)感知教学内容

学生在对知识进行理解时,要以感知教材、构成表象为起点。在教学过程中,学生学习的主要对象是书本知识,即学生主要是以学习书本知识为主来掌握知识、发展技能的。学生要感知这种间接经验知识,就必须以他们自己的生活经验或有关的感性知识作为基础。因此,在教学过程中应以多样化的方式呈现材料,并注意在呈现材料时创造某种情境,让学生能够得以更好地感知教材和教学内容,从而将其承载的抽象知识与直观、生动的事实和形象有机结合起来,与丰富的情境有机结合起来,形成关于客观事物的正确表象,以便有助于学生对抽象知识的理解。

此外,在教学过程中教师要注意扩展学生的感知领域,适度地依靠他们的生活经验,把物体的直观与符号的直观结合起来,继而使学生获得对相关对象的感性认识,以理解抽象知识。为了使学生获得清晰的表象,要注意指导学生进行周密的观察,引导他们在感知过程中划分出主要的、基本的、本质的东西,这就要求直接感知,即通过和相关对象的直接接触或亲身体验,获得感性认识和直接经验,为理解抽象知识创造条件,促使学生学会自己运用感官进行思维,并逐步掌握教材。

(四)理解教学内容

毛泽东同志在《实践论》中就曾经说道:"感觉到了的东西,我们不能立刻理解它,只有理解了的东西,才更深刻地感受它。感觉只解决现象问题,理论才解决本质问题。"理解教学内容,就是要求学生领会书本上的理性知识,从而达到对客观事物的本质及其规律的认识。教师的主要任务就是为学生提示一些思路,积极引导学生去进行主动探索等。与此同时,教师还要注意对学生的观察力、记忆力和想象力等的培养。因此,理解教学内容可以说是整个教学过程的中心环节。

一般来说,学生对教学内容的理解是通过同化与顺应来完成的。所谓同化,就是将新的知识纳入原有的知识结构体系中,并促进新知识与旧知识的和谐发展,通过自身的逻辑结构或理解对经验进行组织,将外在信息纳入已有的认知结构,将感受到的刺激纳入原有格式的过程。同化并没有引起质的飞跃或性质的改变,它只是量上的变化,不能引起图式的改变或创新。同化促进了知识的横向发展,新旧知识经验构成了类属的、总括的或并列结合的等多种不同的关系,以丰富和加强已有的思维倾向和行为模式,开阔自身的知识视野,拥有更加广泛的知识面。同化的过程有不同的程度,随着认知的发展,同化会越来越复杂,会经历再现性同化、再认性同化和概括性同化三个阶段。新旧知识通过反复同化,其结构会愈加严密和宽泛,最后形成一个从上到下或由一般到个别逐渐分化,由一部分到另一部分综合贯通的个体经验(由围绕着关键概念的网络结构所组成的,如事实、概念、概括化以及有关的价值、意向、过程知识、条件知识等)的网络结构。所谓顺应,就是当新知识不断地被个体纳入原有的知识体系实现知识的同化时,常常会遇到不符合自身认知结构的新特征,此时,主体就会发挥一定的主观能动性,利用自我调节功能对自身原有的结构进行调节和改变,或创造新的结构,进而去适应外界的过程。因此,教师在教学过程中要注意通过引导学生更好地同化和顺应知识来进行学习。

(五)巩固教学内容

巩固教学内容,即学生将所学的知识经验牢固地保存在记忆之中,以备后续学习之用。巩固教学内容可以被称为学生掌握知识的重要环节:没有知识理解,也就没有知识巩固;而没有知识巩固,也就没有知识运用。因此,在这一教学环节中,教师要给学生提出一定的记忆要求,并指导学生记忆。另外,教师要注意通过及时复习和练习来巩固教学内容。学生对知识的实际运用,是知识巩固的方法或者重要手段之一。可见,巩固教学内容在学生掌握知识过程中具有承上启下的作用。其实,巩固教学内容是贯穿于教学过程始终的一个因素。毕竟学生以接受间接经验为主,如果不及时进行巩固强化,那么,很快就会产生遗忘,从而不利于对后续经验的学习。

(六)运用教学内容

对于学生来说,掌握知识的目的在于运用所习得的教学内容。将所学知识运用于社会生活或者实践活动是帮助学生加深对理论知识的理解,并形成分析问题和解决问题能力的关键所在。虽然学生运用知识是在理解知识和巩固知识的基础之上完成的,但其在培养学生的独立思考能力和创造能力方面,却具有相当重要的实践意义。在对教学内容进行初步运用之时,学生可以通过多次的模仿性练习,使自己能够应付较为简单的困难,从而初步掌握解决问题的技能、技巧。与此同时,教师应引导学生学会综合运用所学知识,并引导学生在运用知识时积极发挥一定的创造性。毕竟鼓励学生在模仿中进行创新,对于一些棘手的问题和突发事件有着良好的应对能力。如此一来,一方面可以深化学生所学习的知识,使知识的运用更为自如,做到举一反三;另一方面,这也能够促进他们技能的不断形成。

(七)测评教学效果

测评教学效果是获得理想教学效果的一个重要环节。科学研究结果显示,任何系统只有通过信息反馈才能实现有效的控制,从而达到预期的目的。教学作为课程与教学大系统中的环节之一,如果想要达成预期的课程与教学目标,那么,就必须通过信息的及时反馈实现对教学过程的有效的控制。而教学效果的检查、测量和评价,是获取反馈信息的重要来源与途径。教学效果的检查和测量是对教学过程及其结果进行事实信息的收集和判断,而教学效果的评价是对教学过程及其结果的价值判断,这两者之间是不可分割、相辅相成的。

教师在教学过程中,一般可以通过观察、提问、家庭访问、进行一定范围内的友谊比赛、检查书面作业、评阅单元测验和考试试卷等方式,还可以采用专门的测量方法来了解学生对知识的掌握、智力的发展、学习的态度、情感的体验等情况获得有关的信息,以调控教学过程。在教学过程中,教师还应注意引导学生学会自我检查与测量和自我评价,促使学生自觉调控学习过程,使教学的效果得到不断的优化。总的来说,上述各个环节都具有其独立的地位以及独特的作用,并且各有其明确的任务。它们之间彼此联系、相互衔接,充分反映了教学过程设计的连续性特征。一般来说,各个教学过程设计都要经过这几个基本环节。不过,在当前实际的教学活动中,由于情况、条件等的复杂多样,这几个环节有时是交织在一起进行的,且可能有不同的先后顺序或者不同的组合方式。因此,教学过程设计的基本环节并不是一成不变的,也不是必须严格按照这几个环节的顺序而展开教学。不过,这里需要注意的是,每个环节的功能都是整个教学过程设计所不可或缺的因素。

二、现代教学过程的组织形式

教学过程的组织形式就是教学活动中师生相互作用的结构形式,或者说是师生的共同活动在人员、程序、时空关系上的组合形式。教学过程的组织形式与教学任务、教学活动有着十分密切的联系,都是为了保证教学任务的顺利完成,提高教学质量,使学生可以正确地理解、掌握知识与技能,促进学生个性的发展和情感价值观的形成。

(一)现代教学过程组织形式的类型

现代教学过程的组织形式,就当前来说主要有以下几种。

1.课堂教学

课堂教学又称"班级授课制",是最基本的教学过程组织形式。所谓课堂教学,就是以固定的班级为基础,把年龄大致相同的学生编排在一个班级,由教师按照固定的课程表和统一的进度,主要以课堂讲授的方式分科对学生进行教育的教学组织。

(1)课堂教学的特点。

第一,对学生进行编班主要依据的是其年龄以及知识水平。也就是说,同一个教学班的学生在年龄和知识水平方面是基本相同的。

第二,每班的人数是基本固定的,通常是 30～50 人。

第三,要将教学内容依据学科和学年分成许多小的部分——课,并一课接着一课地进行教学。

第四,每一课都必须在规定的单位时间内进行。而每节课的时间可以是 30 分钟、45 分钟或 50 分钟,但要保证统一和固定,且课与课之间要留有一定的时间让学生休息并准备下一节课的内容。

第五,教学场所和学生的座次都是相对固定的,但可以根据教学内容对学生的座次进行灵活安排。

(2)课堂教学的优、缺点。课堂教学的优点,主要有以下几个:

第一,学生可有效地获得较为系统的学科知识。在这一授课制中,不同学科的教师可以教授不同的学科知识,从而弥补学生知识间的空隙与不足。不仅如此,教师可使学习活动循序渐进,从而使学生可以较为牢固地掌握各学科知识。

第二,教师可充分发挥自身潜能。在这一授课制中,教师可利用自己的专业知识进行班级教学,从而可以充分发挥自身的潜能,实现教师资源的良好利用。

第三,可利用集体的力量将教育的作用得以最大化的发挥。在这一授课制中,学生之间可互帮互助、充分沟通,从而培养他们的团队精神、团结意识。

第四,可有效地提高教学效率。在这一授课制中,由于每个班的学生人数往往较多,因此,教师通过面向全体学生进行授课,可以提高教学效率,避免了因小班教学而耗费大量的人力、物力、时间资源等。

第五，可顺利地完成教学任务。由于这一授课制是经过统一的计划与安排的，因此，其教学要求和教学目的的制定往往较为合理，从而也就使教学任务能够得以顺利完成。

课堂教学的缺点，主要有以下几个：

第一，在课堂教学中，由于教师是教学的组织者，学生多是接受教师所传授的现成知识，其独立性、自主性难以得到充分发挥，创新能力也无法得到有效培养。

第二，在课堂教学中，教学领域通常被局限在课堂之内，为学生提供的实践学习机会较少，不利于让学生有效地联系生活实际，将所学的知识真正地运用到实践之中。

第三，在课堂教学中，由于授课方式与授课内容过于整齐划一，难以顾及学生的个别差异，也不利于进行因材施教、培养学生的个性。

第四，在课堂教学中，学生与学生之间难以形成团结合作、共同完成学习的良好学习习惯，从而也就使得同一班级的学生缺乏真正的集体性。尽管教师面向所有学生同时施教，但其实并不需要学生与学生之间的配合才能完成学习任务。换言之，每个学生个体对教师负责，而学生彼此之间却很少有分工合作，并对其他学生不承担责任，因此，也就没有了必然的依存关系，自然也就无法具有真正的集体性。

第五，课堂教学由于形式较为固定，在某些情况下难以适应教学内容和教学方法的多样化。

2. 现场教学

现场教学是一种辅助性的教学形式，也是在社会现实活动中进行教学的一种重要组织形式。在这一教学组织形式中，学生通过自然或者社会实践而获得必要的直接经验，并通过运用所学知识在实践中检验正确性。因此，可以将现场教学看成是课堂教学的一种延伸。

（1）现场教学的重要性。现场教学的重要性，主要是通过以下几个方面表现出来的：

第一，现场教学可增加教学情境，从而使教学更为生动形象。

第二，现场教学可以为学生积累相当丰富的直接经验和感性材料，从而使他们结合所学知识而解决实际的问题。

第三，现场教学可以使学生在轻松、愉快的氛围中掌握所学的知识或技能，并且在潜移默化中影响他们的情感、态度和价值观。

（2）现场教学的运用。教师在运用现场教学这一教学组织形式时，应特别注意以下几个方面：

第一，做好充分的课前准备。在进行现场教学前，教师应设想教学中可能会出现的问题或情境，从而认真考虑现场教学所需要的各方面因素。

第二，明确教学目的。对于教学所要达到的效果，或者要让学生掌握哪些具体的知识内容，抑或要解决什么问题，教师应有一个十分明确的认识。

第三，应具备较强的现场指导能力。教师在进行现场教学时，可能会发现学生总是遇到一些较为棘手的问题或麻烦。对此，教师应当依据学生的具体情况而予以有针对性的指导，如多鼓励学生自己动手操作、鼓励学生通过合作共同解决问题等。

第四，及时做好总结归纳。现场教学不仅重视过程，同时，更为重视对过程的总结归纳，以获得反馈信息。因此，教师应积累现场教学经验，使学生的知识体系得到梳理。

3. 复式教学

所谓复式教学，就是在同一节课堂中，将两个或两个以上年级的学生（即不同年级的学生）编在同一个班里，由一位教师分别以不同程度的教材内容、采取直接教学和自动作业交替的办法而进行的教学组织形式。复式教学是一种较为特殊的教学组织形式，是由于一些地区的教育条件和经济条件落后或不平衡而产生的。

复式教学保持了班级教学的一切本质特征，从某种程度上来说是班级教学的一种较为特殊的形式。不过，两者之间也有一定的差异。当教师为一个年级上课时，其他年级的学生则需要按照教师的指示进行预习、复习、练习或做其他作业。一般来说，复式教学具有学科多、课时少、任务重、备课难度大等一些特点。由于这一教学组织形式在时间分配、秩序维护和处理问题上相对较为复杂，所以，也就对教师提出了更高的要求。

（二）现代教学过程组织形式的选择

教学过程的组织形式有多种类型，只有选择了合适的教学过程组织形式，才能确保课堂教学取得较好的效果。通常而言，教师在选择现代教学过程的组织形式时，要切实依据以下几个方面。

第一，教学的目的、内容和方法。教师在选择具体的教学过程组织形式的过程中，应保证其能够对教学目的的实现与教学内容的掌握有一定程度的帮助。如果教学目的、教学内容不同，那么，相应地教学方法也就会出现一定差异，从而使得组织形式也就顺理成章地出现一定的变化。

第二,教学的任务和学生的需要。这是指教师应根据教学任务和学生的需要而选择最为合理的、客观的教学过程设计组织形式。

第三,教师和学生的实际情况。这是指在选择时应充分考虑到教师的素质、学生的基础水平、学生理解教学的程度、教材的难易程度以及教师对教学内容的处理等因素。适宜的教学形式可充分发挥教师的潜能与优势,从而使教学质量和教学效率都得到提升,进而发展学生的能力,最终促进师生的共同发展。

第四,教学的合理发展。适宜的教学过程组织形式有助于教学活动的良好开展。其不仅能够保证充足的教学时间,同时,也能够保证学生的学习时间。如果教师频繁地使用不同的教学形式,那么,是难以保证完成教学任务、难以保证达到教学效果的。

第三节　课程资源的开发与利用

一、课程资源的内涵

(一)课程资源的含义

课程资源有广义与狭义之分,广义的课程资源指的是所有能够促使课程目标实现的因素;而狭义的课程资源则是指能够形成课程的直接因素。

综合来讲,课程资源实际上包含两个方面的要素:一是形成课程的来源;二是实现课程的条件。其中,形成课程的来源主要有知识、自然界的花草树木等;实现课程的条件则包括各种物力资源,如学校硬件设备、师资水平等。

(二)课程资源的类型

课程资源依据不同的标准,可以分成不同的类型,具体如下。

1. 以课程资源的性质为标准进行分类

以课程资源的性质为标准,可以将其细分为以下两类。

(1)自然课程资源。自然界中可以开发利用的资源是非常丰富的,几乎所有的资源都可以为教学所用。例如,用于生物课程的各类动物、植物;用于地理课程的山地、丘陵、沟壑、大江、小河等;用于艺术课程的自然景观、摄影、图画和优美的电视艺术节目,等等。

(2)社会课程资源。我们的生活是丰富多彩的,除了自然资源外,还有很多社会资源也可以成为课程资源。例如,城市的布局形象、街道的文化装饰等;城市中的各种图书馆、博物馆、纪念馆、展览馆等;社会的政治活动、经济活动、科技活动等;影响我们生产生活的民俗、节日、宗教仪式和传统礼仪等。

2. 以课程资源的来源为标准进行分类

以课程资源的来源为标准,可以将其细分为以下两类:

(1)校内课程资源。在学校范围内可以获得的课程资源便是校内课程资源。如学校的教室、图书馆、实验室、校园文化、历史与传统、班级文化与管理制度以及各类知识讲座、比赛等。

(2)校外课程资源。无法在学校范围内获得,但是在社会中可以获得的课程资源便是校外课程资源。如名胜古迹、自然森林公园、动植物园、博物馆等,都是可以为教学服务的校外课程资源。

3. 以课程资源的存在方式为标准进行分类

以课程资源的存在方式为标准,可以将其细分为以下两类。

(1)显性课程资源。能够看得见、摸得着的课程资源便是显性课程资源。如教科书、计算机课件、教具、自然界与社会中实实在在的事物等。

(2)隐性课程资源。隐性课程资源是指对教育活动有影响,但以无形的方式存在的课程资源。它往往被分为两类:一是默默地对教育教学活动发挥作用的课程资源,如师生关系、学校风气、班级文化等;二是还没有被教育者开发和利用的课程资源,如社区公共服务机构(图书馆、博物馆、科技馆、少年宫、养老院等),这种隐性课程资源容易被忽视。

4. 以课程资源的呈现方式为标准进行分类

以课程资源的呈现方式为标准,可以将其细分为以下几类。

(1)文字资源。教材以及各个专业领域中的经典作品和名著都是学生需要利用的重要课程资源。

(2)实物资源。其有很多的形式,如花草树木、机械设备、教学仪器等。此外,这种课程资源很直观,形象生动,所以,利用频率很高。

(3)活动资源。如班级活动、体育活动、节日活动等。这种课程资源能够大大丰富教学模式,并有效提高学生的社会适应能力和人际交往能力。

（4）信息化资源。即基于计算机网络的课程资源,其开发与利用将呈现出越来越流行的趋势。

(三)课程资源的特点

课程资源概括来说有以下几个特点。

第一,多样性。随着课程改革的深入,教学活动中可利用的课程资源非常之多。其不仅仅是教材,也绝不仅仅限于学校内。也就是说,开发的人只要充分做好准备就能开发出各种各样的课程资源。

第二,潜在性。课程资源不是现实的课程,它的存在形式、结构及其价值和功能都是潜在的。它很少直接作用于学生,往往需要课程实施主体对其进行开发和利用,并赋予一定的价值才能转化为教学内容,服务于教师和学生。

第三,地域性。地域不同,其能够提供的课程资源也会有所差异。不同的学校所处的地理位置不同,每个学校周围都有独特的自然景观、社会传统文化、社区资源,因而,不同学校可利用的课程资源也是不同的。

第四,多质性。同一资源对于不同的课程而言,其价值和用途也是不同的,这便是课程资源的多质性特点。这一特点要求教师在教学过程中要保持较高的敏感度,创造性地选择和使用课程资源,将一切有潜在价值的资源变为教学中的宝贵的课程资源。

二、课程资源开发与利用的价值

对课程资源进行开发与利用有着十分重要的价值,具体表现在以下几个方面。

(一)能够有效提升教师的专业水平

教师在参与课程资源开发与利用的过程中,需要仔细地认识教育教学的目标、内容等,要经历反复的操作和练习等实践活动,因而,教师的教育认识水平、专业能力和技能会得到大大提升;需要与学生一起获取知识,因而,会促使其转变传统的角色和工作方式,如从单纯的知识的提供者变为获取知识的合作者和组织者,将各种现代化的电子教学设备和远程教学设备引入课程,使自己的专业水平得到提升,工作方式得以改变等。

(二)能够促进学生的发展

课程资源的开发与利用对于促进学生的发展具有重要的作用,具体表现在以下两个方面。

第一,课程资源开发与利用有助于实现学生的"社会参与"。学生可以通过运用各种课程资源和参加各种活动,尽早地参与到与自己有关的社区发展的调查、规划、建设之中,参与到学校的建设之中,从而很好地感知和体验人与环境的关系、个人与他人的关系以及个人与社会的关系,同时,增强自己的角色意识,理解经济可持续、环境可持续、社会可持续的深刻内涵。

第二,课程资源开发与利用能够帮助学生不断地更新与适应新的角色。如在课程资源开发与利用实践中,学生将逐渐成为自主学习者、知识探究者、合作学习者和社会实践的积极参与者等。

(三)能够促进学校的发展

课程资源开发的理念和实践将会促进学校的更新和变革,尤其是能够帮助学校拓展社会资源形成鲜明的办学特色,形成浓厚和富有个性的学校文化。从这一角度来说,课程资源的开发与利用有助于促进学校的发展。

三、课程资源开发与利用的原则

在对课程资源进行开发与利用时,需要遵循以下几个原则。

(一)选择性原则

课程资源是丰富多样的,要进行开发与利用应当进行精心选择。一方面,课程资源开发主体要充分考虑课程成本;另一方面,学生要学的东西很多,教育也绝非一朝一夕之事,因此,不能不加选择地全部拿来,要有重点、有选择。

(二)以人为本原则

课程资源开发与利用的目的是促进学生最大限度的发展,有效激发每一个学生的内在潜能。因此,在开发与利用课程资源时,必须遵循以人为本原则,即根据学生的实际与发展需要来开发、利用课程资源。

(三)适切性原则

课程资源的适切性是指课程资源提供给学生的是学生需要学习的东西,并能为学生所理解。凡是学生需要的并能理解的课程资源,就是适切的课程资源;反之,则不是适切的课程资源。

(四)个性化原则

课程资源的开发与利用,本身是一项非常具有创造性的实践活动,而其创造性主要体现在它的个性化上,如果缺乏个性,课程资源的开发与利用很可能就会流于形式。因此,在开发与利用课程资源的过程中,开发者要从实际出发,将学校的特色、地域的优势、学科的特点、开发者的风格等充分发挥出来,突出个性,避免千篇一律。

(五)经济性原则

课程资源的开发与使用必然要花费一定的财力、物力、人力等,所以,应当用尽可能少的花费来获得最佳的效果。如在开发与利用课程资源时,要尽可能地就地取材、不舍近求远等。

四、课程资源开发与利用的方法

课程资源的开发与利用方法有很多,对于教师来说,一定要选择最合适的方法以便获得理想的效果。具体来说,课程资源开发与利用的方法主要有以下几个。

(一)探究法

在学生的实际生活中,有很多都是宝贵的课程资源,完全可以通过有效的方法对其进行开发和利用,探究法就是非常好的一种方法。它主要是指通过学生的主动探究性活动作用于多种资源,使多种资源为教学所用,并很好地帮助学生解决问题,提高能力。这种方法突破了教材的局限,走入了学生的实际生活,能够使学生在探索、解决问题的过程中,进一步强化自己的创新意识,提高自己的创造能力。

(二)反思法

在对课程资源进行开发与利用时,反思法也是一个有效的方法。在课程资源的开发与利用中,教师通过反思不断完善课程资源,更新课程观念,提升教学效果,是非常正确而必要的做法。

(三)体验法

教材是学生获得知识的最重要来源,这一点是没错的,但教材并不是学生获得知识的唯一来源。这是因为知识最终是来源于实践的,教师完全可以根据课程目标,有针对性地组织学生参与一些实践活动,使学生在实践活动的过程中,自觉地把间接的理论知识与直接的感受和体验结合起来进行教学。

(四)故事法

课程资源开发与利用的故事法,就是指教师在课堂上根据所讲授的内容穿插一些相关的简明、短小的故事,以强调所讲内容,或者干脆就用故事内容代替讲课内容,吸引学生注意、激发学生听课兴趣、启发学生思考,使学生直接从故事中悟到蕴含的道理、掌握其中的知识技术等。这是一种化繁为简、寓教于乐、喜闻乐见的方法。

不过,在课程资源的利用和开发中,故事法其实只是一种补充形式,不是每节课都可实施,要区别对待。此外,利用故事增进教学要求教师必须扩充自身知识储备量。只有知识储备量丰富了,故事的选材才灵活,教学也就更得心应手。

第四节　数字化学习资源的开发与应用

一、数字化学习资源的内涵

(一)数字化学习资源的含义

在人类的发展过程中,学习资源无处不在。随着数字媒体技术的发展与成熟,信息承载、传播与呈现的水平也得到了飞速提升,学习资源从形式到内涵得到了全面的改造,数字化学习资源由此诞生。

所谓数字化学习资源,就是经过数字化处理,依据学习者属性规划好的,能通过电脑、手机及任何连接网络的工具供求知者学习,且可以实现多用途共享的数字化材料。

(二)数字化学习资源的特点

数字化学习资源概括来说有以下几个特点。

1. 广泛性

数字化学习资源的广泛性特点主要是针对其分布而言的,即数字化学习资源以不同的形式分布在世界各地，如 FTP 服务器、电子图书馆和电子期刊等，都是数字化学习资源分布的常用形式。

2. 数字化

数字化学习资源是数字化的信息数据，它不是以纸质化或其他介质为载体的传统信息资源，而是可以把大数量、多类型、多媒体、非规范的信息以数字化形式进行融合，经过处理，各种媒体文件就变成了结构、大小、输入输出条件不同的数字化文件，它们就能在电脑、网络上被传阅分享。

3. 开放性

数字化学习资源的开放性特点主要表现在两个方面：一方面，众多的求知者可以反复地利用学习资源，不受任何的限制；另一方面，求知者可以无拘无束地发表自己的观点看法，同时，上传自己的资源，与其他学习者分享。

4. 多样化

数字化学习资源内容通常以多媒体的形式来表现，这就使信息的表现更加生动形象，如网络上的报纸杂志、教学软件等，它们都有各自独特的表达方式，而不是趋于雷同。

5. 便捷性

数字化学习资源的便捷性特点主要是针对其获取而言的，即通过各种计算机和移动智能设备可随时随地获取互联网上的信息，摆脱了时间和空间的束缚。

6. 时效性

数字化学习资源拥有更加快捷迅速的特征，最新的消息通过互联网就可以即刻传达，这样的更新速度是传统纸媒如报纸、杂志等可望而不可即的。

二、数字化学习资源的开发

(一)数字化学习资源开发的技术

在对数字化学习资源进行开发时需要借助于一定的技术，其中，最为常用的有以下几个。

1. 虚拟现实技术

在网络技术发达的今天,在线的学习者可以通过图像看到远方的机器设备,并通过动画等形式让人们可以更加全面、方便地了解其内部结构和工作原理,还希望能够随心所欲地操控机器,这就需要为这些机器设备建立三维模型,构造一个虚拟设备的环境,增加人机交互的功能。这就要用到"虚拟现实"技术。

"虚拟现实"的定义虽然在不断发展,全球至今还没有一种统一的标准说法。但基本上是指一个以用户为中心的、主观的、互动的、由计算机制造的多感官环境。因此,这种科技包含了两部分:一部分是"虚拟环境",是由计算机图像、声音、三维模型等结合而成的环境和空间;另一部分是人,是关于如何把用户放置于虚拟环境之中,如何通过计算机和传感器得到多种感觉,使用户可以在虚拟环境中活动和工作的技术。

当前,虚拟现实技术在很多领域都得到了广泛运用,而且在计算机上构造一个虚拟环境,主要有调用 OpenGL 函数库、利用 VRML(虚拟现实建模语言)构建虚拟场景、电脑组合 2D 图实现全景虚拟、利用传感器实现沉浸型的虚拟现实世界等方式。

2. 交互式主页的实现技术

基于网络的远程教育就是利用 Internet 实现学生和教师的交互,教学资源被放置在网页上,达到了教学的目的;学生通过寻找资源,从而可以学到自己想学的知识。要实现一个可以与用户交互信息的服务系统,需要增加交互式主页和用户输入信息处理程序两项,交互式主页内含用户输入信息编辑框、选择菜单按钮之类,以供用户输入信息,能提供给用户更多体验。实现交互式主页主要通过脚本语言、Java 语言、CGI(通用网关接口)、JDB(Java 数据库连接)、ASP(动态服务器页面)五种方法。

3. 流媒体技术

使音频、视频和其他多媒体以智能流的形式进行数字信息传送的技术便是流媒体技术。流媒体文件格式支持流式传输及播放,流式传输方式是将各式各样多媒体文件经过各种形式压缩处理后分成一个个压缩包,由视频服务器向用户计算机不断地发送有效信息,使人们在低带宽和高带宽环境下都可以在线欣赏到连续不断的具有较高品质的视音频节目的技术。在采用流式传输方式的系统中,用户不必等待全部下载完整后观看,只需经过几秒或几十秒的启动延时即可在用户的计算机上利用对应的软件对压缩的动画、音频、视频等多媒体文件解压后进行欣赏,多媒体文件的剩余部分将在后台持续下载。

利用基于流媒体技术的网络课程,采用高级流技术,避免了播放中断或出现间隔现象;采用流媒体同步集成技术,实现了友好的交互界面。

4. 远程控制技术

远程控制技术在辅助培训教学中起着明显且重要的作用,通过远程控制技术可以实现诸如远程办公、远程技术支持、远程交流、远程维护和管理等,对远程教育尤其是远程培训意义重大。

远程控制的实现基于客户机和服务器之间的网络应用协议,目前,网络应用协议主要有:X, Citrix ICA(Independent Computing Architecture)、Microsoft RDP(Remote Desktop Protocol)和 VNC(Virtual Network Computing)。

(二)数字化学习资源开发的工具

数字化学习资源开发的工具主要有以下几个。

1. PPT 转换工具

PPT 转换工具指的是以 PPT 素材为基础,加上声音、视频、习题等,转换为交互性强、符合 SCORM 标准的课件制作工具。Snap、Articulate、iSpring、Captivate、StreamAuthor(串流大师)等都属于 PPT 转换工具。

2. 三分屏录制工具

三分屏录制工具能够将教师授课视频和 PPT、图片等素材整合为三分屏课件(又称流媒体视频课件或 IP 课件),如微软公司的 Producer、速课等产品。

3. 网络课件创作工具

网络课件创作工具可以用于各式各样的软件开发要求,常见的有 Lectora、ToolBooks、Raptivity 等。

三、数字化学习资源的应用

(一)数字化学习资源在课堂教学中的应用

数字化学习资源在课堂教学中的运用主要表现在以下几个方面。

1. 展示教学内容

在进行课堂教学时，并不是全部使用数字化学习资源，非数字化学习资源在课堂教学中同样具有独特的魅力和作用，学习资源形式的选择关键要看是否适合教学内容的传递与表达。

此外，在课堂教学中使用数字化学习资源，可以将其作为讲授知识点、演示、实验项目等内容的展示，通过教学课件、视频、音频等形式呈现。这种应用方式适合"传递—接受"的教学模式，适合教师对知识点的讲授，能很好地发挥教师的主导作用，这种应用模式在目前我国的教育中仍然是主流。

2. 为学生的学习提供支持

（1）为学生的自主学习提供支持。自主学习是指以学生为本，通过学生独立的学习方式来实现学习目标。在自主学习中，学生可以根据个人的兴趣、爱好选择学习主题，但这些学习主题未必就是书本所提供或者能够完全提供的，学生的学习内容需要扩展，数字化学习资源就成为其很好的补充。借助互联网进行的学习资源传递、共享，借助搜索引擎完成的资源搜索，借助相应的教学平台、课程中心提供的主题资料等，能够很好地满足学生个性化学习的需要，培养学生独立分析、探究、创造的能力。值得注意的是，自主学习不意味着放任自流、无拘无束，利用数字化学习资源进行自主学习（尤其对于低年级的学生）必须强调教师的引导作用，在不良信息的过滤、信息迷航的纠正、相应技术的指导、正确价值观的引导等方面，教师的作用不可忽视。

（2）为学生的协作学习提供支持。通过将学生分成小组或团队的形式组织学生学习的方式便是协作学习。协作学习有利于促进学生高阶认知能力的发展，在学习过程中学生的判断、分析、思辨、决策等能力得到了充分的培养；有利于学生健康情感的形成，通过彼此配合完成学习目标，提升学生的群体意识和协作能力。

数字化学习资源参与到学生的协作学习之中，一方面可以扩充学生的学习内容，为学习活动的进行提供大量可供选择的内容，组内成员根据分工可以选择性地关注某一方面的知识点；另一方面数字化学习资源的数量和深度可以无限扩充、延伸，为学习的深入进行提供了可能。此外，相比于传统资源，数字化学习资源的传递轻松、快捷，组内成员信息交流的渠道更通畅，资源的整理、总结与汇报可借助计算机、网络完成，信息实时到位，沟通通畅自由，让协作变得更轻松。

3. 为学生创造良好的学习情境

在对学习情境进行创设时,数字化学习资源所具有的生动形象、现实模拟等技术优势使其有着得天独厚的优势。在低年级的课堂教学中,相比于传统资源,数字化学习资源的"有声有色""图文并茂"更容易吸引学生的注意力,调动其学习的积极性和兴趣,利用数字化学习资源创设学习情境,营造立体化、接近真实的学习环境,在相对直观的情境中,引导学生快速进入学习思考状态,产生求知的愿望;在高年级的课堂教学中,借助数字化学习资源创设学习情境,可以启迪学习者深层次的思考和认知,这里关注的重点不是"图文并茂",而是资源内容的深度、广度。数字化学习资源的选择要全面而有重点,要把握课程教学需要,同时,兼顾及时更新,能够把信息后面深层次的学习探究需要表达出来。

(二)数字化学习资源在新型学习方式中的应用

1. 数字化学习资源在混合学习中的运用

混合学习就是既包含传统学习方式的优势,也包含数字化学习方式的优势,在这个过程中既要发挥教师的引导作用,又要兼顾学生的自发性与主体性。此外,数字化学习是一种基于数字化学习资源而进行的学习方式,自20世纪90年代末以来,在教育领域得到了迅速的应用与发展。数字化学习克服了传统课堂教学时空的局限,给予学习者更多自主学习的时间和空间,有利于学习者提高对知识的理解,完成知识建构;为学习者提供丰富多样的学习资源,改变了传统课堂中教师控制信息来源和数量的被动局面,学习者可以根据个人兴趣选择自己喜爱的内容进行深入了解和学习;为学习者营造了一个全新的网络学习环境,在这个环境中学习者可以自主交流,不受任何外力干扰。

此外,在混合学习中数字化学习资源以 Web 2.0 提倡的"以人为本,群建共享"精神为指导方针,就资源内容看,在保证资源以知识点为中心的完整性、正确性的前提下,资源的外延在不断扩大,相关优秀的辅导材料、补充材料不断被纳进教育体系中,更好地扩充了学习者课外学习空间,满足其深层次学习的需要;就资源的形式看,资源"图文声像并茂"更加突出,资源的清晰度、逼真度得到提高,虚拟现实、普适计算为学习者的学习营造了近乎真实的情境,有效地和课堂教学整合;就资源的组织看,资源的呈现更加人性化、便捷化,以人为本的教育理念深入融合到资源组织中,相应的技术手段以开源的形式提供,学习者可以根据个人的学习需要对资源进行有效的重新组织和管理。

2. 数字化学习资源在移动学习中的应用

移动学习指在无线通信技术支持下,通过利用具有便携性的移动通信设备,如学习机、手机、平板电脑等多媒体终端进行学习。移动学习中的"移动",一方面指学习者处于移动之中,学习环境也是不断变化的;另一方面指学习设备和学习资源处于"移动"的状态。因此,进行移动学习必须依赖数字化学习资源,而且数字化学习资源的建设是移动学习的核心内容之一。

移动学习的数字化学习资源从内容方面来看,包括基于互联网的所有资源,这些资源通过手机、笔记本等移动设备连入互联网即可访问。另外,还有大量特有的、专用移动学习资源,基于不同类型的移动学习设备研发,有利于发挥其移动学习的功效。移动学习资源的研发,根据移动载体的不同、品牌的不同,一般由专业的开发团队完成,其设计能更好地融合先进的教育理念,采用先进的开发技术,资源的容量、时间长短、画面效果、学习策略都是研发的重点,当前常用的开发平台有 iPhone 平台、Android 平台、Windows Mobile 平台等。随着技术的进步,不断有新的移动开发平台和工具出现,在选择优秀、恰当的开发工具的同时,也要注重教学设计的创新,将技术和教学充分融为一体。移动设备所承载的数字化学习资源绝不是书本的搬家,也不是书本的简单电子化,选择吸引学习者的学习策略、明确学习目的、选择生动的资源呈现形式、提供相应的学习方法、提供必要的评价结果,所有这些都是在资源设计、开发时必须考虑的问题。

移动学习的数字化资源从资源的应用而言,一方面可以和传统课堂结合,作为课堂的组成部分之一,共同帮助学生完成知识建构,完成信息技术和课堂的整合,提高课堂的学习效率。另一方面可以作为学习者课余学习、业余学习重要的学习对象,学习者可以方便地利用移动设备进行个性化的学习。学习资源依托手机、掌机、平板电脑等移动设备,可以在地铁、机场、卧室等任何场所呈现,学习的进行可以在学习者其他活动的间隙开展,也可和其他活动同时发生。

3. 数字化学习资源在泛在学习中的运用

所谓泛在学习,就是一种任何人可以在任何地方、任何时刻获取所需的任何信息的方式,是允许学习者可以随时随地使用自己可以找到的移动设备来进行学习活动的 4A(Anyone、Anytime、Anywhere、Anything)学习。

泛在学习从某种意义上说,是数字化学习和移动学习的升级。而且泛在学习可以让不同阶层、不同年龄的每一个人获得源源不断的学习机会,从某个意义来说,泛在学习为"终身学习"提供了实现的环境和基础。泛在学习时代的到来将有利于终身学习社会体系的构建,同时,泛在学习对学习资源有更高的要求,具体如下。

第一,泛在学习要求变当前的资源存储模式为分布式网络存储。

第二,泛在学习要求学习环境下的学习资源的粒度要更细,用户并不需要浪费太多时间即可在不知知觉中获得知识。另外,通过设定主题词,借助一定的语义分析功能可以查到同类的资源,并自动建立链接,从而使资源实现基于语义的自然聚合。未来泛在学习资源设计与建设会越来越倾向于内容微型化和基于语义的自然聚合。

第三,泛在学习要求学习资源除了需要具有元数据描述功能以外,在提高资源智能性上也需要进一步提升。

第五节　网络教育资源应用

一、网络教育资源的应用方式

网络教育资源指的是蕴含了大量的教育信息,可以创造出一定的教育价值,以数字信号的形式在互联网上进行传输的信息资源。关于网络教育资源的应用方式,主要体现在检索、下载和保存等方面。

(一)网络教育资源的检索

当我们在互联网上获取需要的某类教育信息但却不知道其所在的网址时,通常使用搜索引擎进行检索。也就是说,搜索引擎是进行网络教育资源检索的重要工具。

1. 搜索引擎的内涵

帮助互联网用户进行信息查询的搜索工具便是搜索引擎。它以一定的策略在互联网中搜集、发现信息,对信息进行理解、提取、组织和处理,并为用户提供检索服务,从而起到信息导航的作用。虽然利用搜索引擎能够检索到大量的信息,但是没有任何一个搜索引擎的搜索结果会完全相同。为了获得理想的搜索结果,需要选择合适的搜索引擎。这里着重介绍几个当前最常用的中文搜索引擎。

(1)百度。百度是当前我国网民最常用到的一个中文搜索引擎。除网页搜索,还提供新闻、地图、博客、图片、视频等多样化的搜索服务,率先创造了以贴吧、知道、百科、空间为代表的搜索社区,将无数网民头脑中的智慧融入了搜索。如果想更快、更准确地找到自己需要的信息,可单击百度页面中的"更多"按钮,打开"百度产品大全",进行更详细的搜索。百度搜索引擎除了提供网页、新闻、贴吧、知道、图片等频道,还提供网页快照、相关搜索词、拼音提示、错别字纠错提示、天气查询等特色网页搜索功能。例如,需要查找某篇论文、文章、文档等,可单击"百度产品大全"中的"文档搜索"。搜索的结果将会是 WORD、PDF、EXCEL、PPT、RTF 等格式的文档,这样,就避免了在众多的搜索结果中去查找此类的文档。

(2)Google。Google 是一个常用的多种语言搜索引擎,提供网页、图片、资讯、论坛等搜索服务。其特色在于具有十分广泛的搜索范围,具有搜索特定语言的网页和翻译网页等功能。Google 允许以多种语言进行搜索,在操作界面中提供多达 30 余种语言选择,包括英语、日语、中文简繁体等。同时,还可以在多达 40 多个国别专属引擎中进行选择。例如,我们经常会浏览国外的一些网站,但由于自身的英语水平不是很高,无法获取一些重要信息,此时可利用 Google 的"语言"进行翻译。如果需要对整个网页的内容进行翻译,只需要在"翻译"网页下的工具条中输入需要翻译的网页地址,然后选择"英语"到"中文(简体)",单击"翻译"按钮,网页就会自动翻译成中文网页。

(3)360 度雅虎全能搜。阿里巴巴雅虎是一家极富创造性与创新性的国际化的互联网公司,由原雅虎中国演变而成。1999 年 9 月由雅虎全球创立,2005 年 8 月被阿里巴巴全额收购。除了中文搜索,雅虎搜索凭借遍及全球的网站渠道,也可以支持中国用户完成 38 种语言搜索。目前,雅虎搜索设立了网页、资讯、图片、地图等多个频道,提供多种特色服务。

(4)北大天网。当 HTTP 网页信息的搜索引擎蓬勃发展的时候,基于 Web 的 FTP 搜索引擎也越来越受到人们的青睐。FTP 搜索引擎的功能是搜集匿名 FTP 服务器提供的目录列表以及向用户提供文件信息的查询服务。由于 FTP 搜索引擎专门针对各种文件,因此,能够更加便捷地寻找软件、电影等文件。

天网文件搜索引擎是北京大学网络实验室研制开发的免费文件查询服务,天网文件搜索既搜索 FTP 文件也搜索 WWW 文件,目前,以搜索 FTP 文件为主。天网文件搜索引擎已经是国内最大的 FTP 搜索引擎,也是国际上名列前茅的 FTP 搜索引擎。

在天网首页输入框中输入你要查询的文件名,可以包括"＊"(通配所有字符)、"？"(通配一个字符)、空格(表示多个查询条件并用),选择所需资源,单击后面的资源类型,即可得到查询结果。

(5)网易。网易在国内首创"网易开放式目录管理系统",提供网页搜索、分类网站、图片搜索、时尚搜索,其网页搜索结果由 Google 提供。

2. 利用搜索引擎检索教学资源

在利用搜索引擎检索教学资源时需要遵循一定的步骤,具体如下。

(1)明确检索需求。在进行检索之前,应先对检索需求进行仔细分析,明确所要检索的是什么样的信息,这是成功进行信息检索的前提。

(2)选择合适的搜索工具。搜索很多,而且每一种都有其自身的特色,只有选择合适的搜索工具才能得到最佳的结果。

(3)确定检索范围。在面对纷繁复杂的网络信息时,要想检索出需要的信息,就必须对网络信息资源进行选择,检索的范围对检索的结果起着举足轻重的影响。检索范围过于宽泛或过于狭窄,都会使得检索效果大打折扣。

(4)选择合适的关键词。关键词是反映主题概念的词或词组,搜索引擎会根据输入的关键词,自动检索包含关键词的信息。关键词选择的恰当与否很大程度上决定检索结果的相关性和有效性。

(5)构造合适的检索表达式。用户检索所用的计算机可以识别的公式便是检索表达式。它由检索词和操作符根据一定的语法规则组合而成。检索词是用于检索的正式词,操作符包括逻辑操作符、截词操作符、位置操作符、字段操作符等。检索表达式的构造能否对用户需求进行充分反映,决定了检索质量的高低。最常用的操作符有加号"＋"、空格等。通常情况下,为了让检索结果更加精确,可以输入多个关键词,多个关键词之间用加号"＋"或空格进行组合,形成一个检索表达式。例如,搜索《春》(朱自清)一文的写作背景,关键词应该是"春＋写作背景"。如果以"朱自清＋写作背景"为关键词,则找到的是朱自清生平、朱自清作品集等。如果要查找描写春天的古诗,就要以"春天＋古诗"作为关键词进行搜索,不能用"描写春天的古诗"为关键词,这里的"描写"和"的"会影响搜索结果。

(6)正式检索。这一步通常不用用户亲自执行,用户只需按"检索"或"开始"等按钮即可。计算机检索系统会根据用户提供的检索表达式自动搜索数据库,并且将匹配结果显示给用户。

(7)评价检索结果。对检索所得的结果进行评价,看是否可以满足自己的检索要求,如果已满足,则利用该检索结果,不再对其他检索过程做任何处理;否则,应再回到以上各个步骤,对检索需求进行重新分析,确定检索范围,重新选择检索工具,必要时修改关键词以及检索表达式,重新进行检索。

(二)网络教育资源的下载

无论通过哪种检索方法搜索到的教育资源,往往需要从互联网下载到自己的计算机中。下载网络教育资源,必须借助于一定的下载工具,其中,常用的有网际快车(FlashGet)和迅雷(Thunder)等。

1. 网际快车的使用

在使用网际快车下载网络教育资源时,首先,要利用搜索引擎检索或是其他检索方式找到所需要的资源,对该资源的链接地址单击右键,弹出快捷菜单,在快捷菜单中选择【使用网际快车下载】选项,然后,弹出【添加新的下载任务】对话框,在对话框中可以自由选择文件存放位置,否则,默认存放到C盘Downloads文件夹中,在【重命名】处可以给文件重新命名。同时,可将文件分为多个部分下载,提高下载速度,所支持的最大任务数为10个。这时,在打开的FlashGet窗口中就可以看到文件下载的情况,如文件名、文件大小、文件完成情况、剩余时间等。文件下载完成后,可以到之前指定的目录下查看文件,也可以选择【已下载】选项,选择下载的文件,单击右键,打开文件所在文件夹来查看。

由于在下载资源时经常会遇到这种情况:有一系列资源所在的网址相同,只不过文件名不同罢了。如果每一个文件都要重复上述下载的操作,将会十分烦琐,而且浪费大量的时间,这时,可以利用FlashGet提供的批量下载功能。具体的操作方法是,检索到自己需要的素材,并复制该文件的地址。打开FlashGet的界面,单击【文件】菜单下的【添加成批任务】命令,打开【添加成批任务】对话框,将刚才复制的地址【粘贴】到【URL】栏中,将第一个文件名和最后一个文件名的末两位(根据情况选择位数)分别填写到下面的两个空白框中。由于其文件名中不同的字符只有两个(根据情况选择位数),所以,在【通配符长度】后填写"2"(根据情况选择位数),然后,将地址栏中的文件名的后两位改为"(*)",单击【确定】就可以将下载任务进行批量下载。

2. 迅雷的使用

迅雷下载软件结合了多媒体搜索引擎技术的特点,最多可以同时下载20个任务,具有下载稳定性高、速度快,搜索功能强大、方便,注册后可以享受注册用户的多资源下载资源等优点。它的使用方法和网际快车基本一致:在网页界面上单击文件的链接地址或者右键单击,在弹出的菜单中选择【使用迅雷下载】命令即可,也可以直接使用迅雷首页的搜索工具条对资源进行直接搜索,然后,单击该资源,将会自动使用迅雷下载。

(三)网络教育资源的保存

在对网络教育资源进行检索时,如果需要保存网页中的全部内容,可以打开【文件】菜单,选择【另存为】选项,弹出保存网页对话框,选择相应的"保存类型",将所需网页的内容全部保存或只以文本文件格式保存到本机。

在保存类型中,选择【网页,全部(＊.htm;＊.html)】项,保存的结果是除了具有这个网页的文件,还有一个文件夹,文件夹里面存储的是该页面的图像、动画等素材信息,断开网络之后,打开网页文件,各类信息都还存在。如果删除该文件夹,那么,整个页面也会被删除。选择【Web 档案,单一文件(＊.mht)】项,保存的结果只有一个 mht 文件。此文件中不仅包含了该页面的文本信息,而且包含了该页面中的图像等其他信息。选择【网页,仅HTML(＊.htm;＊.html)】项,保存的结果只有一个网页文件。断开网络之后,打开网页文件,则页面中只剩下文字信息,其中的动画、图像等各类信息都已经消失。选择【文本文件(＊.txt)】这一项,保存的结果是一个文本文档,里面只包含纯文本文字信息,多媒体信息均被剔除。

二、网络教育资源的应用规范

在网络环境下,教育资源的下载和使用都十分方便、快捷,但也可能对一些素材和软件由于不知道其出处而导致侵权行为的发生。一般情况下,为了教学、学习、引用、注释、新闻报道、科学研究、执行公务等目的,可以不向版权人支付报酬而使用其作品,这种使用是"合理使用"。这样做一方面是为了保护版权人的合法利益、加强对版权的限制,另一方面是为了保证信息传播的速度,避免增加传播信息的社会成本。虽然各个国家对版权有不同的要求,但是对"合理使用原则"的解释是相似的。在教育界,比较一致的看法主要集中在以下四个方面。

第一,应该保护教育界使用受版权保护的作品的合法权益,即教育工作人员有权利通过可靠途径获得各种信息资源用于教学、学习等。

第二,在创作和学习过程中,教育工作者可以对信息资源进行自由的使用。

第三,教育界在网络世界利用"合理使用原则",不应该受到诸如以"授权"等各种理由的影响和干扰。

第四,在使用网络信息资源时,教育界应该教育其下属机构和工作人员,对知识产权进行必要的认识,尊重版权;同时,还要了解使用受版权保护作品的法律依据。

第六章　现代教育中的教学设计与评价

在现代教育中,为了使教育活动顺利进行,需要进行周密的教学设计,为了明确教育活动的效果,需要进行相应的教育评价工作。在现代教育中,教学设计与教学评价有着非常重要的作用。本章将对现代教学设计的模式、现代教育课程的设计开发、现代教学设计的发展创新、教育评价的步骤和方法、当代教育评价改革与创新、信息化环境下的教育评价进行详细阐述。

第一节　现代教学设计的模式与功能特征

一、现代教学设计的模式

国际上正规的教学设计研究至少已有 50 年的历史,教学设计的模式不计其数,仅可查阅的文献就有一百余种之多。从教学设计的基本模式来看,经常被提及的有迪克和科里模式、肯普模式等。

(一)目标(系统方法)模式

目标模式的建立者是来自美国教学设计专家迪克和科里。目标模式的设计程序强调分析、设计的系统性,这基本上与系统分析模式的设计程序是一致的。不同的是,目标模式的理论基础与系统分析模式的理论基础有所区别(工程学的有关理论),它不从输入—产出的角度看待教学系统,而强调教学活动的系统设计要以教学目标为基点,以教学目标为基本目的。

目标模式的基本特点是强调教学目标的基点作用,设计过程系统性强,具体的设计步骤环环相扣,便于教师实际操作。这一模式的基本程序概括起来,有以下几方面的内容。第一,确定教学目标。第二,对具体的教学目标进行分析。第三,分析学生目前的知识基础状况。第四,将可供选择的操作目标具体罗列下来。第五,确定测验项目的参照标准。第六,确定教学策略。第七,选择教学材料和资源。第八,进行形成性评价。

最后,对教学方案进行修正和调整。根据形成性评价所得到的资料,找出教学中存在的问题,从而修正教学方案,进一步完善教学方案。

(二)过程模式

过程模式的设计者是美国新泽西州立大学肯普。这一模式与目标模式的主要区别在于它的设计步骤呈一定的循环模式,而目标模式是直线形的。设计者根据教学的实际需要,可从整个设计过程中的任何一个步骤起步,而且前后方向可以自由选择。

过程模式的设计步骤包括以下几个方面。

第一,通过分析教材和大纲要求,确定教学目的和课题,主要是解决在教学中必须要解决的问题。

第二,列出学生的重要特点和对学生的要求等,主要为了提高教学效率和因材施教。如对学生的一般特征、能力、兴趣和需求等要有基本的了解。

第三,确定学习目标。

第四,确定学习目标的主题内容,主要是将学习目标具体化和可操作化,对教学内容作进一步的分化,如列出所学的事实、概念、原理等。

第五,预测学生已有的学习准备状况以及学生在学习中有可能遇到的问题,包括已有的知识经验水平和学习能力等,以便根据学生的学习导向、定步修正教学方案的内容。

第六,对教学方法和教学资源进行选择,主要是确定最合适的教学方法和资源以完成教学目标。

第七,提供相关的教学服务,制订教学计划。

第八,对学生的学习进行评价,获得反馈信息,修正教学方案。

过程模式较为灵活、实用,根据教学情境的变化,设计人员可以有重点地进行教学设计。

总之,这些教学模式提供的仅仅是一些可供借鉴的设计思路和方法。教学过程是由诸多要素构成的复杂系统,在具体的教学实践中,设计者想要保证教学设计的高质量,还需要依据教学设计的一般原理,对各种具体因素进行综合考虑,充分发挥自身的创造性,做到理论与实际相结合,具体分析、对待和处理所遇到的问题。

二、现代教学设计的功能

(一)促进教学工作的专业化

当代国际著名教育心理学家斯滕伯格提出的理论认为,成为一名专家型教师,并不能通过刹那间的顿悟而获得,它需要经历一个较长的过程。专家型教师的养成,并不是拍拍脑袋就能实现的。

专家型教师有以下三个特征。首先,拥有较高的专业知识,他们在知识储备上具有绝对的发言权。他们拥有内容知识、具有各种教学情境知识、掌握教学法知识,能够对知识结构进行深层组织和通过课时计划对知识进行整合。其次,擅长高效能工作,熟练掌握技能使其达到自动化、重在作出计划、监督和评价、能够把握技能自动化与元思维之间的关系。最后,具有敏锐的洞察力,对一些问题有自己独特的见解,善于从独特的视角进行思考和观察。

在 20 世纪 80 年代,国际著名教学设计专家兰达发表了自己的观点,并得到了广泛的认可。他认为教学设计使教学变得更加容易,使原本"天才"才能做的事情让一般人也能去做。当然,并不是所有的教师在课堂教学环节上都能使教学技巧至纯至美、炉火纯青,让教学变得像天才的艺术杰作那样令人惊奇称赞。但至少由于有了教学设计理论和程序的规范,我们可以有理、有据、有序地实施教学,使我们扮演好教师这个角色。

因此,良好的个人特质并不是与生俱来、不可改变的,新手教师也不必计较别人有名师的真传指点,或一味地望洋兴叹。只要潜心学习教学设计、运用教学设计,通过反馈信息不断改善教学设计。那么,尽管没有天赋、特质,尽管不依赖于拼时间、拼精力的消耗,每一个教师都同样可以取得令人瞩目的成绩。

当然,也不是说只有掌握了教学设计,就一定能成为一位名师。但能够确定的是,它对于名师的培养起到加速成长的作用。不管是"雪中送炭"还是"锦上添花",教学设计都有它独特的作用和重要的位置。

(二)促进教学工作的科学化

在相当长的一段时期内,人们对教师职业专长的系统、理性分析和探索并没有明显的发展。对于教师资格的认识是,只要具备一定的学科知识,基本上就能胜任这门学科的教师职位,对教师的专业要求不是太严格。

人们习惯于将教学的成功归因于教师和学生本身的水平,而与教学有关方面的探索没有太大的联系。学生学得好,是因为教师的能力高;教师教得好,是因为学生领悟力强。也就是说,好的教学等于聪明、好学、有毅力的学生和知识面广、语言流畅、容貌怡人、态度亲和、有魅力的教师,这种观点具有一定的片面性。

想要实现有效的教学,就必须对教学活动进行有序的分析和系统的谋划,否则就无法实现。而教学设计的功效就在于,通过对教学设计的理论和教学设计程序的学习,使每一个教师掌握分析教学、规划教学、实施教学的程序和技能。在教学设计时,如果牢牢掌握了这些程序和技能,即便不能如专家型教师那般具有艺术的魅力和美的感受,基本上也会符合和满足"目标清晰""方法得当""针对性强""参与度高"的教学要求。

由于教学具有一定的艺术性,教师凭借经验这种思维路径进行的教学具有一定的艺术性,因此,也能取得较好的教学效果。但对于全体教师来说,能够把握教学的艺术性而实施教学的人数并不占多数,而且教学艺术既难以养成,又难以传授。若教师进行有效的教学设计,是可以克服这些局限的。

对教学活动进行系统分析把教学上升到一个科学的层面上,强调从对文本分析、学情分析到对目标确立、过程设置、评价检测等一系列环节的系统考量,有计划、有步骤地进行,从而使教学活动成为一种可复制、可传授的技术和程序。而且相对来说这种方法容易掌握,只要懂得相关的理论,掌握科学的方法,教师就可以顺利地完成实际操作。

当教师能够娴熟地进行某种程序化操作时,就很有可能从必然走向自由,通过掌握一定的教学规律,设计具有个人独特风格的教学。正因如此,教学设计的系统化为有效教学提供了前提,才会具有一定的可行性;学习和运用教学设计的原理与技术,使教学工作的科学化和促进教师专业成长成为可能。

三、现代教学设计的特征

教学设计可能会随着主观因素和客观因素的变化而出现差异,在不同层次的教学设计中,尽管不同的设计者设计的教学方案可能各不相同,但在教学活动中会体现出一些共同的特征。同时,这些共同特征也是教学设计不可或缺的条件。

(一)创造性

教学设计是对将来的教学活动进行设想和组织的过程,并不能完全参照以往的方案。教师在深入分析教材的基础上根据不同的教学目标、不同的学生特征,创造性地思考、设计教学实施方案,本身带有一定的创造性。所以说,教学设计虽然可能导致教学的程序化和精确化,但它并不束缚教学实践的自由,并不能否认它是一项极富创造性的工作,更不会扼杀教师的创造性。为适应教学活动的丰富多样、学生的多种需求,教师要进行具有创造性的教学设计,使学生的创造才能得到充分展示和发展,结合其教学风格和经验智慧,灵活变通。

(二)系统性

教学是一个复杂的系统,教学过程中的诸要素的不同,或排列组合的方式不同,会出现不同程度的教学效果。不管教学设计指向什么样的教学目标,教学设计者都必须以系统科学的方法为指导,全面地考虑、分析每一个教学要素,预先设想教学中可能出现的状况,并选择合适的教学方法和策略,使各个教学要素在达成一致教学目标的过程中实现有机的组合,成为完整的统一体,也就构成了教学活动的系统。

(三)指导性

教学设计具有指导性,因为它是教师精心设计的施教的方案和蓝图,是教师对将要达到的目标、所要完成的任务、将采取的各种教学措施等一系列教学活动的一种设想,为教学活动的实施提供一定的依据。教学设计方案一旦形成并付诸行动,就成为教师教学的基本依据,全面指导教学活动的进行。

(四)预演性

教学设计的过程需要对将来的教学活动进行一定的设想,实质上就是实际教学活动的每个环节、每个步骤在教师头脑中的预演过程,是教学实践的彩排,带有较强的预演性和生动的情境性。在这个过程中,教师设想自己在真实教学中的情境,在此基础上对教学过程进行周密和细致的策划,保证教学的成功实施。

(五)可操作性

教学设计既需要一定的教学理论基础,又要求有一定的教学实践。因此,教学设计作为教学的中介将教学理论和实践结合起来,它既具有一定的理论色彩,又有很强的可操作性。在具体的教学设计方案中,各类教学目标被分解为具体的可操作性目标。教学设计者通过分析具体的教学目标和教学任务,对教学内容的选择、教学方法的运用、教学时间的分配、教学环境的调适、评价的实施都做出明确的规定和安排,为接下来的教学实践提供准备。

第二节 现代教育课程的设计开发

现代教育课程设计开发是现代教育过程的核心,分为确立课程目标、选择内容、组织内容、课程实施和课程评价等几个阶段,参与者众多,是现代教育课程创新的内在机制。

一、现代教育课程设计开发的内涵

(一)现代教育课程设计开发的概念

现代教育课程设计开发是精心组织的设计、实施、评价并管理课程的动态过程,意在改进课程功能和提高教育质量,包括了从提出变革课程的动议、确立理论原理、编制课程文件、实施课程、开展教学与评价课程的一系列复杂事项。总的说来,"课程设计开发是一个更具综合性的术语,它包括了规划、实施和评价"。[①] 根据课程设计开发的实际,在多数情况下课程设计开发包括课程目标、课程选择、课程组织、课程实施、课程评价等阶段。

现代教育课程设计开发要处理三大事项:一是从文化中选取专门的学习内容;二是对学习活动本身的计划安排、实施和总结;三是提升学习活动的各种条件的计划、开发、配合应用和评价改善。

(二)现代教育课程设计开发的参与者

现代教育课程设计开发的参与者包括:
(1)政治方面的参与者。
(2)学校方面的参与者。
(3)教育系统方面的参与者。
(4)公众。
(5)社会。
这些参与者有时能愉快合作而相安无事,有时则因针锋相对而激烈斗

---

① 胡中锋.现代教育学[M].广州:广东高等教育出版社,2007:73.

争。这些参与者(个体和群体)对某一具体课程的不同关注点使课程设计开发在很大程度上成为一种政治活动,其中,充满了对权威与控制、稀少资源、某些价值的主导地位的争夺。

二、现代教育课程设计开发的模式

由于参与者的不同,以及课程理念和价值取向的差异,现代教育课程设计开发有多种不同的模式。此处,我们主要对 20 世纪以来典型的课程设计模式进行简单的介绍。

(一)目标模式

目标模式是以目标为课程设计的基础和核心,围绕课程目标的确定及其实现、评价而进行课程设计的模式。

这一模式是 20 世纪初的课程设计科学化运动的产物,其奠基者是现代课程论之父美国学者博比特。1949 年,美国学者泰勒出版了《课程与教学的基本原理》一书,成为课程研究与设计领域的经典之作。在这本书中,泰勒根据"学校应该达到哪些教育目标""提供哪些教育经验才能实现这些目标""怎样才能有效地组织这些教育经验""我们如何确定这些目标正在得以实现"这四个设计与开发任何课程和教学计划都必须回答的基本问题,提出了课程设计的四个环节:确定教育目标、选择教育经验、组织教育经验和评价学习结果。其中,确定教育目标最为关键,其他环节都是围绕目标展开的,所以,泰勒原理又被称为"目标模式"。

1. 确定教育目标

泰勒认为,课程设计开发首先要考虑的问题是选择教育目标、确定教育目标。选择教育目标的依据是研究"学习者本身"、研究"当代生活"、"学科专家建议"这三个方面,缺一不可。然而,确定为教育目标的数目并不是越多越好。因此,泰勒又提出了甄选的办法,他主张首先通过"教育哲学""社会哲学"来删除一部分"非重要及相互矛盾"的目标,然后再通过"学习心理学"删除或调整另一部分不符合学生年龄特点的,以及通过学习仍难以达到的目标,通过这两道过滤网保证确定与价值系统具有高度符合性的目标。

2. 选择教育经验

泰勒认为,学习实际上是通过学习者的经验而实现的。因此,教育就是设法让学习者占有必要的经验。他提出了选择教育经验的五条原则。

（1）必须既能使学生有机会实践该项目所隐含的行为，又能使学生有机会处理该目标所隐含的内容。

（2）必须使学生在实践上述行为中有满足感。

（3）所选择的教育经验应该适合学生目前的水平和心理倾向等。

（4）多种教育经验可用来达到同一个目标。

（5）同一学习经验也可产生多种学习结果。

3. 组织教育经验

为了使教育经验产生积累效应，必须对教育经验进行有效组织，使之相互强化。泰勒认为，确立组织原则的基础是正确认识"逻辑组织"与"心理组织"之间的关系。逻辑组织反映了学科领域专家对课程要素之间关系的看法；心理组织则反映了学习者的心理发展特点和学习者对课程要素之间关系的看法。

4. 评价学习结果

泰勒认为，课程评价乃是课程设计与开发活动中的一个重要环节。所谓评价，首先是对教育目标的评价。由于目标的表述包括目标的"行为"和"内容"两方面，因而，目标评价也具备"行为"与"内容"两方面。评价第一步是界定教育目标；第二步是确认评价情境，以使学生将所获得的行为变化充分表现出来；第三步是编制评价工具。

自泰勒在前人的基础上构建出目标模式后，该模式被广泛运用，并不断地在各国的教育实践中得到深化和本土化，衍生出了许多变式。英国的斐勒将泰勒的四段模式扩展为五段模式，如图 6-1 所示，并将直线式目标模式改为圆周式的目标模式，即目的与目标、选择学习经验、选择学习内容、组织和统合学习经验及内容、评价，形成了庞大的体系，成为当代课程设计开发理论和实践中最有影响力的理论模式。

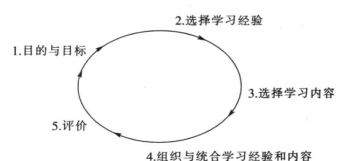

图 6-1　斐勒的课程设计开发模式

20 世纪 80 年代初,奥利瓦在对以往众多的课程设计开发模式进行综合改造后,整合了课程与教学工作,形成了集大成的奥利瓦模式。它包括 15 个环节:

(1)教育哲学和宗旨的陈述。

(2)特定学生、社区和学科需要的具体化。

(3)课程目的的具体化。

(4)课程目标的具体化。

(5)内容或学习经验的选择。

(6)课程组织与实施。

(7)课程实施与采用。

(8)教学目的的具体化。

(9)教学目标的具体化。

(10)策略选择。

(11)A 评价技术的初步选择。

(12)策略应用。

(13)B 评价技术的最终选定。

(14)教学评价。

(15)课程评价。

(二)过程模式

过程模式是针对目标模式的局限性而提出和发展起来的,由斯腾豪斯首倡。过程模式将重点放在鼓励学生探索具有价值的教育领域或过程,而非仅达到某些预定的教育目标或获得指定的学习成果。这种模式视个人为主动的个体,能够左右自己的命运,教育的功能在于发展学习者的潜能,使他们有能力且自主地行动。

过程模式的基本内涵包括以下几方面:

(1)重视贯穿课程过程始终的教育宗旨的作用。宗旨是整体性的方向,而不是一个个目标被分割和肢解。

(2)通过对知识形式和活动价值的分析来确定内容,而不仅仅是依据被分割了的目标来确定内容。这样选择和确定的内容,能够反映学科领域内在价值的概念、原则和方法。

(3)提倡程序原理。程序原理推演自教育宗旨,是在教育过程中对宗旨的始终不渝的追求,它要求教师在课程研制过程中,通过不断地反思、澄清隐含在教学过程中的各种各样的价值,发展自己对教学过程的理解和判断力。

（4）评价的重要性，不在于确定预期目标是否实现，而在于向教师反馈教育过程的各种信息，向学生反馈其学习状况和结果的各种信息。

（5）主张加强和促进教师发展。过程模式在一定程度上依赖于教师发展，只有教师发展了，知识水平提高了，技能熟练了，能力发展了，才能实施过程模式，即倡导"教师作为研究者"的课程思想。

（三）实践模式

实践模式，立意超越已有的"纯理论"模式，解决理论与实践的关系，立足于课程实践，并全面地考量和运用课程理论。

美国著名学者约瑟夫·施瓦布长期致力于课程设计开发模式与方向的探讨，从对理论的追求，转移至与理论有明显区别的新模式，逐步建立起了课程设计的实践模式。

首先，实践的课程哲学思想强调课程的终极目的是"实践兴趣"。施瓦布的"实践兴趣"指向的是建立在对意义的一致性解释基础上，通过与环境的相互作用而理解环境的基本兴趣，它强调过程和行为自身的目的，强调理解环境以便能与环境相互作用。实践的课程模式把教师和学生作为课程的有机组成部分和相互作用的主体，把课程理解为相互作用的有机"生态系统"。

其次，实践的课程模式把教师和学生看作课程的主体和创造者。教师和学生都不能孤立于课程之外，而是课程的有机构成部分，是课程的主体和创造者，他们与课程内容和环境一道构成课程审议的第一手信息来源。这与传统的目标模式，尤其是中央集权的课程设计理念存在根本性的差异。

再次，实践的课程模式强调课程设计开发的过程与结果、目标与手段的连续同一。施瓦布认为，课程设计开发中关注的焦点应该是课程系统诸要素间相互作用的连续过程，尤其是学习者的兴趣和需要，把学习者和学习群体置于研究的中心。

最后，实践的课程模式强调通过集体审议来解决课程问题。施瓦布认为，审议就是在特定情境中作出行动决策。

（四）情境模式

情境模式，就是强调通过社会的或学校的文化情境分析，着重于进行文化选择，使课程生成于时代文化之中的一种课程设计开发模式。英国的劳顿是情境模式的主要代表人物，他将课程设计开发分为以下几个阶段。

第一，决定分析框架，也就是确定文化不变项（包括政治、经济、沟通、理性、技术、道德、信念、美学、成熟等系统）或人文通识内容。

第二，概述分析方法，将文化不变项或参数用来分析特定社会，成为该社会的文化变项。

第三，从文化中选择共同的课程内容，计划最适合于每种文化的次级系统的知识与经验类别，并将文化不变项与现存学校科目内容进行比较，以便辨别现存课程的"差距和错配"。

第四，从心理学理论角度考虑学生的心智发展、学习方法和动机等因素。

第五，衍生出课程目标，把课程按顺序和阶段组织起来。

(五)批判模式

批判模式，包括多种以"批判"为取向的课程设计开发思想，所以，是联系松散的课程设计开发理论范式。这一模式有着当代欧美流行批判理论思潮的背景。批判模式注重较为宽泛的标准及后现代主义哲学、社会学、心理学、人类学、政治学等范畴上的课程研制、基本原则及方法上的概念重建。

批判课程理论的基础主要包括以下几个方面：

(1)现象—解释学的理论基础。它强调个体意识的主动性、客观性及创造性；强调知识的持续发展性及主体的解释性，反对知识的绝对客观性观念；强调社会实践中个体的价值判断，反对价值中立。

(2)社会批判理论基础。社会批判理论主张要使人从技术理性的奴役中解放出来，找回已失落的批判性原则及能力，并通过个体及集体批判与反省，促进社会的变革与完善。

(3)知识社会学的理论基础。新教育社会学者主张教育社会学必须解释如何产生、维持和变化及其所蕴含的利益和价值问题，关注知识的性质及合理性的依据。

三、现代教育课程设计开发的过程

(一)确立课程目标

确立课程目标可以分为订立教育宗旨、细化课程目的、具体化课程目标这三个阶段。

1. 订立教育宗旨

订立教育宗旨就是指人们通过种种途径，清理、确定并陈述教育哲学或课程理念和教育宗旨。教育宗旨还区分为主流文化和非主流文化，其中，非主流文化的教育宗旨也是多样的,而主流文化的教育宗旨居于主导地位。决定教育宗旨的主观因素是教育者的教育哲学素养,一定的教育哲学产生一定的教育宗旨。

2. 细化课程目的

课程目的的具体化,其自身依据来自课程目的的多样性特征。课程目的具体化,一是指将教育宗旨具体化为课程目的;二是指将一般性的共同课程目的具体化为一所学校、一个年级或班级的课程目的。

3. 具体化课程目标

课程目标的具体化就是指将一般性的课程目的具体化为一门课程的专门目标。课程目标具体化就是根据学习心理学,应用目标设计和表述技巧,在一种具体科目、领域或活动的《教学大纲》或《课程标准》里,加以具体呈现。目标设计的程序受文化、政治等社会因素的影响,其中,特别受到不同民族和国家的课程与教学目标设计传统的制约,因而,国内外的课程与教学目标设计程序有所不同。

(二)选择教育内容

不同的学者对课程内容的选择持不同的观点。泰勒的观点就是选择学习经验,他指的学习经验是"学习者与他所做出反应的环境的外部条件之间的相互作用"。塔巴认为课程选择包括两个部分,一是内容,二是学习经验,而学习经验是用以习得内容的心理运作程序。课程学者奥立瓦则采用学习机会代替课程内容,另以学习活动替代学习经验。

我们认为,教育内容的选择包括两个方面:一是内容,二是活动。内容有许多层次,它可以是学习领域的选择,如人文、社会、自然等大领域;也可以是代数、几何、历史、地理、化学等小领域;还可以是各领域内容主题的选择,如单元、章节或课,甚至于更低的层次,如各学习主题内的事实、原理、原则、规范。活动的选择既要使学生养成某种行为,又要言明这种行为能在其中运用的领域或内容;还要达成多种目标,采用多种适合的媒体,符合学生的能力、需要和兴趣。

(三)课程组织

1. 课程组织的要素及组织中心

课程要素是组织课程的经纬线,它将各种学习经验贯穿起来。课程组织要素与教育目标或学习结果具有一定的相关性,课程的组织要素来源于教育目标,同时,课程的组织要素通过教学内化为个体的学习结果。

课程组织的基本要素来自课程目标的要素,在认知领域就是概念与规则;在动作技能领域就是技能;在情感领域价值观则是很重要的组成部分,因为价值观的教育涉及学生的情感、意志和个性化。

如何将组织要素组织起来,其载体是组织中心,它是介绍学程主要内容的媒体。组织中心可为学习者安排练习、试验。组织中心的主要功用是介绍学程的主要内容和为学习者提供学习机会等,以便将所有关联的事物贯穿其中。组织中心在提供学习机会的前提下,应吸引未来的学习者;提供机会以实现预期的目标;适应学习者的背景。

2. 课程组织的分类

中国台湾学者林本和李祖寿认为课程组织可以分为:"科目本位课程、相关课程、融合课程、广域课程、核心课程及经验本位课程。"具体内容如图 6-2 所示。

(四)课程实施

有了课程方案便可开始制订实施计划,正式做出决定,将方案投入实际教育和教学活动之中运作,这被习惯地称为课程采用。从此,课程设计开发过程就结束了规划阶段,开始正式实施课程——教学。

在课程实施中,首先要处理的是课程设计与课程实施的关系;进而要面对的是教师、校长和学生对课程设计态度的状况及变化趋势,以及伴随课程实施进程,教师、校长、学生等主体的心理变化趋势与文化认同过程。

(五)课程评价

1. 课程评价的含义

课程评价是以一定的方法、途径对课程的计划、活动以及结果等有关问题的价值或特点作出判断的过程,是对课程设计开发的过程与结果进行评估,以确定课程设计开发是否合乎规范,学习活动是否正常开展,预期教育结果是否实现,学习和计划是否获得成功。

2. 课程评价的对象

评价的对象包括:学生学习评价分为学业成就评价和学习方向评价;教师教学评价分为教师素养评价、教学过程评价、教学效果评价等;课程材料

评价分为课程计划评价、课程内容评价、课程目标评价等;课程评价的评价,
即元课程评价。

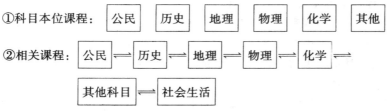

③ 融合课程

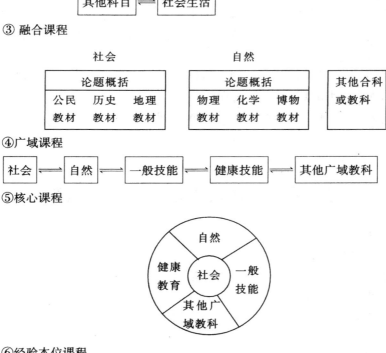

图 6-2　林本和李祖寿的六种课程形态

3. 评价的功能

课程评价的主要功能体现在以下几点。

第一,在一项课程计划拟订之前,应了解社会或学生的需要,以及教师对进修的需要、学生对某一时段和某一学科的需要等。

第二,对正在形成中的课程计划,评价可以有效地找出其优、缺点及成因,为修订提供建议。

第三,对不同的课程方案,通过评价可以比较其在目标设置、内容组织、教学实施以及实际效果等方面的优劣,从整体上判断其价值,再结合需要评估,就可以对课程做出选择。

第四,对一项实施过的计划,评价可以判定其结果,并通过与预定目标的比较对照,判断其达成目标的程度。

第五,一项课程在实施后收到的成效,可以通过评价全面衡量,并做出判断。

第三节 现代教学设计的发展创新

在进行教学设计时,需要考虑教学材料、学生的实际、教学目标等方面的问题。随着时间的推移,这些因素会出现一些新的变化,会对教学设计造成一定的影响,促进教学设计的变化和发展。为此,教学设计想要收到良好的教学效果,必须进行一定的调整、改变和创新。

一、教学设计的发展

(一)教学设计的历史发展

教学设计的形成有较长的发展历史。与其他学科一样,教学设计大体上经历了以下三个阶段,通过不断的努力,最后成为一门能够运用科学的方法有效地解决教学问题的学问。

1. 教学设计的原始构想

自从产生了教育教学,就有了对其活动的安排和计划。人们最开始重视的是对学习机制的探索和教学机制的研究。但在教学实践中,需要对某些问题进行协调和控制,从而萌发了一些依靠科学的方法进行教学计划的原始想法,即诞生了教学设计的原始构想。现在普遍认为这种构想是由美国哲学家、实用主义教育家杜威和美国心理学家、测量学家桑代克最先提出的。

1910 年,杜威提出教学的理论与实践应该有机地联系起来,为此,需要发展一门连接学习理论和教学实践的"桥梁科学"。这一桥梁科学要建立一套与设计教学活动有关的理论知识体系。桑代克也在研究教育心理学的过程中提出过设计教学过程的主张和程序学习的设想。

2. 教学设计理论的形成

教学设计理论是一门新兴的教育科学。第二次世界大战结束后,现代媒体和各种学术理论(如传播学、学习与教学理论,特别是系统科学)迅速运用到多个学科领域中。同时,这些理论逐渐得到教育教学的综合运用,在教育技术学形成发展过程中,逐渐孕育和派生出现代教学设计理论。

20 世纪中期,斯金纳以新行为主义心理学的连接学习理论为基础,通过不断改进教学机器,提出了程序教学法。这种方法在编排教材时十分细致,实行组织个别化、自由安排学习节奏、即时强化的学习。在 20 世纪 60 年代初期以前,程序教学的研究注重程序形式及系列组成,之后将重点放在目标分析、逻辑顺序等方向上,要求程序教学的设计者根据教学目标来配置刺激群与反映群的关系,注重教学策略的最优化。

此时,系统科学被引入教育领域,教育系统技术也发展起来,系统研究教学过程的思想引起了教育学界的关注。人们改变了以往程序教学中的限制,而利用教学机器全面地探讨教学过程,并为此作了大量的研究和实践工作,对教学目标、效果,各种媒体、教学要素之间的联系,以及如何系统地分析教学进行深入的研究,对如何优化教学过程等进行不断的探讨。

在程序教学运动中,系统过程的模式得到了一定的运用,但当时并未认识到程序教学与试验和修改过程之间的重要联系。

1965 年希尔弗运用一般系统理论创造了一个详细又复杂的设计过程模式,获得了较大的反响。可以说,教学设计的思想和理论条件不断成熟。

3. 教学设计体系的建立

20 世纪 60 年代后期,许多教育家和心理学家对于教学的研究越来越深入,从而发现决定教学(学习)效果的变量,在认识上和实际操作中都较难把握。要设计最优化的教学过程,首先就应该做好教学目标的设定和教学目标指向与各种变量的控制这一操作,并且确认只有引入系统方法进行设计操作,才能有让教师、学生、教学内容、教学条件等各种教学要素的综合、系统化成为现实的可能;才能协调这些教学要素之间的错综关系,并通过评价、修改实现教学策略、教学过程最优化。

从此,在系统思想的指导下,人们进行的分散的、割裂的教学过程研究逐渐走向综合,并在教学过程的设计中不断综合了各种有关的理论。人们利用系统方法对教学各要素做整体性探索,找出其中的本质联系,在反复的教学系统设计的实践中形成了教学设计的系统理论,并建立了教学设计过程的模式。

1967年,在桑巴博士指导下进行的"教学系统开发:一个示范和评价的项目"研究中,提出了以"教学开发"这一特定词命名的模式,它是最早发表的教学设计模式论著,最初的目的是要改进美国密歇根州立大学学院的课程。由于它是当时很少几个提到评价的模式之一,因而,具有极高的价值。

20世纪60年代末,教学设计的理论知识体系最终建立起来。教学设计被大面积地应用于教育、教学系统之中,为教学质量的提高,教学改革的顺利进行提供了新的方向。20世纪70年代以后,教学设计的研究形成一个专门的领域,研究成果也是相当可观的。

20世纪70年代认知性教学设计理论的代表人物加涅和布里格斯,提出了"教学设计"的原理,肯普的"教学设计过程"提出了椭圆结构的教学过程设计理论;罗米斯佐斯基提出了"设计教学系统""创设教学系统""开发自动化教学材料";克内克的"教学技术———一种教育的系统方法";赖格卢斯的"教学设计的理论与模式"和布里格斯的"教学设计程序的手册"等,对教学设计的原理和方法进行了系统的说明。

教学设计的成就不断显现,在现阶段教学系统设计已成为教育技术学科领域中重要的专业方向。例如,美国教育技术的博士、硕士学位课程设计中40%以上是与教学系统设计有关的;我国改革开放以后,也在积极地开展教学设计的理论研究,并不断努力将教学设计融入教育、教学实践中。

(二)教学设计的理论发展

教学设计理论就是在艺术过程、科学过程、系统工程的方法、问题解决方法和强调人的因素的方法这几种概念的不断替换、交融之中,得到统一和发展起来的。

1."艺术过程"概念的发展

受传统教学观的影响,教学设计最开始被看作是一个艺术的过程和概念,即认为教学是艺术,教师是艺术家,教学设计是教师的任务。同时,由于艺术具有一定的独创性,面对同一教学任务,不同的教师,应该有不同的设计;教学设计过程中对各种媒体材料,特别是电影、电视、幻灯片、照片、图表等的设计,这是一种艺术表现的方式,目的是吸引学生的兴趣和注意力。因此,教学设计的过程也是进行艺术创作的过程。

2."科学过程"概念的发展

教学设计是科学的过程,这一观点的发展具有较长的历史,并且发展过程十分复杂。早在 19 世纪初,捷克教育家夸美纽斯和现代教育学之父赫尔巴特就提出过"教育科学"的观点。但早期探讨和研究教学设计是科学过程的概念直接与程序教学相连。

1954 年斯金纳所发表的文章《学习科学和教学艺术》中也定下了科学过程的基调,并在教学材料、教学步骤的安排过程中,将程序教学与学习理论联系起来。教学设计者为了保证有效的教学,不断探索教学设计的科学基础和理论支撑。

为此,一些教育学者把教学设计分为微观和宏观两个层次。微观教学设计关心知识概念、技能和某种思想的传播,为了使微观决定具有较高的科学性和合理性,适当地引入了教学理论和学习理论。宏观教学设计中,教学设计的科学合理性,是通过比较型的经验研究而得出来的;对两种媒体或两种方法的处理进行比较,但由于涉及的条件和因素比较复杂,一直没有确定满意的设计建议。

3."系统工程方法"概念的发展

教学涉及人这个因素,而人的特性又比较复杂,因此,教学也变得比较复杂,它很难像自然科学那样有固定的因果关系。在教学设计中,并没有固定的最好的教学设计方案,教学效果的好坏,并不全由教学设计方案决定。进入 20 世纪 60 年代以后,教学设计的这些局限性变得更加明显。

由此,许多教学实践者试图用工程学的方法代替科学方法。在这一过程中,人们很快发现,按科学原理设计的项目在最开始的时候可能没有什么效果,而用工程学方法的设计人员,有些虽然不懂什么是学习等观念,但他们发现通过改进性的测试,能够有效提高设计产品的质量。系统方法从工程学中被引进和采纳到教学设计中,使教学设计有了科学的理论基础、科学的设计方式和科学的操作方法。通过控制系统分析和测试,获得反馈信息,从而使科学设计的教学产生较为理想的效果。

4."问题解决方法"概念的发展

教学设计的方法、技术,随着时代的发展而变得更加丰富和复杂,教学设计任务也变得更加繁重,领域的扩大,需要有具备一定教学设计基础的专业人员进行教学设计。在这种背景下,专门的教学设计人员产生了,他们应用目标分类、需要分析、学生预测、评价和修改等技术,对原有的教学计划进行改造,制订新的专业计划,建立或开发新的学习材料。

为此,这些专业的教学设计者非常关心原来的教学成败的原因和教学问题包含哪些方面的问题。他们从实践中体会到,只有找出教学问题产生的根源,才能彻底解决教学问题。如此一来,教学设计就成为一个问题解决的过程,这一观念得到了很多人的支持。

5."强调人的因素"概念的发展

随着教学设计的不断发展,需要具有更高素质和水平的教师和设计人员。这些人自身的教育价值观和标准,职业归属感和职业态度,生活经验和团队精神,获得反馈的能力、写作能力以及对教学方案和教学产品的想象能力等,都在很大程度上影响着教学设计的质量。

因此,教学设计中若不对人的因素给予足够的重视就会导致教学的失败。一个好的教学设计方案,首先就应该具有高素质的教师和设计人员。学校和教育者,应该在这一方面有所关注,培养大批优秀的教师和设计人员。

综上五种概念的发展并不是完全孤立的,在不同的历史时期,教学设计的过程有不同的着重点和角度。因此,在教学设计发展历程中,这些概念是交替和统一的。

二、现代教学设计的创新

(一)有效教学设计的思维创新

在新课程理念的指导下,教学设计有一些新的发展变化,它需要体现建构性、多元性、生成性相统一的新思维。这三种新思维的具体情况如下。

1. 构建性思维

就建构性而言,同时集中体现了当前有效教学设计所蕴含的科学规律。所谓建构性是指知识是主动建构的,从而改变了以往被动接受知识的状态。

毋庸置疑,任何教育教学活动首先必须遵循教育教学规律,否则,不可能获得良好的教学效果或较高的教学效率。

教学要符合教学规律就是指要遵循课堂中学生的认知规律、情感和意志等发展规律、学科知识的组合规律等,这是必要条件,也是最基本的条件。当然,随着时间的推移和时代的变化,对教学规律也会有一些新的认识。

20世纪90年代以来,建构主义教学理论在教育科学上,揭示了新的教学认识规律,取得了实质性的进展,成为本次课程改革重要的认识论基础。为此,现今的教学想要有良好的效果,需要体现一定的建构性,最主要的就是要避免传统"教学认识论"中的"简单反映论",而要向建构主义理论揭示的、教学规律的新认识靠拢。

2. 多元性思维

就多元性而言,这是当代教学实践中容易被忽略的,然而,这一概念在教学中又起到非常重要的作用。多元性要求尊重人的差异性、多样性、独特性,重视"当事人"(学生)独特的感受、体验、主体性以及潜能的发掘,以及及时满足学生合理的需求等。这种做法打破了教育理论界、实践界的普遍诟病的传统教育教学(过分要求和强调的统一,制止甚至排斥标新立异;一贯用"一把尺子"衡量所有的学生,忽视甚至害怕,进而试图抹杀差异),使教学的发展出现了新的生机。

现阶段课程与教学提出的"多元性",是建立在多元智力理论的基础上的,并指导课程与教学的具体操作。对于课程来说,为了促进学生的多元发展,应设计多元智力课程,特别是"适应性"课程。对于教学来说,需要构建新的观念体系,如"差异就是一种资源、一种财富";教学中要特别重视尊重人的"本性",尊重人的差异性、多样性、独特性,重视"当事人"所拥有的独特知识和情感的感受、体验,保持学生的主体性地位以及发掘学生的潜能;及时满足学生合理的需求等。因此,我们也可以将多元性看作是当代社会文明与进步的一种突出的标志。

3. 生成性思维

所谓生成性主要强调课程与教学中教师与学生的积极参与和有效互动,通过双方行为和相互作用而产生,允许学生与教师在"互动""对话"中对于课程和教学进行"动态生成""改造"。这种教学方案设计,把课程作为一种多元"文本"来理解,符合启发式教学理念和时代的要求,

随着建构主义教学认识论的重大转变,当代课程与教学实践中不再将

课程仅仅看成那种预先设定的内容(如教材、预定的文本等),而教学也不再是预先设计好的、不允许有一丝变化的活动;课程和教学转向注重师生之间的对话。

生成性思维是一种后现代的课程与教学观,它试图确立"课程理解范式",超越以"泰勒原理"为代表的具有理性主义性格的"课程开发范式"。它是在课程中通过参与者的行为和相互作用而形成的。允许学生与教师在沟通与互动中进行灵活的变通,结合具体形式的变化,对课程进行"创生"或"改造"。

在这种条件下,课程不再是规定好的目标与内容,而是一种探索知识的过程;教学则成为教师指导学生共同探索知识的有效方式。课程与教学应该考虑知识的不确定性,鼓励个体化的、富于创造性的学习,而不仅仅是为了实现具体目标而将知识传授给学生的实践。

(二)教学设计模式的创新——四次元教学设计模式

"四元教学设计模式"的最初目的是促进复杂学习,打破了原来学习者在相对孤立的情境中,捡拾零散的、片段的技能。这种设计强调技能的综合,将各个单一的技能整合协调起来,并逐步融会贯通、熟练运用,以利于实现学习的迁移和知识的运用。

具体来说,范梅里恩伯尔的四元教学设计模式,围绕着实施四元教学这一核心思想,可以分为四个具体步骤。

1. 安排和实现完整任务

教学所要求的学习任务应该要体现出具体、现实的"完整任务"的特点,通过归纳总结,以有利于学习者建构图式,并在一定程度上编辑,能熟练运用再生性因素规则。

"安排完整任务"这一部分应有一定的排序特点,使任务类别的罗列从简单到复杂,即每一个任务类别中(包括知识技能类型在内)所规定的学习任务体现相同的达标要求。在同一个任务类别中每一个具体任务的排序是随机打乱的,并且灵活多变。

在同一任务类别中,第一个学习任务内部蕴含了高支持力度的教学指导。在这个任务类别的最后一个任务学习时,应弱化教学指导的作用(这就是"从扶到放"的支架作用)。向学习者提供支持可以采取"结果取向"(体现为案例学习或者现场实际解决问题示证)、"过程取向"(体现为运用榜样、模式示范或者提供解决问题的过程清单)两种形式。

2. 掌握相关知能

这里所谓的"掌握相关知能"针对的是某一类学习任务，而不是着重于个别的具体学习任务。

为了使学生解决问题的能力得到更大提高，后续类别中的学习任务所需要的知能，通常是对前一类别所涉及的知能予以细化或者延伸。"掌握相关知能"的教学方法主要是通过"精细加工"来促进认知图式建构，也就是指导学生建立起非任意的联系，从而使新旧知识之间能够融洽地结合起来。

正是通过精细加工产生了相对复合的图式，从而深化学生的认识程度。在学习者处理复杂任务中的创生性内容时，需要发挥认知图式的作用，这种作用的发挥有"心理模式""认知策略"两种形式。

心理模式反映了在某一种学习领域内学习者的思考。如概念模式所解决的是"事物是什么"，结构模式完成的是"事物是如何组织的"，因果模式处理的是"事物是如何发挥作用的"等。认知策略是一种允许学习者运用经验规则或者在教师启发式教学的指引下，系统、有序地解决问题的过程。

学习对象是如何组织形成体系的、采用什么样的策略去解决问题这样两种逻辑，要在"掌握相关知能"这一成分中得到体现。在使用归纳策略教学时，应先提供案例学习和模式示范举例，然后，再采取归纳—探究（即指导性发现）或者归纳—讲解的策略掌握一般原理和策略。在使用演绎策略进行教学时，应先提供一般原理或者策略，并以第一个学习任务为实例，实施具体讲解说明。

3. 创造程序支持

"创造程序支持"这一成分，为学习任务中再生性因素的掌握提供了前提。它能够通过"限定编码"这一程序实现新信息的规则化。"掌握有关知能"主要针对的是复杂任务中的创生性内容，而"创造程序支持"的提出则主要是为了完成再生性任务。也就是说，面向不同的问题情境采用相似的知能来完成任务。在学习者操练时，程序支持为学习者提供或创造掌握完成再生性任务所需要的各个步骤，它可以采取由教师直接辅导或辅导者从旁协助的方式。

同一种知能可以适用于不同的学习任务中，所以，创造程序支持一般只是面对第一个学习任务。在后续的学习任务中，由于学习者的能力不断提高，就不再需要反复提供程序支持了（即体现从扶到放原理）。提供程序支持所需要的教学方法主要是促进"编辑、合成"，这是通过对具体情境知能的限制性编码转化为认知规则。提供程序支持要与学习者的起点水平相适应,即创造程序支持适用于最低水平能力的学习者。

4. 提供专项操练

四元教学设计模式的学习任务,集中于促进图式的建构,并能促进再生性知能的编辑、合成,这就需要反复多次的练习再生性知能。通常情况下在复杂学习中操练创生性知能和再生性知能的练习量,已经由任务类型本身提供了。

在设计学习任务时,对于不同性质知能的掌握需要采取哪种具体的教学方式已予以考虑。不过,假如对某些再生性知能的熟练要求特别高,光靠学习任务本身所带的练习量并不能满足实际需求,这就需要另外单独安排专项操练以达到再生性知能的熟练程度。

专项操练中的练习题的具体安排相对于学习任务的具体安排来说,显得更加直截了当。就学习任务排序而言,一般遵循从易到难的顺序和要求。选择具体案例—转换成意义学习任务—完成各种组成技能,要求学习者在完成这一学习任务时要协调、连贯。然而,对专项操练而言所涉及的是一些相对单一的技能,只不过要求稍高一些,要达到十分娴熟的程度。为此,需要设计适量的练习题,以在重复操练中不断熟练和巩固再生性知能。

对专项操练来说,"熟能生巧"是再合适不过的表述了。重要的是整套练习题应该有一定的扩展性,并具有一定的典型性,以应对各种情境。有必要提出一些情境性比较强的规则,这样,在面对新的问题情境时,能够依据规则迅速地适应并作出相应的行为。这里,规则的应用要比搜寻解决方案重要一些。

在程序本身、不同程序之间比较容易出错或产生混淆的情况下,最好设计一些特别的练习题。如"识别—纠错—应用"这一练习题排序策略。在这种练习中,教师或辅导者先给出练习题要求学习者在识别时需要应用的多种规则,然后,再给出练习题要求学习者在调整不正确应用时的规则,最后,给出一个常见的练习题,要求学习者根据这些规则调整不正确应用或解决问题。

采用专项操练巩固学业表现还可以采用"辅助训练"的方式,这是一种常用的专项操练法,有利于学习者熟能生巧。好比有些人在学骑自行车时,先要有人扶住自行车帮助他保持平衡,然后,才能慢慢放手使其逐步学会独立操作。

第四节　教育评价的步骤与方法

教育评价的步骤即教育评价过程的先后顺序。教育评价的方法是伴随整个评价过程而运用的。科学地按照一定的程序实施评价,才能保证评价质量和结果的可靠性与有效性。从整体上来看,我们可以将教育评价的步骤分为准备、实施、结果的分析处理这三个阶段。

一、教育评价的准备

具体而言,在教育评价的准备阶段又需要按照以下几个步骤进行准备。

(一)建立组织

要进行教育评价活动,首先要成立有关的评价组织,这个组织包括评价委员会和专题评价小组。评价组织的建立是教育评价工作顺利开展的重要保障。作为评价的权力机构,评价委员会和专题评价小组主要负责组织和监督教育评价活动的具体实施。其主要任务有:聘请有关专家组成专家组、确定评价方案、解决评价过程中遇到的各种实际问题、公布评价结论等。

评价组织作为教育评价活动具体实施的主体具有重要的地位。在建立教育评价组织的工作中,要注意聘请的有关专家必须要熟悉教育科学理论和教育规律,掌握多种评价方法与技术,具有丰富的教育经验,能够在评价活动中相互配合,使其顺利进行,达到最终的评价目标。通常情况下,专题评价小组由评价委员会成员及评价专家、教学人员和行政干部等组成。

(二)分析背景

分析背景在教育评价的准备阶段是一项不容忽视的重要工作。分析背景的主要任务就是要对评价活动需要解决的主要问题进行分析和确定。对教育评价的背景进行分析,需要对社会背景、教育发展阶段重要问题、评价委托人需要以及被评人心理准备内容进行分析。根据不同的情况,教育评价所针对的被评价者的属性和具体目的也是不一样的,所要解决的问题不尽相同,因而,应根据具体问题具体分析。

(三)编制方案

编制评价方案是评价活动准备工作中的关键。因为方案是先行组织者,是评价活动的计划和蓝图。它是依据一定的评价目的,根据教育活动和评价活动的一般规律,对评价的内容、范围、方法、手段和程序等方面加以规范的基本文件。

具体来说,教育评价方案的编制主要涉及以下几个方面的内容:评价的对象、评价的目的、评价的组织、评价的方法和程序、评价的时间安排、评价的指标体系、评价标准体系、权重体系等。

二、教育评价的实施

(一)宣传动员

宣传动员是评价开始时的一项首要工作,其宣传对象应该包括评价所涉及的全体相关人员,宣传的内容要包括本次教育评价的意义、方法、步骤以及具体进程等。通过对全体参与人员实际情况的了解,召开有关评价动员会、讨论会、专题报告等,力求激发他们内在的积极性,统一评价者和被评者的思想认识,明确评价的目的和功能,使教育评价活动顺利开展。

(二)预评价

所谓预评价,就是指在进行正式评价之前预先进行的测评,进行预评价的目的是提高正式评价的质量。在教育评价过程中,预评价是一个必不可少的环节。预评价的内容一般是被评价者的自我评价,主要为了配合评价者修订评价方案或为正式评价积累经验、收集信息。这可以在一定程度上减轻评价者的工作负担,使教育评价更为妥善可靠。

(三)正式评价

正式评价是教育评价过程中的一个重要步骤,是在预评价基础之上的外部评价,一般是由相关专家组实施的评价。在这个过程中,被评价者也必须积极做好配合工作,不仅要为评价者提供真实有效的信息,而且还要为评价者创造有利的工作环境。具体而言,教育评价的正式评价的工作程序有以下几个。

1. 收集信息资料

科学合理的信息资料能够为客观、公正的评价奠定坚实的基础。在收集信息资料的过程中,需要注意几个问题。一是信息的真实性,因为教育活动内容复杂多样,可收集的评价信息繁杂,如果信息不真实可靠,就会影响评价结论的正确性。二是信息的全面性,对于教育被评价者的状况要全面反映,不能有一方面或几方面的疏漏。三是信息的有效性,即指所收集的信息对于教育评价要有利用价值,信息的有效性高,其评价的成功率也就高。

2. 整理信息资料

在整理评价信息资料过程中,主要是指将收集到的全部教育评价信息反复加以核实,对评价信息的全面性、准确性、适应性以及收集评价信息的方法的可靠性,认真进行检查、分析、整理。

3. 做出综合评价

当做好相关的信息收集和整理工作后,评价者要以教育评价指标和标准为客观尺度,对被评价者的达标情况进行判断,并做进一步的量化处理。在此基础上,评价者应运用教育学、统计学、模糊数学等有关理论和方法,对被评价对象的各方面属性进行分项评价,然后,将分项评定的结果汇总成被评价者的综合评价结论。

三、教育评价结果的分析处理

对评价结果的分析处理是教育评价的最后一个环节。具体来说,其主要包括以下几项工作内容。

(一)评价结果的检验

在教育评价实施过程结束之后,虽然已经获得了被评价者的综合评价结果,但这个结论是否准确可靠,不仅反映了评价工作的质量,还直接关系到被评价者的切身利益。所以,评价结果的检验显得至关重要,因此,需要对评价结果进行检验。

(二)评价结果的分析诊断

对评价结果进行分析诊断是为了充分发挥评价作用,帮助被评价者找出存在的问题,以及问题的原因所在,从而改进自身工作。评价结果的分析诊断可采用的方法很多,主要有静态与动态相结合的方法、因果分析法以及效果与过程统一分析法。利用这些方法对评价结果进行纵向和横向的诊断,得出影响达标程度的原因。

(三)评价结果的反馈

为了更加充分地发挥教育评价的功能,需要对评价结果的信息进行及时的反馈。具体包括以下几个方面的工作。

第一,向有关领导部门汇报,目的是为他们所进行的决策提供依据。

第二,向适当范围内的同行公布,这样,既有利于社会监督功能的发挥,同时,也便于同行之间的相互借鉴。

第三,向被评价者反馈,有针对性地提出改进的意见。

(四)评价工作的总结

对教育评价的工作进行总结可以从以下几个方面着手。

首先,开好评价工作总结会,总结评价工作,表彰、奖励教育评价开展好的先进单位和个人,推广优秀的被评价者的先进经验,以促进教育改革,提高教育质量。

其次,总结评价工作的经验教训,探寻评价活动的规律,从而提高教育评价工作效益,使教育评价走上科学化轨道。

最后,要建立教育评价资料档案和档案的管理制度,再由专门的工作人员进行妥善的保管,方便日后的查阅和研究。

第五节　当代教育评价改革与创新

一、传统教育评价改革的必要性

从传统教育评价的特点、未来教育评价发展趋势和教育评价科学化要求来看,传统评价所存在的突出问题表现在以下几点。

(一)教育评价的指标体系不科学

从本质上来说,我们可以把教育评价的指标体系看作是将评价所依据的有关教育目标逐步分解成各级指标,从而形成的一个系统化的具有联系的指标群。在教育评价过程中,设计出一个比较有效、简明、科学的指标系统,将直接影响着评价结果的科学性和可信性。我国当前的教育评价活动还普遍存在着由于指标体系不够科学而导致的评价的信度、效度不高这一现象。其主要原因就是当前教育活动所涉及的精神产品居多,在大多数情况下,教育评价要将不可直接观察的事物转化为可观察事物的一种替代物,然后,才能进行评价。除此以外,对于一些评价内容,由于人们至今还没有找到一个直接测量这种信息量的科学方法,从而直接忽略对此类信息的评价。还有过于抽象、可行性差的评价指标也会造成非客观的评价结论等问题。

教育评价指标体系的不科学直接影响着教育评价的科学性,这成为我国当前亟待解决的问题。从客观角度来说,教育评价的对象主要是人的活动,被评价者的特殊性、复杂性决定了教育评价的复杂性,这也是评价指标体系不科学的一个重要原因。由此可见,建立科学的评价指标体系并非是一件容易的事情。

(二)教育评价的方法不科学

在当今的教育领域,由于对教育评价结果的过分强调,导致人们在教育评价的过程中极端强化总结性评价,相对忽视形成性评价、诊断性评价,使得教育评价在多数场合下只能起到各种意义上的分等划类的作用,形成了不是为了教育,而是为了评价的教育现象。除此之外,当前的教育评价重视定量评价,忽视定性评价,并且在更多时候将定性评价与定量评价对立而行。

总而言之,教育评价方法的不科学运用使得教育评价难以发挥积极的促进作用,还从根本上束缚着教育的进一步发展。

(三)教育评价的价值标准单一片面

评价标准的片面发展观蔓延于我国教育活动的整个过程中。唯升学率论就是典型的例子,它严重阻碍着学生的健康发展,甚至使学校教师、学生成为评价的"奴隶"。教育评价在有些国家尤其是发展中国家,已演变成纯粹的分数竞争,而根本不顾及作为学习成果的现实所达到的能力、学习的全面考核,评价标准被限制在片面强调知识的价值的狭隘领域中。

综上所述,我国当前的教学活动忽视了对科目本来的认知能力、情感态度、价值观念的综合培养,只偏重知识的理解记忆以及单纯的运用。这样,不仅忽视了学生的主体价值,还导致了学生的畸形发展,造成了人们浮躁的心态。随着教育体制的改革,教育评价的问题也一直在被发现与被解决之中。我们必须要认识到教育评价的价值标准的缺陷,才能有针对性地对其进行改进。

二、当代教育评价的改革与创新的趋势

如前文所述,我国当前的教育评价还存在着一系列问题。为了促进我国教育水平的提高,必须要进行教育评价方面的改革与创新。随着我国教育改革工作的不断深入,我国教育评价也在继续较大力度改革,不仅认真总结我国宝贵的教育评价实践经验,而且还从国外吸收教育评价理论研究的新成果。具体而言,我国当前教育评价的改革与创新主要表现出以下几种趋势。

(一)重视多样性,强调各类评价的相互结合

在教育评价工作中,应该注意多样性的评价手段。在总结性评价基础上,根据教育活动不同阶段的需要,积极发展形成性评价和诊断性评价;在定量评价的基础上发展定性评价;在相对评价的基础上发展绝对评价和个体内差异评价。从某种意义上我们可以说,教育评价方式的多样化决定了评价结果的科学性,评价结果的科学性决定了教育目标的达成程度。

对于教育评价工作而言,每一种评价方式都有其优、缺点,不能单纯地运用其中一种,而要将不同的评价方式有机结合,灵活使用。例如,定量评价具有准确高效、适应性广泛、可移植性强、说服力强等优点,但同时也具有量化数据过于抽象概括,评价结果僵化、简单化和表面化等特征;定性评价则重视评价中多种因素的交互作用,恰好能弥补定量评价的不足。由此我们可以看出,科学的教育评价应根据不同的需求采取不同的方法,并能够相互交融、取长补短,提高教育评价的信度和效度。

(二)实现主体多元化,主客体相互渗透

传统的教育评价观认为,教育评价分为评价者、被评价者和评价过程三个方面。教育评价的主体与客体是分离的,也就是没有自我评价这一说法,只有他人评价,评价者与被评价者完全独立,互不干涉。很明显,这种评价方式割裂了教育评价内部各要素之间的客观联系。客观来说,学生在获得必要信息的前提下,也可以参与教育教学、学校管理的过程,他们并不是单纯的被评价者,而是构成教育评价过程的参与者与合作者。不仅是他人评价中的评价客体,也是自我评价中的评价主体。这充分体现了评价主体的

多元性,揭示出评价客体的主体性地位。

在对传统的教育评价观进行批判的基础上,我国现代的教育评价观认为应坚持自评与他评相结合,主体与客体在教育评价的过程中相互渗透。在教育活动中的教师、学生、家长、管理者,甚至包括相关的专业人员都可以是被评价者,评价的主体多元化。通过主客体的交互评价过程,能够从多渠道获取评价信息,有助于促进工作的开展,更有助于被评价者的自我反思、自我教育、自我成长。学校教育评价中,学生评价重视学生的感受,注重学生的意见,能使评价过程更为客观、公正和有效;教师评价强调教师自我反思,能使评价过程更科学、更具有建设性。

(三)鉴别性与发展性并重

就教育评价的功能而言,鉴别性和发展性有着内在的一致性,是评价的两个维度,缺一不可。鉴别性评价是发展性评价的基础,发展性评价是鉴别性评价的完善。鉴别性评价强调的是评价客体对主体需要的满足程度;发展性评价关注的是评价客体的发展方向,是指向未来的评价。现代教育评价的功能要求鉴别性与发展性并重。由此我们可以看出,教育评价不仅要实现选拔、甄别、筛选的功能,还要发挥导向、改进、调控等指导发展的功能。

随着现代教育改革工作的不断深化,以传授知识为主的基础教育的功能难以满足现代教育的需求,教育活动培养学生包括积极的学习态度、创新意识和实践能力,以及健康的身心品质等功能受到越来越高的重视。在这个过程中,教育功能的转变势必要求评价功能也发生根本性的转变。在现代社会中,教育评价不再是为了鉴别,而是为了如何发挥评价的激励与改进作用,关注被评价者的成长与进步状况,并通过分析指导提出建设性意见,促进被评价者的全面发展。

(四)注重综合评价,体现评价内容的全面性

在现代社会中,我国的教育评价开始关注学生的个性发展,就是说评定开始尊重学生的个别差异和个性特点,不再把分数或考试成绩作为衡量学生的唯一指标;不再为了达到甄别的目的,把学生置于严格的个人环境中不允许他们之间相互交流探讨,忽视合作精神的培养。

综上所述,我们可以看出教育评价必须要全面地反映教育目标,既重视学生知识技能的评价,又关注学生认知、情感以及动作技能发展的评价。新时代的教育评价必须倡导综合评价,努力将被评价者的情感和态度、习惯和方法、价值观和人生观、审美素质等纳入评价的内容之中,充分体现评价内容的全面性。

第六节　信息化环境下的教学评价

一、信息化教学评价的特点和原则

(一)信息化教学评价的特点

信息化教学评价符合信息化教育的要求,其特点主要是通过区别于传统教学评价的一些方面来体现的。其主要表现在以下几点。

1. 评价重心的不同

信息化教学评价的侧重点是学生的表现和过程,主要关注的是学生对知识的应用能力。

2. 评价标准的不同

信息化教学尊重学生的个性,积极开展个性化教学,同时,引导学生进行个性化学习。可以说,学生在很大程度上掌握着对教学的控制权。例如,学习的方式、学习的内容、评价的方式等方面主要取决于学生,教师只是起着一种指引性的作用。因此,在制定信息化教学评价标准时应充分考虑学生的学习状况。

3. 对学习资源的关注

信息化教学评价还应充分考虑学习资源这一重要因素。在信息化时代,网络的介入极大地拓宽了学习资源的来源,学习资源的覆盖面也越来越广。

4. 与教学过程的关系

在信息化教学中,评价贯穿于整个教学过程之中。教学评价在教学过程中不断生成,并指向学习结果。

(二)信息化教学评价的原则

为了更好地达到评价目的,实现整体教学目标,信息化教学评价应遵循以下几点原则。

1."以人为本"的教育理念

评价是为人的终身发展服务的。在进行教学评价时,应充分体现"以人为本"的教育理念,承认评价对象的差异性,对个体发展需要予以尊重,使评价对象得到更好的发展。

2. 要有一定的教学预期

在信息化教学中,学生具有一定的控制权,自主性能够得到充分发挥。为了避免学生在学习过程中失去方向,教师应在教学前向学生提供范例、制定量规,使学生以此为参照标准,制定相应的目标,积极主动地进行学习。

3. 注重学生的自我评价

在制定评价的内容、方式和标准时,应让学生参与其中,进而不断发展他们自我评价能力,使他们发现自身存在的问题,并不断进行改进,进而提升自身的能力。

4. 基于实际

教师要尽量从现实生活中选择一些具有挑战性的任务。在对学生的完成程度进行评价时,要重点关注学生在完成实际任务过程中所表现出来的能力,如提问能力、理解能力、合作能力、克服困难的能力、创新能力等。教学评价的重点是要如何让学生的这些能力得到有效提升,而不是对这些能力做出简单的判断。

5. 贯穿整个教学

评价是与教、学的过程并行的一种持续的、动态的过程,评价应贯穿于教与学过程之中。关注评价对象各个侧面的发展变化,不能完全依靠单一的纸笔测验,应注重基于情境化的过程评价。

二、信息化教学评价的具体方法

(一)自我评价

自我评价即评价对象依据一定的标准对自我进行的评价。

1. 自我评价的内容

自我评价主要是对以下两点内容进行的评价。

第一,对基础知识和技能进行的评价。

第二,对情感与个性特征、道德品质、人格成就等方面进行的评价。

2. 自我评价的实施

第一,采取多种评价方式。自我评价以形成性评价为主,以总结性评价为辅。

第二,以自我评价为主,同时,也要听取他人的评价。进行自我评价,并不是要完全消除外部评价。自评和他评在信息化教学评价中都发挥着重要的作用,因此,要注重自评与他评的相结合。自我评价在信息化教学中起着自我调控的作用。学生通过进行自我评价能够有效实现自我教育、自我管理,而且能够消除他评引起的焦虑、沮丧情绪,进而让学生积极了解自己的进步和不足,不断完善自己。他评通常对自评具有一种导向作用,即定向引导学生的学习活动,帮助学生认识并分析学习过程中存在的问题,并采取改进方法,对学习的节奏、状态和方法等进行调整和改进。

第三,自我评价以承认和尊重每个学生的个性差异为前提,以激励、发展为目的,对不同学生采用的评价策略、标准尺度不同。

第四,重视评价后学生行为的调整。进行自我评价主要是为了让学生对自我有一个客观的认识,既要认识到自身的优势,又要认识到自身的不足,并根据评价结果对自身进行适当完善和调整,保证评价能真正发挥作用。

(二)量规评价

随着教育信息化的不断发展,学习任务越来越多的以非客观性的方式得以呈现,传统的客观性评价已无法适应信息化教学评价的需要,量规评价则广受重视。

1. 量规的组成要素

一个量规是一套等级标准,一般由以下三个要素组成。

(1)评价指标。决定着任务、行为或作品等质量的各个要素都是重要的评价方面,都可以作为重要的评价指标。指标的确定可以由大到小,逐级分解,可分解为一级指标,一级指标再分解为若干个二级指标等。在评价过程中每个指标所占的分量也是不同的,这就需要赋予不同指标以不同的权重,即指标权重,也就是各个指标要素在被评价对象总体上所表现的重要程度。

(2)评价标准。量规中要对每一条评价指标都进行具体的描述,组成从好到差或从差到好的一个序列,这些具体的描述即评价标准。

(3)水平等级。对学生绩效水平的描述既可以采用数字,也可以采用简短的语言,有时也可将数字和简短描述结合起来使用。

2. 量规的特点

量规评价的标准各不相同,但不同的量规都有一些共同的特征。

第一,量规是绩效评价的有效评价工具。量规将多方面整合的任务的复杂性与经过深思熟虑、设计好的、能够真实测量这项任务的责任结合起来,根据学生在给定作业与任务上产生的成果、作业或学习结果对学生进行评价。

第二,量规具有较强的适用性。评价作文仅仅是使用量规评价的一种情况,量规还可以被用于评价小组活动、多学科以及口语等。比如语文、数学以及科学课程上。

第三,量规是质性评价和多元评价的基础。信息化教学评价要求学生评价以质性评价为主,强调多元化的评价方法。近年来国外发展了许多新的评价方法,为了完成某项评定,教师要根据一个完善、公平的量规才能将获得的信息和资料用于判断学生的学业情况。

3. 量规的设计原则

量规的设计应遵循以下几点原则。

(1)依据教学目标和学生的水平设计评价指标。教学目标不同,量规的评价指标也表现出相应的不同。在设计量规时,应尽可能考虑到评价对象的特征。例如,在对学生的电子作品进行评价时,应考虑到作品的选题、内容、形式等;在对学生的课堂参与性进行评价时,应考虑学生的出勤情况、回答问题情况、小组合作情况等。

学生的水平在很大程度上也会影响到量规结构,评价指标只有符合学生水平,在具体的评价中才是有意义的。

(2)依据教学目标的侧重点确定被评价指标的权重。教学目标的侧重点对评价指标的权重设计有着直接的影响。例如,在评价学生的电子作品时,如果教学目标是教会学生制作电子作品的有关技术,那么,技术、资源利用等在评价指标中的权重就会偏高。

(3)评价标准的描述语言应具有可操作性。在描述量规的评价标准时,使用的语言应具有具体性、可操作性等特点。例如,在对学生的信息收集能力进行评价时,如果将"学生具有很好的信息收集能力"作为评价标准,则标准十分模糊,很难对"很好"做出准确的评判。而如果将评价标准描述为"从多种电子和非电子的渠道收集信息,并正确地标明了出处",则具有了十分明确的标准。

(4)量规内容简洁、易交流。最有意义的评价是由教师和学生共同确定量规的内容、维度、评价方法,并且在学习之前明确地告诉学生。任何一个量规的基本目的是改进行为,它提供的反馈信息应该为学习者和教育者提供行为标准。因此,运用这个量规的学习者、父母和教育者对所有涉及的项目应具有共同的理解,从而确保畅通地交流和沟通。

在运用量规的过程中,对学生而言,通过对认知过程的监控能够帮助他们发展元认知能力和在意义学习环境中处理复杂问题的自我规划能力。

(三)绩效评价

绩效评价是指教师在教学目标与评价准则指引下,让学生对知识与技能进行应用,在建构中不断提升自我的评价方式。

1. 绩效评价的含义

绩效评价是教师以教学目标与评价准则为整体支撑架构,让学生通过应用知识与技能等高层次的思考历程,在建构而非简单再认或记忆的练习进程中获得深度认知、情感与技能发展的评价方式。它要求评价者创设尽可能真实的问题情境,让学习者在其中展示学习成果,通过实际任务来表现知识和技能成就的一种评价。

2. 绩效评价的特点

(1)事先确定好评价的标准。例如,学生作业表现中哪些是优秀的、哪些表现属一般或不好,表现的哪些层面属主要评分点,这些规则和标准应事先给学生一些反馈,可制作成量规展示给学生,以增加评价的有效性。

(2)与现实生活密切相关。在进行绩效评价时,一定要充分联系现实生活,在真实的情境中开展评价。所谓的真实情境,包括对日常生活情境的模拟,或者真实情境中的实际操作。

(3)对学生有一定要求。学生可依据问题情境,以科学的论证和推理方式建构合乎自身认知的、具有创造性的解决问题的方案,产生具有创造性的作品。

(4)重视过程和作品。与传统评价不同,绩效评价非常重视过程。可以说,通过评价过程能够了解到学生的反思能力、合作能力、信息搜集能力以及创造力等,而各种能力的综合作用集中反映在作品中。

3. 绩效评价的内容

信息化教学绩效评价的内容主要包括两点,即教师的教和学生的学。

(1)教师的教。信息技术环境下对教师的教的评价包括对教学目标、教学内容、教学策略、现代媒体资源、教学运作、教学效果等方面的评价。

(2)学生的学。为了对信息技术环境下学生的学习效果进行全面评价,将学生的学分为对学科知识的掌握、综合能力的提高、情感态度的转变和学习效率的提高等方面。

第七章　现代教育中的教学
方法与教学艺术

　　教学方法是良好地开展教学并最终实现教学目标的重要保障。伴随着教育改革的不断深入，教学方法发生了不小的变化。教学艺术是高水平、高境界的教学。它在具备一般教学所要求的科学性、教育性的基础上，还具有审美性和独创性。为了更好地提高教学质量，取得最佳的教学效果，教育者就必须重视教学方法和教学艺术，并对此进行不断的探索。

第一节　现代教学方法的分类与原则

　　教学方法是为完成教学任务，达到教学目的，在教学过程中所采用的一定的手段与措施。作为本章的开头，我们先来看看教学方法的分类和运用原则。

一、现代教学方法的分类

　　教学方法有很多，每一种教学方法都有其优点和适用对象。纵观多少年来教育教学方法的发展，人们对教学方法的分类也是众说纷纭、莫衷一是。因此，为了更好地分析、认识它们，掌握它们各自的特点、起作用的范围和条件，以及它们发展运动的规律，有必要对其进行分类。所谓分类就是把多种多样的各种教学方法，按照一定的规则或标准，归属为一个有内在联系的体系。以下是教育领域比较常见的几种分类。

（一）以主体特征为依据分类

　　在不同的教学方法中，师生在教学活动中的角色与内容的构成关系上是不同的。按此特征可归纳出教师主导型、学生自主型和师生互动共同发现式这三种教学方法。

1. 教师主导型教学方法

教师主导型教学方法就是以教师为教学活动的主体，由教师作提示、说明（如学习目标、思路、方法等）、讲解或报告，而学生负责接受式学习。这种方法省时高效，能充分发挥教师言传身教能力、促进间接经验学习、发展思维能力和接受知识能力的特性。当需要在短期内传授大量知识信息时，选择这种方法最合适，比较有成效。在采用这类方法时，教师主要通过口述、示范、呈示与展示等具体方法进行。

口述法对学生接受知识信息和培养能动地接受教学内容很有效。示范法的形式多种多样，如泛读、书写示范、动作示范、绘画示范、演唱示范、舞蹈示范、实验示范等。在采用示范法时，要严格要求眼、耳、手与心并用，积极效仿，做好模拟或规范练习，并注意引导学生自主学习活动与发展。呈示与展示法是让学生观察对象与过程，让学生通过观察力调动整个智力系统，进而进行思维，产生直觉或联想、想象。呈示与展示法又分实物演示和声像演示。

（1）实物演示是借助各种静态的教学手段，如实物、挂图、模型、绘画等来提示内容的教学方法，它可以把一些仅靠教师的语言描述和学生的想象难以把握的课程内容生动直观地呈现于学生面前，使学生即刻领悟所要学习的内容。用实物演示的最主要的特点在于所呈现的事物都是静止、无声的。

（2）声像演示是指借助视觉、听觉媒体，尤其是多媒体技术把事物、现象的经过与过程直观地、动态地呈现出来，帮助学生获得感性认识。它可以充分调动学生的各种感官，使他们更为直观地看到那些原本难以感觉和不可感觉的事物、现象。这不仅能改变知识的抽象、概括化层次，还能拓展学生的视野，增加学生学习的兴趣。

2. 学生自主型教学方法

学生自主型教学方法是指以学生为教学活动的主体，学生在教师的指导下自发或自觉地学习的方法。这种方法的典型模式是教师或教师引导学生提出课题，由学生个人或集体分析和解决课题。

学生自主型教学方法主要适用于学生已能基本上独立学习的阶段。在这一阶段，学生已基本掌握所要学习的内容和解答课本的问题，但还会遇到一些疑难问题和出现一些缺点错误，需要教师的提醒、指导和纠正。在教学过程中，教师只适时适机引导即可。

培养学生自学能力是学生自主型教学方法最想达到的目标。所以，在采用这种教学方法时，教师必须注意激发学生的自我活动的主体性（自发性或自觉性）、学习能动性（积极性）及创意创造性，在此基础上组织并发展自主型学习活动,掌握新知识、新技术,并发展学习能力,形成自主型人格。

自主型教学法的教学过程一般如下:第一,认识学习课题,明确学习目标;第二,探求解决问题、实现目标的策略或方案;第三,总结学习成果与经验,展开应用练习。

需要注意的是,教师在组织学生进行自主型学习活动时,不是放任自流,而是要更充分而精心地设计和准备,包括拟定单元课题或项目;精心准备和开发相关的学习资源和学习手段、媒体、创设有利的学习情境;确定和分配学习课题;预料和分析学生学习可能遇到的学习困难和解决的契机,准备好应该给予的引导或帮助;组织学生总结学习成果和经验,并处理好反馈信息。

3. 师生互动共同发现式教学方法

师生互动共同发现式教学方法是以教师和学生同时作为主体,师生共同参与教学活动(对话、思考、探索、分析和解决问题),共同获得知识、技术,提高能力的教学方法。这种教学方法的基本形态是教学对话、共同讨论或操作,核心是共同参与,焦点在师生双方互动上。

师生互动共同发现式教学方法,除了有利于加速认知、掌握技能,还可以提高学生的智商,尤其利于学生创造性思维的发展,利于学生人际交往智能的提升,还利于学生形成社会态度和团队合作精神。

在这种教学方法中,师生对话是核心。这种对话是一种特殊的对话(即教学对话),它是以教师指导、紧紧围绕教学课题为基本特征的,是讲求教学效益、效果的,其重要手段有提问、刺激和讨论。

(二)以目标指向为依据分类

教师选择教学方法一般会依据教学目标而定,所以,教学方法一般都有其目标指向,可以按照目标指向分类。以目标指向为依据,教学方法可分为以下几类。

1. 以提高语言传递信息能力为目标的教学方法

这是教师采用口头语言向学生传授知识、技能以及学生独立阅读书面语言、学生之间以语言交流知识、技能信息的一类教学方法,主要有讲授法、谈话法、讨论法、导读法等。对学生而言,这类方法有利于锻炼学生理解和应用语言的能力,养成应用语言学习知识、技术的技艺和交流的能力。

2. 以提高直接感知发展能力为目标的教学方法

这是教师通过各种教学媒体的演示和组织各种参观、观摩活动,使学生直接感知客观事物或现象,从而获得知识、技术,发展直接感知能力的一类方法,主要有演示法、参观法和观察法。这类方法能激发和强化学习兴趣,凝聚学生的注意力,发展学生的观察力乃至洞察力。但需要有较多的时间保障。

3. 以提高接受和加工信息能力为目标的教学方法

这是指教师通过一些机械化、程式化等手段,让学生获得知识与技能,并提高学生接受和加工信息能力的一类方法,主要有机械记忆法、意义接受记忆法和程式化方法。在教学过程中,学生会接受事实、知识、技术等多种信息,内化为智慧素质。这个过程实质上就是获得各种信息,并进行信息加工的过程。

4. 以提高实际训练技能为目标的教学方法

这是指在教师指导下,学生通过练习、实验、实训和实习等实际活动,熟练并完善所学知识、技能和技巧,向更高层次发展的方法,主要有模仿法、实操练习法、实验法和实习作业法。这种方法不仅可以使学生加深对概念、规律、原理、现象等知识的理解,而且有利于激发他们主动探究、创新求异的思维品质,还有利于培养学生实事求是的科学精神和态度,提高他们实际操作能力以及解决实际问题的能力。

5. 以培养和提高审美能力为目标的教学方法

这是指教师在教学活动中创设审美教学情境或利用适宜的内容和艺术形式,使学生体验事物的真善美,陶冶情操,培养审美意识、审美情趣和审美适宜能力的方法。在教学中,可以利用欣赏法、创造法等激发学生的学习兴趣、求知欲和动机,培养和提高审美意识、情感、情趣和能力,促进他们养成优秀的人品和心灵美。

6. 以培养情意、态度为目标的教学方法

这类方法有合作教学法、社会实践活动法、潜移默化法等。情意、态度具体包括一个人的情感、情绪、信念、理想、意向、意志、道德、个性、气质、风度、人格等,这些是做人的基本素质或素养。在教学活动中,教师有意识地采用上述的一些方法可以培养学生的这些素质。

(三)以层次特征为依据分类

根据层次性特征,教学方法可被划分为原理性教学方法、技术性教学方法和操作性教学方法。

1. 原理性教学方法

它是将教育思想和理念应用于课程实施领域的一种指导性的教学方法,如启发式教学方法、发现式教学方法、最优化教学方法、项目教学法等。这类方法是解决教育哲学思想、教育教学规律或规则、新教学理论与观念、学校教学实践间的连接问题等"一般教学方法"或"通用方法",不具有固定性的途径、程序和步骤,因而,不具有直接的、具体的操作性。最大特点是为其下位层次的教学方法提供原理指导,具有原理性,故被称为原理性教学方法。

2. 技术性教学方法

它是指含有一定技术的教学方法,如讲授法、对话法、演示法、实验法、参观法、练习法、讨论法、读书指导法、案例讲解法等。每种方法都能适用于学校各门课程或几门课程的教学,都具有技术性特征。接受原理性教学方法的指导,又可以与不同课程的教学内容相结合,构成更具体的操作性教学方法。

3. 操作性教学方法

它是各门课程各自独有的各种具体教学方法的总和,如职业技术课的工序教学法、绘画课的写生教学法、外语课的读听说写教学法、经济与法律类课程的案例教学法等。每种方法具有内容的特定性,只适用于特定课程的教学,可操作性强。

上述三个层次的教学方法,既相互区别又相互联系,联系是双向的,可把成千上万的教学方法梳理得有秩有序,构成一个有机的教学方法结构体系。

(四)以刺激方式为依据分类

按照行为主义学习原理,教学方法就是发出和学生接受学习刺激的过程。发出和接受刺激行为的性质不同,教学方法也就不一样。依据对学习结果所起的作用不同,学习刺激可分为内容刺激(A 种刺激)、实践刺激(B 种刺激)、情境刺激(C 种刺激)和强化或效果刺激(D 种刺激)四种。前三种刺激都是在接受刺激前,可通称为"反应前"刺激,而最后一种刺激发生在反应后,故又称为"反应后"刺激。根据这四种学习刺激,教学方法也就相应地分为以下四种。

1. 内容刺激法

这种方法是教师用固定的形式将学习内容直接呈现给学生,开始教学活动过程,不要求学生做任何特别的努力,学生处于比较被动的地位。这种方法只是要求教师选择合适的刺激转换成编码,将信息传输给学生、呈现给学生。呈现方式具体有讲授、谈话、图片演示、做演示、带学生参观、考察、布置各种作业等。

2. 实践刺激法

这种方法是教师以问题解决的形式给学生提供学习刺激,通过已知程序的运用,提供可模仿的模式,或者可操作的实践教学活动等来进行。在这类方法中,教师主要是提供学习目标,组织学习实践,包括布置实践课题和作业、专门训练、督促与调控实践活动,以达到预期教学目标。

3. 情境刺激法

这种方法是教师为学生提供一种学习情境,让学生通过观察、直觉、分析、综合或者联想、类比、想象等发现问题或学习结果,调动学习的积极性、主动性和创造性,获得新知识、新技术。

4. 强化刺激法

这种方法是教师在学生做出预期反应后,利用反应进行表扬、鼓励和奖励,以强化学生的学习动机。强化法要求学生在学习活动中有积极活泼的表现。

在实际教学活动中,教师很少单独固定运用某一种刺激法,而是根据情况灵活地选择、变换,或者综合运用。

二、现代教学方法的运用原则

教学方法最终是要运用于实际教学中去的,面对很多教学方法,教师如果不好好地运用它,就无法获得预期的教学效果。那么,怎么样才算很好的运用呢? 那就是要遵循一定的原则。教学方法的使用是科学性和艺术性的统一,在教学方法中既有科学成分,又有艺术成分。所以,教师在教学方法的运用中要遵循科学性原则和艺术性原则。当然,个性化原则和综合性原则也是非常重要的,不可忽视。

(一)科学性原则

教学活动是有规律性和原则性可循的,因此,教学方法的使用要有科学的依据。科学化地运用教学方法是使教学方法产生最佳效果的基本要求。想要贯彻科学性原则,我们要重点注意以下几点。

第一,树立完整的观点,综合、灵活地组合各种方法,使其协调一致,产生整体效益,使教学方法得到优化。各种具体的教学方法结合在一起形成了一种体系结构。在这个整体之中,具体的教学方法之间存在一定的联系,且都有各自的功能、特点及应用范围,具有各自的局限性。所以,在运用教学方法时要树立整体的观点。教师只有树立整体的观点,从整体上去把握具体教学方法的运用,优化组合各种方法,才可以发挥它的整体优化功能,从而获取最优的教学效果,达到教学的目标。

第二,坚持启发式的教学指导思想,避免简单、枯燥的灌输。也就是说,在教学中不管采用哪种具体的教学方法都必须坚持启发式教学。教师要从学生的实际情况出发,把学生当成学习的主体,尊重学生的主体人格,强调指导学生的学习方法,重视学生的技能形成、能力发展和个性展示。在这一过程中,学生既是教育的对象,又是学习的主体。教师要采取各种有效手段去充分调动学生的积极性、主动性、独立性,激发他们的学习兴趣和求知欲,培养学生的创新精神,引导他们通过自身的努力积极地开展思维活动、智力活动,在理解的基础上去掌握知识、发展智力、形成技能、提高能力,使学生通过教学达到举一反三、触类旁通的学习效果。

第三,符合学校教学时间和效率的要求,保证教学按时保质的完成。不管采用哪种教学方法,都应当充分考虑学校教学时间以及效率问题。在效率方面,还是要注意选择那些能促进学生智力、培养学生各方面能力的教学方法,反对注入式教学。

(二)艺术性原则

教学方法的艺术性是指教学活动中方法使用的灵活性和创造性,在众多的教学方法之中合理选择一定的教学方法组织教学。根据教学内容、对象、环境的不同,需要教师采用不同的方法进行教学。

艺术化地运用教学方法就是要注意教学的艺术性特点,不仅要符合教学规律,而且要符合审美需要或美学原理(艺术性),追求教学的生动和带给人美的感受。具体而言,教师应做到以下两点。

第一,教学要体现形象性、情感性、审美性和创造性特点,使教学方法本身彰显艺术的气息,散发独特的艺术魅力。

第二,教学要适应并激发学生的兴趣、爱好,要具有吸引力、感染力,使学生的心灵在不知不觉中得到陶冶。

(三)个性化原则

新课改的目标之一就是要改变单一的教学,使课堂教学丰富多彩,让学生身心愉快地获得成长和进步,促进学生个性化发展。因此,个性化成为教学的一个重要目标,这就需要教学方法的使用要遵循个性化原则。

个性化地运用教学方法就是要具有特色,不能千篇一律,力求形成自己的教学风格,并最终为学生所接受。首先,教学方法要体现教师自身的特色,体现教师的人格魅力,并能和自身特点相融合,形成稳定的教学风格。从矛盾的差异性可知,每一个教师都具有自身的特殊性,在多年的教学中,教师应该不断摸索和总结符合自身风格的教学方法。其次,要符合学生的实际差异,特别是学生的群体差异,不能脱离学生而空谈个性化。

(四)综合性原则

各种教学方法都有其适应性和局限性,要全面实现教学目标,单靠一种教学方法是不行的。况且,教师仅用一种方法教学易使学生产生学习疲劳和厌倦情绪。所以,教师要博采众长,对所选方法进行优化组合和综合运用,发挥不同的教学方法的综合整体功能,获得良好的教学效果。

灵活运用多种方法也能提高学生的学习积极性,调动他们的多种感官参与教学活动,带动学生学习的主动性,使教学丰富多彩。

第二节　教学方法的优化选择

在漫长的教育历史长河中,人们积累了十分丰富的教学方法。随着教学改革的不断深入,又会产生许多新的有效的教学方法。虽然说我们可以综合运用教学方法,但在一次课程中并不是每种方法都可以一起用,所以,为了提高教学的质量和效率,必须结合课程及学生的具体情况进行精心的选择和取舍,得出组织具体教学活动的最优教学方法。

一、教学方法的选择依据

为了达到优选目的,教师必须注重综合考虑多种因素选取教学方法。

就现代教育教学来看,教师选择教学方法时需要考虑的依据有以下几种。

(一)教学目标和任务

选择教学方法时,要以教学的具体目标和任务为根据。一定的教学目的总是要通过教学方法来实现,而一定的教学方法也总是为了实现教学的目的。教学目的和任务具体体现为每节课的教学目的和任务,每节课有什么样的教学目的和任务,就应该有与之相适应的教学方法,教学方法总是和目的紧密联系。同时,更要依据实际条件选择最佳的教学方法,防止教学方法格式化。教学方法理论上应该要随着教学目标的变化而变化,而且教学方法多种多样,不同的教学方法有不同的作用。在优劣方面,这些教学方法无法进行比较,没有哪种方法能适应各种教学情境,它们各有特长,也就无所谓优劣之分。

需要注意的是,有些目标并不一定包含在教学内容中,而且也不是靠一两节课就能完全实现教学目标。这些目标如解决问题的智力技能、批判性思考等,毫无疑问应该成为每一堂课的基本内容。因而,选择教学方法时这些问题应该要首先予以考虑。如果教学的目标是使学生获取系统知识,这正好符合讲授法的特征,就选择讲授法;如果教学的目标是训练学生的技能技巧,演示法、练习法等教学方法则是比较适宜的选择。当然,一般的教学活动往往有多个教学目的,教师要完成多种教学任务,那么,教学方法也可以相应地选择多种,但每一种都应当有助于教学目标的实现。

需要注意的是,所选择的教学方法应该具有多样性。不同的教学目的和任务,需要不同的教学方法来完成和实现。教师要根据教学目的和任务选择相应的教学方法来进行教学。在选择教学方法时可参考表 7-1。

表 7-1　教学目标与教学方法的关系

教学方法	教学目标									
	接受和记忆				发现			运用		
	事实	概念	程序	原理	概念	程序	原理	概念	程序	原理
讲授	△	○	◎	○	□	◎	□	○	◎	□
演示	○	◎	◎	◎	○	○	◎	◎	○	◎
谈话	△	○	○	○	○	○	○	○	◎	○
讨论	□	△	△	□	◎	△	□	○	□	○
练习	◎	△	△	□	△	◎	△	□	○	□
实验	○	△	△	◎	□	◎	○	△	○	□

注　○表示"最好",□表示"较好",△表示"一般",◎表示"不一定"。

（二）教学内容

教学内容也是选择教学方法的一个重要依据。一般来说,教学内容的性质和特点不同,所选的教学方法也不同。不止不同课程和科目需要不同的教学方法,就是同一课程和科目的不同内容也需要不同的教学方法。理科类的生物、化学、物理等就多选择演示法、实验法等方法;文科类的语文、英语等就多选择讲授法;体育就多选择示范法、练习法等方法。

就每门课程、科目的具体内容来看,由于具有掌握知识、形成技能、发展能力、陶冶性情等不同的目标,又需要分别采用讲授、示范、参观、练习、讨论等方法。

总体上,教学内容可按照认知、动作技能和情感分为三大类,三者与教学方法的关系如表 7-2 所示,选择教学方法时可进行参考。

表 7-2　教学内容与教学方法的关系

教学内容	教学方法														
	讲授法	谈话法	讨论法	导读法	演示法	参观法	练习法	实验法	实习法	欣赏法	发现法	示范模仿法	练习反馈法	直接强化法	间接强化法
认知类	√	√	√	√	√	√	√	√	√	√	√	—	—	—	—
动作技能类	√	—	—	—	√	—	√	√	—	—	—	√	√	—	—
情感类	√	√	√	√	√	√	—	√	√	√	√	—	—	—	√

注　打"√"的比较适宜,打"—"的不建议选择。

（三）学生实际情况

在教学活动中学生是学习发展的主体,是教学活动取得最后效果的决定因素。因此,选择教学方法时必须根据学生的实际情况来进行。这就是说,教师首先要了解学生的年龄、基础知识条件、思维类型、接受水平等,这些对教学方法有不同的要求。教师如果忽视学生的这些基本情况,那么,所选择的教学方法常常不能达到预期的效果。

学生的年龄差异会造成心理发展水平上的差异,因此,对不同年龄阶段的学生自然要采用不同的教学方法。即便是同一年龄阶段的学生也存在个性心理特征的差异,如同一班级的学生,有的思维方式以形象思维为主,有的则已具备了抽象思维的能力。教师在选择教学方法时应顾及学生思维方式上的特点。除了个性心理特征上的差别外,学生已有的知识条件也是千差万别的,这对教学方法的选择也有至关重要的影响。例如,有的学生对某种事物已有大量的感性知识,教师只要通过一般的讲解学生就可以理解,而不必采取直观教具演示;反之,教师就必须采取直观演示的方法。对于已有自学能力和习惯的学生,可在自学的基础上针对学生可能遇到的疑难问题运用讲解法,而对于尚无自学能力和习惯的学生,则需要经过一个时期的自学辅导训练,待学生具有一定的自学能力时再采取在自学基础上的有针对性的讲解方法。

需要注意的是,选择教学方法要以学生的实际情况为依据,但这并不等于说教学方法的选择要消极地跟在学生发展的后面;相反,教学方法应促进学生身心向更高的阶段发展。因此,教师在选择教学方法时还要考虑到超前性,选择那些能促进学生身心向更高阶段发展的教学方法。

(四)教师素质和驾驭能力

教师自身的素质条件和驾驭能力,直接关系到选用的教学方法能否发挥其应有的作用。所以,教学方法的选择还要考虑到教师自身的素养(知识水平、业务水平、心理素质、教育素质、语言表达能力、教学经验和个性特长等),以及教师对各种教学方法的掌握和运用水平。一般来讲,教师常选自己所理解的、掌握的且运用自如的教学方法。

有些教学方法虽然好,但教师不能正确使用,就不能在教学中产生好的效果,甚至可能起到适得其反的作用。教师个性上的不同特点,也会影响他们对教学方法的使用,如有的教师擅长生动的语言表述,可以把问题的事实和现象描绘得形象、具体,由浅入深地讲清道理;有的教师则擅长运用直观教具,通过直观演示来说清理论,做到"此时无声胜有声"。这两类不同特点的教师在教学方法的选择上,优先考虑的重点应是不同的。总之,教师要根据自身的素养,扬长避短,发挥个人优势,选择与自己特点相适应的教学方法。同时,要不断接受和探索新经验、新方法,努力学习,克服缺点,不断提高选用教学方法的能力。

二、选择教学方法的注意问题

在科学合理地选择教学方法的过程中,教师还应注意以下几个问题。

第一,教学方法的选择,要充分考虑时间条件。无论什么教学方法都需要一定的时间投入,虽然它们在时间投入的长短上有所不同。教学方法的选择要使教学任务能在规定的时间里完成,保证教学的效率。因此,要使教学在最少的时间内取得最佳的效果,选择教学方法时就必须考虑教学时间和教学效率,并且力争做到使教师教得轻松,学生学得愉快。

第二,教学方法的选择,要充分考虑学校物质条件。学校的教学物质条件主要指的学校的教学设备、教学软件、教学物质环境等。如果不具备相应条件,再好的方法也无法实施。例如,有些学校教学设备充足、实验室宽敞,那么,就可以选用学生一人一套器材做分组实验的教学方法;有的学校设备不足,那么,就可以采用几人一套仪器的教学方法;有的学校有多媒体,并且每个教师都能够上网,那么,就可以实现信息技术与物理教学的整合;如果没有多媒体设备,就要采用传统的投影仪等教学手段。

第三,每种教学方法都有各自的适用范围和使用条件以及自身的功能,同时,又有各自的优点和局限性。为了使教学方法的作用得到充分发挥,教师在选择教学方法时就应该对各种教学方法的职能、适用范围和使用条件有比较清晰的认识,要熟悉每种教学方法的特点。这样,在选择教学方法时就具有针对性了。例如,讲授法能在短时间内使学生获得丰富而系统的知识信息,但不易发挥学生的主体性和积极性;发现法、问题探索法对发展学生智能和创造力有利,但它又受到有限学时的限制。又如,机械式学习适用于两种学情:一是学习主体还不具备高一级水平的理解能力和推理能力,如学习外语还没有构词规律和构词法,只能死记硬背所有单词;二是学习材料本身不具备连贯的、逻辑的结构,它只是一种编码或象征性符号(如电话号码、手机号码、门牌号数等),在这两类学情下只能靠机械记忆。

第四,教学方法的选择要符合时代和社会的需求,要随着时代的变化而有所调整,如当出现一些非常有成效的、新的教学方法时,教师应当及时引进,让其真正发挥作用。

第五,教学方法之间并不是孤立存在的,它们存在一定的联系。因此,在选择教学方法时要注意各种教学方法的有机配合,恰当安排各种教学方法,最大限度综合、灵活地运用教学方法,使教学效果最优化。

第三节　当代教学方法的新发展

教学方法并非是一成不变的。不同的历史发展时期,教学方法都有一些新的变化。就我国来说,封建社会时期为了给封建统治阶级培养统治的维护者,教学主要采用教师满堂灌输、学生死记硬背的方式,这就完全忽略了学生的个性发展。近代工业社会,科学技术的发展水平获得了一定的提高,教育内容上也开始出现自然科学与技术科学方面的知识。这既丰富了以往的知识结构体系,还对传统的教学方法提出了改进的要求。教学方法不再只局限于教师的讲授,开始出现实验与实践等新的教育方式。随着科学技术以及生产力的进一步发展,教育理论与实践获得了深入发展,课程教材改革进程加快,教学方法也获得了新的发展,出现了很多新的适应时代发展的教学方法。以下对当代中外教学方法发展中比较有代表性的教学方法进行一定的阐述,对当代教学方法新发展的特点进行一定的分析,并统观当代教学方法的新发展。

一、国外教学方法的新发展

国外教学方法的发展具有相当长的历史,所产生的影响也比较深远。尤其是近现代大量著名的教育人物的出现,形成了大量对世界具有重大影响的教学方法。

近现代时期出现了夸美纽斯的"直观教学法"、裴斯泰洛齐的"实物教学法"、福禄贝尔的"游戏教学法"、第斯多惠的"直观教学法"、赫尔巴特的"五段式教学法"、杜威的"活动教学法"、克伯屈的"设计教学法"、莫里逊的"单元教学法"、德克乐利教学法等。到了当代,教学方法的发展趋势倾向于综合化发展,这种倾向在苏联和东欧的教学论者中尤为明显。例如,赞可夫提出了促进学生一般发展的实验法;洛扎诺夫提出了暗示教学法;沙塔洛夫提出了"纲要信号"图示法。而在美国和西欧,教学方法的改革和实验也呈现出了多样化的特征,出现了斯金纳的程序教学法、瓦根舍因的范例教学法、布鲁纳的发现教学法、奥苏贝尔的有意义接受学习法、布卢姆的"掌握学习"法等。

以下对赞可夫、瓦根舍因、布鲁纳的教学方法的思想与理论进行简要阐述。

(一)赞可夫的实验法

实验法是由苏联著名的教育心理学家赞可夫提出的。他在对学生的发展进行研究时认为研究的角度必须从观察活动、思维活动以及实际操作活动三个方面进行。他认为,实验法是一种极为重要的教学方法,能够在教育活动中为学生提供有利的条件以及丰富的资源,进而使学生从多方面表现出对认识的需要,并且不断培植、发展这一需要。实验法的目的就是使学生的一般发展获得最高的效果。这也就是说,通过实验法的运用,使学生在知、情、意等各个心理因素上获得比较大的发展。

赞可夫认为,实验法的运用必须以学生生活的观点作为出发点与归宿点。所谓的学生生活,指的是学生的心理精神生活,而非日常的零碎琐事。因此,教师在组织学生开展学习活动时,要尽可能地将其心理活动的各方面注意力都吸引到活动中来。

总的来说,实验法可以使学生的意志、道德品质以及审美情感获得充分发展,产生良好的精神需要,进而促使学生形成不断学习的内部诱因,对教育效果的提高具有至关重要的意义。内部诱因的形成,能够使学生产生学习的强大精神动力,真正体会到学习的意义和乐趣,促进学生智力的发展,使学生在教育活动中处于主体地位。

(二)瓦根舍因的范例法

范例法是由德国著名的教育学家瓦根舍因创立的。这一方法是通过典型的内容与方式,进而推及具有一般意义的内容与方式,掌握带有规律性的知识和方法,使学生学会独立自主的解决学习问题。

范例法一般要求将理论与实践结合起来,根据本门学科的基本理论与知识,使学生掌握学科知识的基本结构。范例法也要求在内容的选择上要充分符合学生的生活经验,能够对学生的知识与智力水平的发展具有促进作用,进而增强学生思维的发散和运用能力。此外,范例法还要求对选定的学科内容进行补充,增加精选的具有范例性或者是典型性的材料,进而在教学中获得举一反三的效果,并通过学生与"范例"的接触寻找其中的规律,训练其独立思考与判断的能力,最终掌握科学知识与科学方法。

这一教学方法的主要目的是改变以往教育中学生所处的被动地位,进而提升学生在学习中的主观能动性。这一教学方法的基本程序主要是:解说范例——类型推及——揭示规律——经验获得。

(三)布鲁纳的发现法

发现法是由美国著名的认知心理学家以及教育家布鲁纳提出的。布鲁纳主张教育要以学生为中心,关注学生学习方法的获得。而发现法就是一种灵活的、有效的教学方法。在运用发现法的过程中,以下两个方面的问题值得注意。

第一,符合学生的实际情况。教师要选定一个或者是几个一般的原理,建立具体的问题情境,进而引导学生发现问题。这一具体的问题情境必须是能够符合学生的知识水平和认知能力的,同时,还要是具有一定的挑战性的,进而充分激发学生的求知欲。

第二,关注实际应用能力的发展。教师在进行组织提问与演示等教育活动时,要将一般原理组成的各种基本因素充分展示给学生,进而使学生充分认识到教材中存在的对比因素。同时,教师还要使学生在认识的基础上,组织学生根据活动进行自主发现,提取一般的原理或概念,并引导学生将一般的原理与概念运用到实际的生活中去,以此解决生活中的实际问题。

总之,布鲁纳的发现法所强调的就是学生的自主学习,提倡学生亲自去探索事物,发现知识,并自己进行知识的概括以及规律的总结。这一教学方法能够充分培养学生的问题意识、独立思考能力以及独创精神,使学生养成科学的态度与习惯。

二、国内教学方法的新发展

自改革开放以来,我国教育领域对教学方法进行了一系列的改革,创造了各具特色、行之有效的教学方法。通过我国广大一线教师的试验与应用,一大批具有现实教育意义的新的教学方法诞生了,如卢仲衡的"自学辅导教学法"、上海育才中学的"读读、议议、练练、讲讲"的八字教学法、黎世法的"六课型单元教学法"、魏书生的六步教学法、韩粟的"五让"教学法、邱学华的"尝试教学法"、钱梦龙的"语文导读法"、马芯兰的"四性教学法"以及李吉林的"情境教学法"等。

以下对我国的自学辅导法和情境教学法进行简要阐述。

(一)自学辅导教学法

自学辅导教学法是由中科院心理学研究所的卢仲衡提出的,是将教师的辅导同学生的自学相结合的一种教学方法。"辅导"是教师在教育活动中将富有逻辑意义与科学意义的教材,同学生现有的认知结构结合在一起,使新的知识与学生已有的知识结构形成融合,并在这一过程中引导学生保持积极的学习状态;"自学"指的就是学生在学习中主观能动性的发挥,以现有的知识为基础,独立自主地进行知识的获取。一般来说,学生可以在教师的指导下,以心理学的原理为基础编写三个本子(即自学课本、练习本与测验本),从而开展自学、自练以及自批作业的自学活动。

自学辅导教学法在实际运用的过程中可以被分成"读,练,知,结,启"五步,并注意所有的步骤最好是在一节课内完成。这样做的目的是激发学生的学习求知欲。当学生在自学的过程中遇到困难或问题时,教师应及时对其进行启发与引导,进而获得问题的解决。"读"是自学辅导法中的核心与关键,目的是让学生自己动手、动脑,自主获取知识;"练"就是让学生自己做题,对知识进行巩固;"知"是让学生了解自己练习的结果,获得学习的反馈信息;"结"就是对课堂进行小结,使知识系统化,并进一步提出改进方法;

"启"是教师于上课、课中以及下课前根据课堂内容对全体同学进行思想的引导和启迪,一般用时在 10~15 分钟。

自学辅导教学法注重教师对学生的引导,注重学生自主的学习,是寓"导"于"学",教学相长。这样,既能保证"学"在教育中的核心地位,还能通过"导"充分激发学生学习的兴趣,提高学生学习的水平和效率,进而快速地掌握所学的知识。

(二)情境教学法

情境教学法是由李吉林创立的。这一教学方法是通过有目的地设计具有一定情绪色彩的教学场景,使学生在教学情境中获得情感体验,从而激发学生学习的热情,促进学生对教材的理解,提高学生的认知水平。教学的具体情境包括实物情境、模拟情境、想象情境、推理情境以及语表情境等。

(1)实物情境。这是以物体原型作为主情境,进而将学生带入社会或是大自然。教师可以在课堂教学中展示实物、标本,如松果、珊瑚、指南针等。实物情境是学生能够看得见、摸得着的,因此,也较容易感受和理解。教师在具体的教育过程中,应以实物为主体,再设置一定的背景,进而形成一个整体,对某一特定的情境加以演示。学生通过实物情境,能够提升观察能力与思维能力,加深对事物的了解与认识。

(2)模拟情境。这是依照教育的实际需要,并抓住事物的主要特征,运用一定的手段对事物进行复现,形象地反映该事物的特点。例如,音乐渲染、图画再现、角色扮演等都属于模拟情境。通过音乐特有的旋律与节奏,能够塑造一定的音乐形象,给学生以美的体验,将学生带入到特有的意境中;图画是直观展示形象的重要手段,如课文的插图、剪贴画、挂图、简笔画等;角色扮演则是通过学生自己的扮演来加深其对课文中的角色以及具体情境的理解,获得深刻的情感体验。

(3)想象情境。这是学生通过想象活动创造的教学情境。这需要学生将感受与艺术联合起来,使其情绪在想象中获得高涨,进而培养其丰富的想象力。当然,想象情境还需要以一定的实物情境、模拟情境或者是语表情境作为基础。

(4)推理情境。这是需要以抽象思维为基础,是学生根据教师通过其他的方法创造的具体形象而进行适当推理产生的情境,能够有效地培养学生科学、严谨的思维能力。

(5)语表情境。这是通过语言的表述创设的情境,是教师通过语言的形象、意义、声调以及感情色彩来激起学生的情绪、情感以及想象活动,进而产生一定的体验情境。通过教师的语言描绘,能有效地提高学生的感知能力,对学生的认知活动具有导向性的作用。学生因感官上的兴奋强化了主观感受,从而进入特定的教学情境之中。这里需要注意的是,教师要逐渐减少直观手段的介入,而增加单纯通过语言描述带入情境。

三、当代教学方法新发展的特点

纵观当代国内外教学方法的发展,可以看出主要存在以下几个特点。

(一)双边化

传统的教学方法在相当程度上忽视了教学的双边性,几乎把教学变成教师的单一活动,教师主宰着整个教学活动,学生则完全处于被动接受的位置。而新的教学方法普遍认同教学方法就是要把教师的教和学生的学统一起来,教学活动是由教师和学生共同完成的,它们注重教师、学生以及师生之间的合作。合作不仅仅是为了集思广益,也是为了更好地对学生的合作意识与行为进行培养,使其形成良好的非认知品质,促进学生的社会化发展。

(二)自主化

当代教学方法的发展对学生在教育中的独立性越来越重视,对学生在学习过程中的积极性与兴趣爱好等越来越关心。当代教学方法重视学生在教育过程中的自主参与,重视学生对科学的学习方法的掌握,进而不断培养和发展学生独立探索、独立学习和独立解决问题的能力。

(三)个性化

当代教学方法的发展非常注重个性化,也就是说,越来越往个别适应的方向发展,注重学生个性的发展,崇尚因材施教的理念,鼓励学生的个性参与,进而最大限度地发挥学生的潜能。个性化的趋势主要表现在两方面。

第一,教育技术手段的发展为教学方法的发展提供了更加广阔的发展空间。当代师生之间的相互作用越来越趋向于多元化,这就使学生在知识、特长、兴趣、能力等多方面的全面发展成为可能。因此,真正的教育应该属于一种个性化的教育。这需要教师在教育中积极主动地为学生设计符合其个性的教学方法,配合学生智力与认知上的特点,对其优势才能进行开发。

第二,个体性活动发展成为教学方法的重要组成部分。以往以教师为中心的传统教学往往忽视了学生的个性差异。当代教学方法的个性化要求，则强调对学生的个性特点以及个体差异给予充分的尊重和考虑。一些对一部分学生有效的教学方法，却未必对其他人也有效。这就需要在教育中注重个体性活动的开展，进而给学生的个性发展提供一定的空间。

（四）全面化

传统的教学方法注重的只是学生知识的获得和智力的发展，而忽略了学生其他能力与情感、态度等的发展。当代教学方法的发展要求构建立体的教育目标体系，即使学生在认知、情感与技能等各个方面获得全面的发展。随着教育理论的科学化发展，人们意识到非认知因素对认知过程发挥着重要作用。当代教学方法的改革在侧重实现某一主要目标的同时，也兼顾其他目标的达成。因此，其不但能够使教学方法适应多种教育情境的需要，还能让学生的综合素质得到极大的提升与发展。此外，教学方法的全面化还要求对教学方法理论进行研究时坚持系统整体的观点。

（五）科技化

过去的教学方法以教师的教授为主，科学技术手段的运用很少，而随着社会生产力与科学技术的迅猛发展，教育领域对科技成果的应用越来越广泛。因此，当代教学方法的发展还非常注重科技同教学方法的整合，注重教学方法中科技含量的增加。

（六）心理学化

进入当代以来，特别是心理学在教育领域的渗透力度加大以来，教学方法发展的心理学化越来越突出。这就是说，教育教学研究者越来越注重通过心理学的研究成果来构建现代教学方法，或者是为教学方法的发展提供一定的理论依据。例如，保加利亚的洛扎诺夫所创立的暗示法就是建立在心理学的无意识理论的基础之上；斯金纳提出的程序教育的重要理论基础就是心理学中的行为主义学说；罗杰斯的"非指导性教学"方法的重要心理学理论基础是人本主义等。

总之，与传统教学方法的运用中只注重学生的智力因素在学习活动中的作用而忽视了非智力因素所起的作用不同，当代的教学方法非常注重培养学生的学习兴趣，激发学生的学习动机，形成良好的学习习惯和正确的学习态度，使学生在轻松愉快的情绪体验中掌握知识、发展能力。苏联的赞可夫就指出："教学法一旦触及学生的情绪和意志领域，触及学生的精神需要，这种教学法就能发挥高度有效的作用。"①的确如此,突出了情感性的教学,更能获得理想的效果。

第四节　课堂教学语言艺术与课堂讲授艺术

教学不是单纯的教与学,它还是一门艺术。因为课堂教学能够让教师像艺术家那样富有创造性地运用各种手段进行教学,从而唤起学生的学习兴趣,使学生愉快、主动地获取知识,并得到深刻印象。课堂教学艺术包含的内容有很多,如语言艺术、导课艺术、启发艺术、讲授艺术、组织艺术、板书艺术、结课艺术等。这里我们首先来看看课堂教学语言艺术和课堂讲授艺术。

一、课堂教学语言艺术

作为课堂教学的基本工具,语言可以更加直观全面地将生活中的复杂现象传递给学生,使学生可以结合自身想象对于真实情况有一个基本构想,也在想象的过程中对知识加深印象。这就要求教师本身需要不断地提升自己的语言魅力,将语言提升到一种美学的艺术水平,在吸引学生兴趣的同时加深学生对于美学的基本体验。

(一)教学语言艺术的特点

1.科学性

教师的语言是教学中学生主要感知的东西,它会使学生对于所学知识有一个基本的印象,成为学生的基本学习依据,这就要求教师的语言必须准确、精练,具有逻辑性,同时,又要符合语言规范。为了更好地培养学生的技能,高效率地传授知识,避免造成知识点的混淆,教师尤其注意不能说假话、空话、脏话,避免给学生带来不好的示范。

2.教育性

在教学过程中,教师不仅要传授知识与技能,同时,还要完成育人的任

---

① 赞可夫.教学与发展[M].杜殿坤,译.北京:文化教育出版社,1980:106.

务。因为育人也是教师的根本之所在。这就要求教师所使用的语言要文雅、纯洁、有分寸感，富于哲理性、教育性。当然，教师不能脱离教学语言的科学性，片面追求教育性。

3. 启发性

教师的语言应耐人寻味、引人深思，富有启发性，不能太过于通俗易懂，使得学生缺少了自我思考的机会。因为发展学生的思维能力也是教学中非常关注的一个问题。

4. 趣味性

教师在课堂教学中的语言应尽可能生动、形象，富于理趣、情趣，能够深深地吸引学生的注意力。一个声情并茂、妙语连珠的教师往往也更容易获得学生的好评。当然，教师也要注意不能为了趣味而趣味，要将趣味性与其他教学语言特点结合起来。

5. 灵活性

教学语言往往会受到学生的年龄特征和个别差异的制约。因此，教师要根据学生的年龄特征和个别差异选用不同的语言形式，如直观的还是相对抽象的，委婉的还是直率的。此外，教学语言还受教学内容的制约。所以，教师也要根据不同的教学内容使用不同的语言去表达，如说明性的内容就用简洁的、条理清晰的话语；抒情性的内容就用细致入微的、带有浓厚感情的话语。总之，教师要随时调整自己的语言，增强教学效果。

6. 时空性

教师的课堂教学语言受着较严格的时间和空间限制，一般是要在规定的时间内，于指定的地点完成一定的教学任务。因此，教师话语的速度、节奏、音高等都要把握好。

(二)课堂教学语言艺术的基本要求

教师的课堂教学语言要想达到艺术的境界，一般至少应达到以下几个方面的要求。

1. 表意准确生动

在课堂教学中，教师表意的准确生动是极为重要的。任何抑扬顿挫、快慢适度、音量适中、语气自然的语言都必须在能准确生动表意的基础上才是有意义的。简明扼要的语句,使人听起来舒服,言简意赅,使人深得要领。要做到文法正确,符合语法规则,不说半截子话;用词恰如其分,不用模棱两可、含混不清的语句;避免一切无意义的口头语;还要讲好普通话,因为发音不正,表达不规范,也会影响教学效果。

2. 语音音量适中

课堂教学一般都实施的是班级授课制,其自身特点要求教师的教学口语必须把握音量。因此,教师应该根据学生的多少、教室的大小设定自己语音的音量。如果音量过大,会使学生的听觉易于疲乏,高音量就成了噪声;而音量过小,则会使学生听起来感到费力。教师的音量应该以让坐在后面的学生能听得清晰为标准。

3. 语速快慢适度

因为教师的个体差异,可能有的教师说话的速度快,有的教师说话的速度慢,所以,在课堂教学中教师要注意应该有适度的语速,也就是不能太快,也不能太慢,要能够让学生舒服地接受。一般地说,教师在进行单向表述式阐释时以 1 分钟 250 个音节左右为宜。如果过快,学生没有思考反应的时间;如果过慢,单位时间内语言包含的信息量偏少。

4. 节奏抑扬顿挫

教学口语的节奏感就是音量、声调、语速这些因素综合作用的结果。没有节奏的教学口语会让学生感到单调乏味,而且会造成表意不完满、信息损耗的不良后果。教师要根据教材的内容和听者的情况,适当地控制语音的大小、调子的速度。例如,表示激昂慷慨和兴奋愉快,可以把声音放大一点、高一点;表示庄严肃穆和疑惧感叹,声音可放小一点、低一点;表示宁静,要慢;表示紧张要快;遇到重要的地方,关键词句,应有重音、加重语气,以引起注意;次要的地方,则可以讲快一点。总之,声音的变化要随教学内容和听者情况的变化而变化,若从头到尾高低、快慢、语气一个样,就显得单调平板。但抑扬顿挫不等于矫揉造作,不要像演说家或演员一样对学生演讲,不要让学生看到表演的痕迹。须知,在课堂上给学生讲课与街头演说家对群众演说或舞台上演员们的表演相比,毕竟是有区别的。

5. 形象具体生动

形象具体生动的语言给人一种直观感和动感,使人兴趣盎然,并能在记忆的荧光屏上留下深刻的印象。教师在课堂教学中要善于例证,运用典型材料来说明抽象的理论,把抽象的东西与具体的东西联系起来,使教学语言生动化、具体化。如物理讲惯性定律,用乘车时身体前倾后仰为例来说明,语言就生动有力。

此外,教师可以正确运用比喻的修辞,使语言形象生动,引起学生联想;可以适当引用一些格言、名句、成语、典故、诗词、顺口溜、群众口语、民间谚语、电影、故事、文学艺术语言等,使教学变得生动有趣。

6. 富于启迪性

这是教学语言的最高要求。因为在教学中教师不但要善于把现成的知识传授给学生,更重要的是要善于发展学生的智力。"苏格拉底法"就主张教师不直接向学生传授知识,而是巧妙地运用具有启发性的问题,从学生那里引出知识。要使自己的语言富于启迪性,教师应注意以下几点:一是中肯,话要说到点子上;二是含蓄、委婉,不把情意全部表达出来,注意举一反三、耐人寻味,让学生有咀嚼和思考的余地;三是诱发,要设法诱发学生的学习积极性,创设矛盾,诱导学生寻根究底;四是鼓动,适当运用"激将法",激发学生的好奇心与探索心。

二、课堂讲授艺术

课堂讲授艺术就是教师用精确的语言向学生阐释、说明、分析、论证概念、原理,揭示事物的本质特征,从而使学生把握概念、原理的本质属性及其基本特征的一种教学艺术。

(一)课堂讲授艺术的基本要求

教师教学的才能与技艺往往是直接通过课堂讲授的好坏来反映的。所以,每一位教师都应注重讲授的艺术。在讲授的时候,教师想要达到较高的水平就一定要做到以下几点。

1. 语言简练,个性突出

教师在传递教学信息的时候,主要使用的就是语言。为了高效地实现传递教学信息的任务,教师在讲课过程中必须认真组织、提炼语言,做到简洁、准确,条理清晰,系统完整。否则,散乱堆砌、烦琐枯燥的语言不仅干扰学生接受重难点内容,也浪费教学时间。同时,教师的讲课语言不应是对教材或他人语言的照搬和转述,而应是对教学内容经过加工改造后的知识抒发,有明显的个性化语言特色。

2. 科学准确，具有说服力

教师的讲课更要力求科学、准确、真实、全面，注意以科学的力量征服学生，使学生心悦诚服地接受。这就需要教师具体注意以下两个方面。

第一，讲课内容要科学真实。教师在讲课中所讲到的基本概念、基本原理、基本事实以及与它们相对应的艺术训练材料、思想教育材料，都应是经过实践检验过的，具有科学性和真实感。科学和真实，是思想政治教育的重要特征，也是提高思想政治课可信度的基石。只有讲授内容科学真实，才能使学生相信并践行，起到教育人、感染人的作用。反之，如果教师在课堂上讲的是大话、空话、假话，传授的知识严重脱离实际，错误不断，那就很难取得好的教学效果。

第二，讲课方法要科学恰当。教师讲课所使用的方法一般有很多种，但应尽可能选择那些符合启发式的教学思想和原则的方法，以便充分调动学生思维的积极性，引导学生积极主动地学习；同时，要尽可能地选择符合教学内容要求的方法，贴近学生的实际和教师本身的特点等。

3. 设疑激趣，引发思维

教师讲课应坚决贯彻启发式，反对注入式。对知识和问题的讲授要能激发学生的学习兴趣、学习热情和求知欲望，能启发学生思考，引起学生的联想。当然，启发的方式很多，教师在讲课中可根据实际需要灵活运用，但设疑可谓是激发学生兴趣、启发学生思维的最有效手段。教师设置一定的疑难问题，可极大地调动学生思维的积极性和主动性，使学生边听课、边思考，寻求问题的答案。

4. 感情充沛，情理交融

育人是教师在教学过程中不能忽视的一个任务。所以，教师在知识教学的同时，要对学生进行思想教育，使知识性与教育性有机结合，这是教学过程的内在规律。因此，教师在讲课中要努力挖掘教材中的思想教育因素，使知识教学与思想教育融为一体，体现出教育性的特征。要做好这点，教师在讲课中必须注重情感的投入。情感是一种无声的语言，对学生有很强的感染作用。教师充满情感的讲课，必须凝结着对教育事业的热爱和对教材的深刻体会，饱含着对学生的殷切希望，有利于创造和谐的教学气氛，使学生真切感受到教师的关心与期望，受到潜移默化的熏陶和感染，从而不仅全面准确地掌握知识，也受到思想教育和感情上的培养。

5. 合理掌握教学的难度

课堂讲授中必然会涉及教学的难度问题。教学内容的广度和深度是构成教学难度的两个主要因素。教师讲课要有一定的深度,这样,学生才会有兴趣,才能使学生对学科知识和社会经济、政治现象有较深刻的理解。但也不能搞得高深莫测,过于深奥,学生接受不了,必然望而生畏,失去信心。教师讲课也要有一定广度,使学生能开阔视野,增长见识,但也不能宽而无边,否则,学生会吃不消、嚼不烂,影响听课情绪。因此,教师讲课中要根据学生实际,做到讲课内容深浅有度、广窄有边,并综合这两方面因素,通过对它们的合理调控来把握教学的难度,以充分调动学生的学习兴趣,产生好的教学效果。

6. 合理调配时间

课堂讲课时间性很强,教师必须对讲课的时间作合理调配,讲究时间效益。每位教师在进行课堂教学总体设计时,也要对时间进行合理分配,把有限的时间化解到各个教学环节中去。但这种化解并不一定完全有效,在实际教学过程中,由于各种原因,有的教学环节可能超出或用不完预先分配的时间,因而,教师要随教学进程的发展,对时间作灵活调剂和安排,以保证教学任务的全面完成。

(二)课堂讲授语言的灵活转换

教师在课堂上把教学内容讲授出来要经过许多中间环节和发生某些语言性质的变化。那么,讲授语言的转换也是一件不简单的事情。教师课堂讲授艺术也反映在讲授语言的灵活转换上。

1. 从教材语言向教案语言的转化

课程标准、教科书以及教学参考书中的语言就是教材语言。教师在课堂教授之前有个很重要的环节,就是备课环节。在备课过程中教师需要把教材语言转化为教案语言。实现转化,教师就要充分感知和理解教材语言,对教材语言的思想内容加以同化,纳入自己的语言系统,在此基础上进行加工、组合,形成教案语言。在转化的过程中,教师需要做好以下几项工作。

第一,寻找语言的吻合口径。教案语言是为了使学生更好地理解和掌握教材语言,因此,在语言形式、语言习惯等方面对接时,必须与学生的接受口径吻合。这就需要教师一方面要考虑所教学生的年龄特征、知识层次和认识能力,另一方面要考虑课程的性质和具体内容。

第二,对教材内容进行增、减、删、改。具体是指增加一些教学过程中有利于学生理解而教材中没有的语言,减少学生听腻了的熟语,删去与主旨内容不很密切的解释性语言,改换学生必须掌握而又较难理解的语言。

第三,精选例证,使语言简约化、形象化。讲授中的例证可帮助学生突破难点、化解疑问、顺利领会、掌握基本原理。

第四,形成教案语言。经过一系列的思考、揣摩,去粗取精、加工组合以后,教师用简洁明了的文字表述出来,就是教案。当然,从教材语言到教案语言的转换也就完成了。

与教材语言相比,教案语言有了大量的引语和过渡语以及结语;有了自问自答的对话语言形式;有了重要部分的分析与论述;在数量上大大简约,形式上更加有序;语言的可接受性更强,还带有教师的个性特点。

2. 从教案语言向预备性教学语言的转化

在完成教案后,教师一般都会默默地试讲一下,也就是预备性教学。这是教师以想象中的学生为对象,以内部语言活动为主要形式,以逻辑推理为主要方法对教案语言进行试用。很显然,这就涉及从教案语言向预备性教学语言的转化。这两种语言的转化需要教师注意做到以下几个方面。

第一,排除障碍,确定语义,形成语势。教师重温教案时又会出现许多问题和难以确定的东西,需要进一步地确定和选择。在默讲中形成“语势”,即模拟课堂语言,在假设的课堂情境中调节语言的强度、速度、声调和表达方式。

第二,调整语序。课堂语序设计时可以适当移位,即对一个概念、一则定理、一句话在讲授时拆散分析、前后移位。当然,移位时语言结构要协调合理,语法结构要符合规则,不能造成人的误解。

第三,语言的引申和扩充。预备性教学语言从量上看要比实际给学生的大得多,这才能算做充分的准备。所以,教师要做好相应的引申与扩充,把课堂上可能要讲到的东西都演练一下。

3. 从预备性教学语言向课堂教学语言的转化

在正式讲授课程时,教师就需要将预备性教学语言转化为实实在在的课堂教学语言。由于课堂实际情境是比较复杂的,所以,教师应灵活对待。在语言的转化过程中要着重注意以下几个方面。

第一,做好反馈调整,保证语言信息交流的畅通。首先,根据学生的答问与表情流露确定学生的理解程度,然后,调整语言的难易。其次,根据教学内容和性质以及学生笔记的速度调整语言速度。在讲定义、概念、公式、结论时,教师的语言速度要放慢,必要时重复叙述,需要学生记录的部分还需要根据学生的笔记速度进行适应性速度调整。最后,力争将科学语言变为与学生相适应的生活语言和学生语言。

第二,把握适当的"度",保证教学语言的有效性,教学语言的运用在简与繁、多与少、深与浅、快与慢、高与低等方面,都应当尽可能地找到一个最佳的度。

第三,运用多种语言形式提高教学语言的效果。教师要注意在课堂教授过程中将言语活动、非言语活动结合起来,并适当地借助一定的媒体来传输教学信息。

第五节 教师教态、心态调整艺术

一、教态艺术

(一)教态的内容与作用

教态是指教师上课时出现在学生面前的整体形象,主要由面部表情(其中主要是眼神)、手势和身体姿势三项来反映。教态不仅仅指教师在教学过程中运用的一些动作、姿势,而且是一项特殊的艺术,即非语言艺术,这种艺术是辅助语言讲授的,使语言讲授因之而变得丰富、生动起来。

总的来说,良好教态往往有以下三个方面的突出作用。

第一,能使学生集中注意力。教师在讲课时充满自信、富有激情,同时,辅之以适当的手势,学生是很容易被教师吸引住的,此时无须教师督促,他们会十分自觉、十分专注地听教师的讲授。

第二,能提高学生的学习兴趣。如果教师讲课时用亲切、和蔼的目光关注学生,即使在学生一时回答不出教师提出的问题时也不流露出失望的神色,而仍是面带微笑地期待,那么,学生对学习活动的兴趣显然会不断增强。

第三,能营造良好的教学氛围。教师对学生尊重、信任、鼓励的面部表情,结合教学内容辅以具有鼓舞力量的手势以及能使学生获得信心和力量的站点和行走的姿势,为营造良好的教学氛围提供了极其有利的条件,学生在这样的教学环境中学习,自然也会获得良好的学习效果。

（二）教态的艺术表现

1. 面部表情的表达艺术

人与人交流的时候，脸部表情往往起着很大的作用。在教学活动中，学生除了要倾听教师的教学，还常常注视着教师的脸部表情：当教师面露微笑时，学生心里会如沐春风；当教师和蔼地指正学生错误时，学生会易于接受……总之，教师的面部表情在教学活动中有着非常重要的作用。

对于教师的面部表情，一般有如下要求。

第一，自然大方。面部表情的表达应自然大方，内心与表情上的感受统一，体现教师的真诚自然、亲切感。切忌笑面虎、皮笑肉不笑等情况的发生。

第二，温和适度。教师在运用面部表情时要恰如其分、恰到好处，不能过于严肃造成学生对课堂的恐惧，更不能因为过分柔和使得教师威信受损，教师要理性，适时地调整自己的面部表情和语气，温和适度地进行课堂教学。

第三，宽容大度。在面部表情中将教师与学生亦师亦友的关系表示出来，体现教师对于学生的宽容、理解和友善。

2. 眼神的表达艺术

眼睛是人体最灵活多变的器官，也最能表达许多语言所不易表达的复杂而微妙的信息和情感。在教学活动中，眼神是教师借以传达教学信息、组织教学的一个重要手段。教师艺术性地运用眼神，能够使师生在无声的交流中达到"心有灵犀一点通"的境界。如教师可以用眼神来表示对学生的鼓励，用眼神来对课堂上违纪的学生进行警告。总之，眼神在教师和学生之间架起了一座无形的桥梁，使师生之间形成一种独特的默契。

在课堂教学中，教师运用眼神的方法大体有三种。

（1）环视法。环视法也叫"扫视法"，是一种针对全体同学的方法，意指对于全班同学进行环视，有助于满足学生渴望得到老师注意的心理，也有利于老师了解学生的学习状态。在刚开始上课时或者讲重点的时候，对班级进行环视有利于学生感受到老师的目光，从而了解该知识点的重要性。

（2）点视法。点视法，就是将目光较长时间地固定于某人或某物上，这是一种教师有效利用眼神来表达自己的想法的方法。课堂中难免出现做小动作的同学或者是疲倦的学生，这时，大声呵斥、提醒都有可能导致课堂进度的拖缓或者学生对于课堂的畏惧，此时用眼神对有小动作的学生示意，学生感觉到老师的目光注视后有所纠正,保留学生自尊的同时也督促了对方学习。而积极回答问题的同学也会因为老师的鼓励目光而充满自信。

（3）虚视法。学生有一种教师眼神盯着某一点的感觉,但实际上教师是"视而不见",这就是"虚视法"。虚视法常用于新教师初登台的时候,新教师常常因为第一次接受许多人的目光而有所胆怯,眼睛不敢看学生,这时,就可以将目光定在教室中间的学生身上,再辅之以环视法,学生都会觉得老师在看自己,从而对于自己的行为有所收敛,起到维持课堂秩序的作用。

3. 体态的表达艺术

体态主要通过头语、手势和身姿三种形式来表达思想感情,它所表达的不仅有言语未能尽达的部分,还有单独表达赞扬、默许、否定、鼓励等情感。体态的表达艺术主要体现在以下几点。

（1）头语的表达艺术。教师利用头部的动作可以表达思想情感。例如,学生回答问题往往都有所胆怯,担心自己因为错误而遭到同学耻笑,这时,可以运用头语示意,回答正确的同学给予点头示意,增强学生自信的同时避免了回答错误的尴尬,拉近学生与教师之间的距离,增强了教师的亲切感。

（2）手势的表达艺术。手势是传达教学信息最富有形象的动感部分,是最简便、最丰富、最可利用的教学动态言语。在教学活动中,教师运用手势要注意自然大方、手位恰切,有表情达意功能,并与其他教学操作技术相配合。教学过程中手势主要分为以下四类。

第一,感情手势。如对学生表示赞许时拍拍学生的肩膀,或竖起大拇指。它能使教师的情感形象化、具体化。

第二,指示手势。如让学生注意黑板上的某一句话或某个图时用手指点。这种手势有助于指示具体对象或数量,含义具体明确,易于辨别和理解。

第三,摹状手势。如教师用手比划大小、长短、方圆等。这种手势往往给学生一种形象可感的印象,容易被学生所接受。

第四,象征手势。如两臂斜上方一举表示胜利。这种手势在课堂上用得不多,不过,恰当地运用它能使抽象的概念变得具体可感,从而启发学生思维,激起学生的想象。

（3）身姿的表达艺术。在课堂上身姿主要体现在站姿和行姿。

站姿是指教师在课堂上静态立定时的姿态。教师上课时一般站在黑板与讲桌之间,站姿要端庄、稳重,与全体学生保持相对稳定的距离,避免倚靠讲台、黑板。站的时候,两腿尽量挺直,不要弯曲,两脚自然分开,略成八字形,也可两脚自然前后分开。

行姿是教师根据教学传达、交流的需要,在课堂上开步走或身体位移的姿态。首先,开步要从容、不拘谨、不紧张、自然大方。其次,走动的速度和幅度要适中。走动的时间长度和间隔时间要合理,不能总是站立不动,也不能总是走个不停。

4. 外表修饰艺术

主要指教师在服饰、发型、化妆等方面的表现。这里主要说下衣着服饰和发型的要求。

(1)衣着服饰。教师的衣着服饰要端庄大方,在款式上不透明、不过紧、不暴露太多,在色彩上不宜过艳或过于深暗。当然,教师的衣着服饰也要有一定的个性化特点,既要符合教师自己的年龄、性格、气质,又能积极引导学生的审美倾向。

衣着服饰既是一个人的外表装饰,又是一个人心灵的外在表现。它是一个人思想情操、情感意志、气质性格、文化修养、审美情趣和审美标准的综合反映。几千年来人们形成的对教师职业衣着服饰的审美标准,要求教师的衣着服饰庄重、整洁、典雅、大方。这样,既能显示出教师丰富多彩的精神世界,又能给学生以美的享受,还能给教师以安全感和自信心。

此外,教师的服饰还要考虑时代风貌、社会风尚和民族习惯,要根据服装发展趋势来选择大众化的服装款式、质料,要与当地群众生活水平、文化传统和风俗习惯相适应。

(2)发型。职业规范要求教师发型样式大方,梳理整齐;个性化要求在规范基础上发型有自我特点和文化品位。教师发型宜相对稳定,不宜多变,尤其不宜不断随社会流行发型进行改变。

二、心态调整艺术

心态泛指人的思想、感情的表现状态。教师的心态是指教师在走进课堂之后的思想、感情的表现状态。由于教师在教学过程中所处的特殊地位,因此,教师心态如何会对学生的学习行为及学习效果产生十分重要的影响。教师上课时自始至终保持着良好的心态(如自信、乐观),不但有利于充分发挥自己的教学水平,而且更重要的是能对学生的学习心理产生积极的影响,学生在良好的思想情绪感召之下会对学习活动产生浓厚的兴趣;而如果教师上课时心态不佳(如精神不振、情绪低落),那么,不但自己课讲不好,而且会影响学生的听课情绪,无法激发起他们的学习兴趣和求知欲望。

(一)教师的不良心态

1. 期望心理

所有的教师都期望做出优异的成绩,这种共性心理无可厚非。但是有些教师的这种心理过于强烈。他们一方面是强烈的自我期望,即对自我人格、价值、自我实现等方面的期望;另一方面是对学生的强烈期望,期望学生能不断进步,达到预期目标。期望值越高,教师的心理负荷也就越重,一旦学生稍有偏差,教师往往就容易表现出一种近乎苛求的严厉。

2. 权威心理

在教学活动中,教师的身份和地位使他对学生有奖赏或强制的力量,教师处于教育者和管理者的身份、地位。学生对教师的服从与尊重是教育活动得以顺利开展的基础。但是教师如果只着眼于表面现象,过分追求权威效应,从而走向极端,凡是教师说的,学生听也得听,不听也得听;正确的学生得服从,不正确的学生也得服从。这种心理的流露无疑会在师生之间竖起一道屏障,造成学生对教师的反感和背离,导致教师在学生心中信任度的急剧下降。自我感觉良好的教师面对学生的冷漠缺乏必要的心理准备,从而形成强烈的自我反差,这种反差诱使教师自觉不自觉间以角色优势对学生吹毛求疵,对一些具有逆反心理的学生尤甚。

3. 代位心理

代位心理是教师以其本身为参照系,对学生做出的审视和判断。每当遇到一种情况时,教师往往下意识地用自己所拥有的优势和心理定式、处置方法同学生相对照,这种对照的结果是得出一个应该怎么做的标准。然而,事实上学生常常难以达到这样的标准。教师则感到不可思议,这种不满与不解便成了不良形态的催化剂。

4. 焦虑心理

教师上讲台时,尤其是初上讲台时,面对自己从未接触过的学生,面对完全陌生的环境,很容易产生焦虑的心理:我能讲清楚教材内容吗? 学生能很快地理解和接受吗? 自己备课已经很充分了,不知道在讲课时会不会出现备课时没有考虑到的问题? 一旦出现,该如何处置? 不知道学生调皮不调皮? 上课时能否静心听我的讲解? 自己在上面讲,学生在下面小声说话、做小动作,怎么办? 不知道轮到自己教的那批学生的基础怎样?

自己是新教师，毫无教学经验，如果统考起来自己教的班级名次排在最后怎么办？……这种心理往往会让教师的内心更不踏实，继而真的上不好课。所以，一定要尽快适应新的环境，消除这种焦虑心理。

（二）教师不良心态的调整

出现上述不良的心态时，教师一定要及时地进行反思与调整。要想很好地调整自己的心态，使其处于良好的状态，教师应当从以下几个方面努力。

第一，善于理解。教师在教育教学中要注意接纳学生，和善地对待学生，横加指责或许维护了自己作为老师的威严，却是以牺牲自己的威信为代价的。理解学生还表现在对学生学习、生活、思想、情感等方面的变化及时做出合适的反应。

第二，保持宽容的心态。宽容的心态往往蕴含了教师对自己学生的信心，也渗透了一种对事业、对学生诚挚的爱。教师对学生的宽容并不是对学生过错行为的消极迁就，而是温情提醒，原谅他们的不成熟，但及时进行教导。

第三，善于换位。心理换位是指在教育教学过程中，教师把自己置身于学生的心理位置上去体验、认识和思考，从而选择有针对性的方法来处理问题。这样说出的话就更能打动学生，更能获得学生的信任与好感，也就有助于教学的顺利开展。

第四，看到自己的不足之处，同时，也看到自己身上的优势所在，上讲台前不要过多地设想各种问题，冷静沉着；上课后，具体问题具体分析，灵活应变。

第五，态度认真。对某些细节加以考证和推敲，对教学过程中学生可能产生的疑问要认真考虑并备好正确答案，这样，讲课时便会因"胸中有数"而"神态自若"。

第六，对于一些教学问题，多向同事"讨教"，并结合自己的性格特点和心态，准备好应付的办法。

第六节　教学艺术风格探讨

教学艺术风格是教师在教育活动过程中体现的具有个性魅力和成熟稳定的教学风貌。"它是教师教学思想、教学艺术的综合表现，具有独特性和稳定性……教师教学的独特风格,可给学生留下深刻的印象,影响教学效果,对学生各种心理品质的发展具有潜移默化的作用。"①教师一般在经过长期的教育历程后才会产生具有独特性、相对稳定性、丰富性的艺术风格。

一、教学艺术风格的类型

正是因为每一个教师在品德修养、知识结构、思维特点、教学追求等方面都存在一定的差异,所以,就出现了不同的教学艺术风格。基于对教学艺术风格的不同理解和不同的分类标准,学者们将教学艺术风格划分为不同类型。情感型、理智型、幽默型和求美型是被普遍认同的四种教学艺术风格。

(一)情感型教学艺术风格

这种风格具体表现为教师在教学上着重于以情感人,情绪饱满,或情理并举,互相渗透。具有这种风格的教师在知识结构上表现为知识有相当的广度和深度,事实材料占的比重较大,有细腻、准确的感受能力;思维的特点是灵活、敏捷,偏重于形象思维,善于演绎和分析,长于理论联系实际;教学语言有浓厚的情感色彩,具有形象性、鼓动性和感染力;教学追求是精神的感染、情感的陶冶,趣味盎然,生机勃勃,讲到动情处往往情绪高涨,慷慨激昂,扣人心弦,使学生产生强烈的情感共鸣;教学内容的组织处理富有艺术性效果,体现科学与艺术的结合,能做到主次分明、详略得当、重点渲染;教师的爱好是文学、艺术,追求艺术和美的情趣。

(二)理智型教学艺术风格

这种风格具体表现为教师在授课过程中重视对课本理论知识的阐述与表达,具有较强的系统性。教师的逻辑思维能力、判断能力极强,善于概括推理;对于教学内容的讲解有一定的说服力;教学内容组织处理合乎知识结构和系统的逻辑,教学条理清晰,层次分明。这种风格还因其具有极强的科学性被称为科学型教育风格,主要体现教师科学严谨的治学态度,以及热爱阅读科学类书籍的习惯,并对科学哲学问题进行深入思考。

(三)幽默型教学艺术风格

这是建构在情感型和理智型基础上的一种教学艺术风格。这种风格的

---

① 顾明远.教育大辞典(第一卷)[M].上海:上海教育出版社,1990:181.

表现是教师常常将幽默运用在课堂教学中,会运用语言、动作、神态引起学生的学习热情,进而构造一种轻松愉悦的学习氛围,使学生在一阵阵笑声中积极思考,产生更强烈的学习兴趣。它不仅能帮助学生沟通知识,激发联想,开启思路,而且能活跃课堂,调节学生的精神状态,减少疲劳。当然,教学幽默要讲究"庄"与"谐"的统一。教师一方面要能够制造幽默,让学生在愉快的氛围中学习;另一方面不能忽视科学性、方向性、严肃性,这样,才能使教学获得良好的效果。

(四)求美型教学艺术风格

这种风格表现为教师在教学中特别喜欢追求美,总是让整个教学过程处处充斥着美学的文化特点,致力于用美学来激发学生的学习兴趣和对于美的直接追求。他们对于美的追求体现于方方面面:举止文雅、端庄从容的仪表美;自然大方,目光亲切的教态美;追求生动形象,风趣幽默,委婉动听的语言美;言之有理有物、决不空洞乏味。他们追求教法的美:教学方法力求多样性、艺术性和趣味性,创设情境、求得解疑,启而有发、恰到好处。他们追求板书的美:工整、和谐、对称。他们还追求课堂和谐美、教学机智美、教学内容处理美等,最终目标是取得美的最佳效果。总之,具有这种教学风格的教师处处用美的法则和标准来要求自己和学生,使教学的全过程都打上美的烙印。

当然,教学艺术风格丰富多样,绝不仅仅是上述四种类型。此外,很多教学艺术风格是混合型的,没有绝对的独立特点。

二、教学艺术风格的形成

(一)教学艺术风格形成的过程

教师教学艺术风格是教师富有独创性的长期劳动的结果。因此,它并不是在短时间内就能形成的,而是要经历一个比较漫长而艰苦的由幼稚到成熟的摸索过程。这个发展过程一般可分为模仿性阶段和独立性阶段、创造性阶段、形成艺术风格阶段。这些阶段各具特点,从一个阶段发展到下一个阶段都需要必要的主客观条件。在这种发展过程中,教学的模仿性因素越来越少,而独创性因素越来越多,并积累到一定程度才可能引起质变,从一个阶段发展到另一个阶段,最后形成自己的教学艺术风格。

1. 模仿性阶段

在这个阶段,教师教学的最大特点就是模仿。教师总想模仿别人成功的教学方式和方法。其实对于青年教师或是刚入职的教师来说,模仿是非常好的一种方式。它可以让教师吸收别人成功的经验,缩短自己的探索路程。当然,教师不能长期停留在这个阶段中,应该促使自己尽快向下一个阶段过渡,使自己的教学风格有所萌芽。

2. 独立性阶段

在这一阶段,教师基本上摆脱了前一个阶段的状况,不再总是模仿,而是开始独立地完成教学工作的各个环节。教师可以独立完成备课、上课、布置作业并进行批改、课后作业辅导、学业成绩考核等教学任务,教师的能力也随着课程的进行而不断地丰富,根据别人的学习情况进行自我的丰富,对别的老师的教学经验吸收消化。这种独立教学在不同的教师身上有不同的体现,有的教师可以由此进入独立性教学阶段,有些却停滞不前,但只要经过了这个阶段,就会开启创造性教学的新时代。

3. 创造性阶段

在经历了独立性教学的阶段后,教师便逐渐开启了创造性教学的阶段。在这个教学阶段,教师的教学设计水平更高,不止能独立教学,还能自己设计一些独有的教学内容、方法等。此时,教师会体验到创造的幸福和欢乐,成为教学艺术风格的自觉追求者,不断地创造,努力使自己的教学风格向形成阶段过渡。

4. 形成艺术风格阶段

经过了前面三个阶段的铺垫,教师便正式进入教学风格的形成阶段。在此阶段,教师的独立性水平和创造性水平都有了较大的提升,再加上对平时学习生活的不断归纳总结,他们还可以得出一种新的、适宜自身教学特色的教学模式,并且使得这种教学模式在教学的各个环节中有所体现。当教师的这些表现较为稳定地出现在教学过程中时,其教学艺术风格就形成了。他们的教学不止有自己的个性,还能成为楷模被别人模仿。

(二)教学艺术风格形成的促进策略

要想促使教师形成某种特定的教学艺术风格,教师自身方面和学校方面都应当采取一定的策略来努力。

1. 教师方面

教师自身的很多因素都直接影响着其教学艺术风格的形成,所以,教师应当从自身做起,做出诸多努力,具体如下。

(1)掌握教育教学的基本规律,刻苦锻炼教学基本功。教育的基本规律是教师教学艺术风格得以发展的基础,当其对教学规律还没有完全掌握时,就贸然进行教学风格的培养必然会导致教学的畸形。此外,不了解教学的基本规律,会导致教学系统缺乏科学性,不能有效地将教学目标落实。所以,掌握教育教学的基本规律是首要的,也是非常重要的。

(2)要注意扬长避短,发挥个人优势。教师也是普通人,不可能面面俱到,这就要求教师在教学过程中发现自己的优势,取长补短,对于自己的缺点进行补充,正确认识自身特点,了解自己异于他人的地方,充分在教学风格的形成过程中融入自己的长处。

(3)避免盲目,有意识、有方向地进行教学实验,进而寻找和培养自己的教学风格。在教学风格的实验过程中,教师应充分发挥科学性和艺术性,定向地寻找出适合自己的教学风格,

(4)要把继承和发展、学习与创新结合起来。教学艺术风格在较早以前就有了,这就为当前教师的教学艺术探索提供了先例。教师应当注意继承发展前人留下的优势并加以补充,同时,也要将学习和创新相结合,根据自己的特色创造出适合于自己的教学风格。

(5)不怕失败,坚持不懈。失败是成功之母,教师应当不怕失败,同时,不放弃自己形成教学艺术风格的愿望,用正确的方法坚持下来必然能有所收获。

(6)注意不要"为风格而风格"。不要刻意地为了风格创造一种风格,这种创造出来的风格没有依据点,一推即翻,不具有科学性,不但不能起到推陈出新的效果,反而还会使得教师的教学显得很可笑、很尴尬。

2. 学校方面

首先,学校要发扬教学民主,对于不同教师的不同教学艺术风格有所保留,为教学的多样化予以足够的支持。

其次,学校的领导要独具慧眼,当发现一个教师颇有特色的教学方法时,及时给予一定的支持,并引导教师发展其教学特色,直至形成一种教学艺术风格。

最后,学校可以将教师的教学工作特色化纳入评价的标准,使之成为评判教师水平的一项有力依据。这样,教师在教学特色的形成上就会更加注重、更加努力,当然,也就更容易让教师形成教学艺术风格。

第八章　现代教育中的教学
媒体与教学管理

教学媒体是现代教育实施的重要工具,它在教学过程中负载信息、传递经验,把教学主体与客体紧密地联系在一起。教师只有借助教学媒体,准确、快速地传递、发送一定的信号才能形成教学,提高教学效率,达到整体功能的最优教学效果。与教学媒体有助于优化教学效果的作用相同,教学管理通过对现代教学活动实施调控和管理,有助于最大限度地调动教师和学生的学习积极性,提高现代教育的效果。因此,本章将现代教育中的教学媒体和教学管理进行并列予以分析。

第一节　教学媒体的基本认知

教学是一种教育信息的传播活动,和其他一切信息传播行为一样,必须要借助于媒体的参与才能实现。于是教学媒体应运而生,并在教学的发展过程中发挥着重要的作用。当前,随着信息技术的发展,新的教学媒体不断问世,将对或正在对各级各类学校的教学实践产生不容忽视的影响。

一、媒体与教学媒体

媒体,也称媒介、信息媒体、传播媒体,是指传播信息过程中从信源到信宿(接收者)之间一切承载、传递和控制信息的材料和工具。教学媒体是媒体的一个派生概念,当媒体用于承载并传递以教学或学习为目的的信息时就成了教学媒体。所谓教学媒体,是指直接介入教学活动,在教学过程中传输信息的手段。教师通过教学媒体传递信息(教学内容),学生通过教学媒体接受信息(教学内容),教学媒体的应用改变了教学系统的功能,使得教学信息更标准、教学活动更生动,进而有效地促进教学与学习。

从以上表述中难以看出教学媒体与其他媒体有什么本质区别。媒体就是两个个体之间进行交流的信息中介或载体，只是因为被整合进入的情境（或行为场景）以及使用者的意图不同，同一媒体形态可以发挥不同的作用。也就是说，同一媒体形态被称作"大众媒体"还是"教学媒体"，要视二者所处的信息传播情境和意图而定：一个处于广泛的生活情境，另一个处于具体的教学场景；一个可以面向社会各阶层人的不同需要，另一个则要首先符合一定社会教育目的的需要，向特定教学对象传递达成特定教学目标所需要的教学信息。

一般的媒体不都是教学媒体，但都可以发展成为教学媒体。概括来说，一般的媒体发展成为教学媒体，必须具备两个条件。第一，媒体所存储与传递的信息是以教学为目的的，即教学媒体必须要为特定教学目标的实现而服务，且能够真正被教师和学生所使用。第二，媒体能真正在教学活动和教学过程中予以运用，即教学媒体必须与教学的要求相符合，并能够在教学活动中发挥重要的作用。

二、教学媒体的类型

通常根据承载与传递信息的工具或装置是机械的还是电子的，把教学媒体分为传统教学媒体和现代教学媒体。传统教学媒体主要是一些机械的物质工具，承载和传递的是静态信息；现代教学媒体是指具有记录、存储、传播和再现教学信息的电子媒体。关于现代教学媒体有着不同的分类方法。例如，按照接收信息所涉及的主要人体器官的种类，可以分为视觉媒体（如幻灯、投影）、听觉媒体（如广播、录音、CD）、视听媒体（如电视、电影、VCD、录像）和交互媒体（如程序教学机、计算机、网络）等。若按照媒体存在的形态，现代教学媒体通常又可分为硬件和软件。硬件是指各种用于现代教学技术的机器和设备，如幻灯机、投影仪、录音机、计算机等；软件是指幻灯片、投影片、录音带、录像带、磁盘、光盘及其所存储的视觉材料、音像材料以及各种教学信息材料（如课件、学件）等。硬件和软件是构成现代教学媒体的两大要素，缺一不可。通常按照运行硬件和软件时所依赖的主要技术的类别，把现代教学媒体分为电光媒体、电声媒体、电视媒体、计算机媒体和综合媒体等类型（图 8-1）。

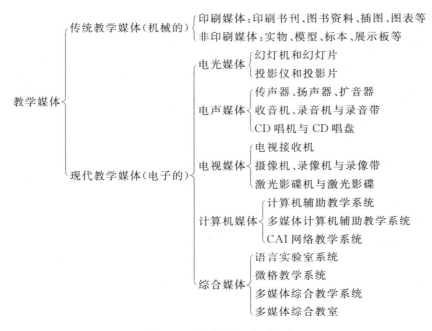

图 8-1　教学媒体的分类

三、教学媒体的发展历史

众所周知,从人类教育活动的历史演化和发展过程来看,技术一直是教育发展的动力和所依赖的手段,媒体发展变革总是带来教育方式、教育方法的重大改革,使教育得到质的飞跃和发展,有教育史学家认为,教育史上共发生了四次影响深远的教育技术革命。其中,第一次教育技术革命使得年轻一代的教育逐渐从家庭责任中分离出来,转而由专业教师负责;第二次教育技术革命使得书写成为一种重要的教育工具;第三次教育技术革命是因印刷术的发明而推动了教科书在教学中的普遍运用;第四次教育技术革命是近年来随着信息技术、通信技术、计算机技术等的迅速发展而出现的,推动了电子传播媒体在教育领域的广泛运用。由此可以知道,每当出现了新型的媒体且这一媒体得到了广泛运用,便能推动教育史发生一次重大变革,而这些技术革命也确立了教学媒体的四个发展历史阶段。具体而言,教学媒体到目前为止共经历了以下几个发展阶段。

(一)语言媒体阶段

人类在社会劳动的过程中,随着交流思想需要的出现,语言得以产生。

语言的产生既标志着人类的知识记忆与传递方式发生了重大改变,也标志着人类的思想与概念表达能力有了很大的提升。此外,语言的产生方便了人们将社会劳动中所积累的经验传授给其他的家庭成员或是下一代。随着社会生产的进一步发展,向年轻一代传授经验或者说教育年轻一代的责任主要由部落中有经验和有威望的年长者来承担,于是,产生了在语言教学媒体阶段专职教师出现的教育方式,这就是教育史上的第一次革命。

语言媒体主要体现在原始社会与奴隶社会的始端,直到文字的出现。虽然语言媒体是人类历史上最古老最原始的一种信息传播媒体,但由于它具有简单、快捷、通俗、反馈等优越特性,因而,在今天众多现代传播媒体出现的信息社会中仍然是人类生活、生产与教育活动中一种最基本的传播媒体。

但是语言的缺点也很明显,如语言符号比较抽象,转瞬即逝,难以保存;语言媒体的传播距离有限,只能在有限的距离内实现交流等。因此,在教学活动中语言媒体只有与其他教学媒体相互配合使用,才能获得良好的教学效果。

(二)文字媒体阶段

语言诞生之后,经历了几万年的时间,文字出现了。据考究,世界上最早出现的文字约在公元前 3000 年左右。古埃及的图画文字、苏马利亚人和巴比伦人的楔形文字和中国的象形文字,都是从古老的图画经验中演变出来的。随着社会的进步,人类使用的文字也在不断地发展和完善。目前世界上大约有 500 种文字,主要的文字体系有西方世界的拼音文字体系和以中国为代表的东方国家的表意文字体系。

在发明纸之前,文字的书写与记载是非常不方便的。当时只能将文字刻写在龟甲、兽骨、金石、竹简、木牍、锦帛之类的物品上。大约在公元前 2世纪,中国人发明了造纸术,影响很大。

自从文字和纸发明之后,人类的信息传播便呈现出新的局面,文字媒体也随之诞生。借助于文字媒体,信息得以长久地进行保存,这对人类文化遗产的继承与传播来说起到了极其重要的作用。此外,文字媒体的产生推动了第二次教育改革的出现,使文字书写成为一种与口头语言同等重要的教育工具。

文字媒体在教学中的应用主要体现在教师上课时运用板书的形式来教学。当前,文字媒体在教学中的运用极为广泛。

(三)印刷媒体阶段

在印刷术发明以前,文字的传播主要靠各种形式的"手抄本"来实现。抄书费时费力,又易出错,效率很低,这就为发明印刷术提出了客观的需求。

早在中国隋代时,雕版印刷术就已经发明。但是雕版印刷依然很费工,并且只能使用一次,很不经济。直到宋代的毕昇发明了活字印刷术,该发明大大地节省了雕版的费用,缩短了出书时间,提高了效率,在印刷史上是一场大革命。几百年以后,印刷术传到朝鲜、日本以至欧洲,朝鲜在木活字基础上进行了创新,最早创制了铜活字。德国人古腾堡受中国活版印刷的影响,用铅、锡、锑的合金制成了欧洲拼音文字的活字。自此,印刷术在世界范围内得到普及,书籍成为人类的重要传播媒体,成为人们可以共享的知识财富。

印刷媒体的出现使得信息可以大量复制、存储并广泛流传,对人类社会保存文化、传播思想和发展教育起了重大作用。不过就某种程度而言,印刷媒体也是文字的一方面,但印刷媒体在提高教学的效率、减少出书与编辑的时间等方面贡献很大,所以,把它作为一个独立的阶段。

(四)电子媒体阶段

自19世纪末以来,科学技术得到了迅猛发展,其中,电子科学技术的发展更为突出。以电子技术新成果为主发展起来的新传播媒体便是电子传播媒体。

从19世纪末到20世纪50年代,随着电报、电话、电影放映机、无线广播的发明,教学媒体开始出现电子化和现代化的特征。教育领域出现了幻灯、投影、留声机、广播、无声电影和有声电影的应用。自20世纪50年代起,电子技术、通信技术及信息处理技术都得到了迅猛发展。电视、录像技术结合通信技术的发展,使远距离高等教育的规模迅速得到扩大。目前,多媒体化、网络化和智能化使计算机的发展进入了一个崭新的时期,并成为当今一种重要的现代教学媒体。

相比传统的教学媒体来说,现代教学媒体具有很多的优势,如能使教学信息在广阔的范围内得到及时传播,继而促进远程教育的实施以及教学资源共享等的切实实现;能对事物静态与动态的信息进行全方位的展示,继而有效促进教育质量与效率的提高;能对各种教学信息进行记录、存储与再现,继而为个别化学习、继续教育的开展以及教育的进一步改革提供重要的信息支持。

需要特别指出的一点是,教学媒体是一个发展的概念。随着科学技术的发展,必将会有更新、更先进的媒体出现,原有的媒体也会因注入新技术而得到发展和完善。

第二节　教学媒体的有效选择与组合

　　在教学过程中,教师能否充分发挥教学媒体的优势来促进教学,与其选择的教学媒体是否合适以及对教学媒体的组合是否适当有着密切的关系。因此,在教学过程中运用教学媒体时要做好教学媒体的选择与组合工作。教学媒体的选择是课堂教学设计中非常重要的一个环节,在教育中口头交流和通过其他媒体的交流通常是融合在一起的,所以,没有媒体教育是不可能完成的。而有效选择并组合教学媒体就成为教师顺利完成教学任务的重要推动力。本节即从这一方面入手,对教学媒体的有效组合和选择进行研究。

一、教学媒体的选择

　　在教学设计中,教学媒体的选择是非常重要的一环。教师只有选择最适宜的教学媒体,才能使教学获得最佳效果。

　　选择教学媒体时,必须遵循信息有效原则。信息传播的有效性与学生的认知结构、教学内容、教学媒体等因素有密切关系。学生的认知结构是无法在短时间内形成与高度完善的,它既受学生年龄的影响,也与学生的素质、思维、知识、经验等的发展程度具有密切的关系。而对于教学内容和教学媒体来说,不同的教学媒体适合表现不同的内容。因此,教学媒体要想在教学活动中充分发挥自己的作用,必须要确保自身所传递的信息能够与学生的认知结构以及具体的教学内容有一定的重叠(图 8-2)。

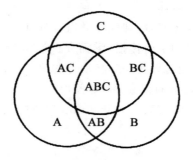

A:教学媒体;B:教学内容;C:认知结构

图 8-2　教学媒体与教学内容和认知结构的重合

在图 8-2 中,3 个圆 A、B、C 分别代表教学媒体、教学内容和认知结构;AB 为教学媒体和教学内容的"统一区",BC 为教学内容和认知结构的"一致区",而 AC 为教学媒体和认知结构的"相容区";ABC 则为三者重叠的"有效信息区"。由图可以想象,"相容区""一致区""统一区"的面积越大,3个圆就趋向重合,则"有效信息区"就越大。当教学媒体选择的合适时,"相容区"和"统一区"就会增大,ABC 区也跟随扩大,从而可获得更高的有效信息量,提高教学效果。当然,若学生的认知结构完整,就会接纳更多的有效信息,使教学进展更顺利。

在教学活动中,教学媒体的选择并非盲目的,而是要切实依据以下几个方面进行合理选择。

(一)教学任务

不同的教学任务选择的教学媒体也要有所差异。通常而言,教学任务是通过教学的目标、内容、方式等表现的,因此,在依据教学任务选择教学媒体时要充分考虑到教学目标、教学内容以及教学方式。

1. 教学目标与教学媒体选择

教学目标是贯穿教学活动全过程的指导思想,它不仅规定教学活动的内容和方式,而且制约着教学媒体类型和教学媒体内容的选择。具体来看,在现代教育中每个知识单元都有其教学目标,如认知某个概念或原理、掌握某项技能和技巧、开发某种思维能力等。教学目标不同,就得使用不同的媒体。以外语教学为例,让学生认知语法规则往往采用讲授、辅以板书或投影材料;让学生锻炼和提高听力,就采用播放录音或音像材料;让学生就某个题材进行会话练习,又可采用角色扮演并辅以幻灯、投影或录像资料;纠正学生发音,则宜采用录音媒体。

2. 教学内容与教学媒体选择

不同学科的性质不同,适用的教学媒体也会有所差别。如在外语教学中,让学生掌握语法规则和要求学生情景对话是两种不同的教学目标,前者可以通过语音或文字讲解并辅以各种动画、视频实例来帮助学生形成语法概念,后者可以通过播放录音,提供标准范例让学生模仿来进行。因此,在对教学媒体进行选择时,必须要对教学内容的特点进行深入的分析,继而明确所要传递的经验的本质。若是所传递的经验是感性的经验,则在选择教学媒体时就要侧重于非语言系统中的媒体;若是所传递的经验是理性的抽象经验,则在选择教学媒体时要侧重于非语言系统中的媒体和语言系统中的媒体的有效结合。

3. 教学方式与教学媒体选择

在教学时,教师所采用的教学方式不同,具体选择的教学媒体也应有所区别。如教师若采用谈话方式进行教学,则需要选择口语系统的教学媒体;教师若采用实践教学的方式进行教学,则需要选择书面语言系统的教学媒体。

(二)教师和学生的特征

教师特征是媒体选择不可忽视的因素。如果教师对所用的教育媒体不熟悉或不能熟练地使用,即使媒体选择得合适,也难以进行完善的教育设计,取得好的教育效果。如果教师不愿意去创设良好的教育情境,没有运用先进教育媒体的积极性,则即使使用媒体教育也不可能取得良好的教育效果。同样,学生特征也是影响媒体选择的一个因素。如与小学生比较,中学生的抽象、概括能力较强,感知经验较丰富,集中注意力的时间相对较长,为他们选择媒体时,媒体传递的内容中所包含的分析、综合、抽象、概括和理性认识的分量可相对增加,重点应放在揭示事物的内在规律上。

(三)教学管理

选择教学媒体时也要充分考虑到学校教学管理的实际情况,如教学的地点和空间,是否分组或分组的人数,对学生的反应要求、获取和控制教学传媒资源的程度等。

二、教学媒体的组合

几种媒体的合理组合可以实现扬长避短、优势互补、效能叠加,取得整体优化的功效;有时还可能取得创造性的成果。

在进行多种教学媒体的组合时应依据教学目标和教学内容的具体要求,设计媒体组合是科学地组合媒体的基本依据和总原则。为了形式上或表面上的多样化而滥用多种媒体,会产生相反的效果。过多使用现代媒体,追求表面的红火热闹,会削弱教师的面授、指导作用,减少学生主动而充分的思维空间和过程,甚至会造成眼花缭乱、走马观花、认知肤浅、思维纷乱的情况。因此,媒体组合要讲究好的效果。

同时,教育心理学研究表明,在人类的感官中,以视觉、听觉的学习最重要(依次为 83%、11%),而两者的有机组合使知识的记忆率远大于视觉、听觉分别记忆率之和。人脑功能的研究也表明,单一的持久刺激会导致抑制效应,使大脑迅速疲劳;而多种感官的交替刺激可充分调动大脑功能,使其长久保持激活状态,提高学习效率。因此,应根据多感官协调配合的原则设计教学媒体组合,以更加符合学生的认知规律,提高教学的效果。

此外,教学媒体组合以简洁实用、少而精、省时省力、易于操控为宜。同时,教学媒体的组合要讲究教育经济学原理,以较小的代价取得较大的效果。如在教学中将投影以及幻灯作为主要的教学媒体,简便实用、价廉,便于教师操作,还与我国的国情与教育发展实际相符合。

当前,常用的教学媒体组合形式有以下几种。

(一)幻灯与录像的组合

幻灯在呈现事物时最适宜对事物的静态结构进行展示,而录像与幻灯相比,则更适宜对事物的动态过程进行显示。因此,在教学过程中对这两种教学媒体进行组合,可以使学生更为全面地理解和掌握所要学习的知识。

(二)投影与幻灯的组合

在教学中,投影是一种使用十分方便的教学媒体,不仅能够对文字、图表、数字等进行有效展示,而且能根据实际情况对所需投影的内容进行书写。教师在教学过程中,若配合投影进行深入浅出的讲解,可以使得教学效率以及教学效果得到大大提升(但要注意避免单纯"读投影,念投影"等不适当的媒体使用法)。在这一过程中,如是再借助于幻灯对逼真的彩色照片进行显示,则可以使教学的形象性和直观性进一步增强,继而获得更佳的教学效果。

(三)录像、投影与幻灯的组合

在进行教学中,可以先借助于投影对复杂事物或复杂过程进行展示,以便于学生对事物或过程形成一个概括性认知;再借助于录像对复杂事物或过程进行全面且动态的展示;最后,借助于幻灯片对关键的知识点或难点进行再现,并配合必要的讲解或提示。这样一来,学生便能更为容易地掌握相关知识。

(四)投影与录像的组合

在教学中,对投影与录像进行组合运用也能获得良好的教学效果。如在教学过程中,先借助于投影对教学的难点进行简要提示,接着播放与教学相关的录像,则可以大大提高学生观看录像片的效果。如在教学时先播放与教学相关的录像,再借助于投影对需要讨论的题目或是应用示例进行显示,可以有效活跃教学的课堂气氛,保证教学收到更好的效果。

(五)录音与幻灯的组合

将录音与幻灯进行组合,最主要的方式便是根据对幻灯片的内容进行标准化配音,这样,在播放时便能够实现声画同步,继而促进教学效果的有效提高。

(六)多媒体投影电视系统或多媒体文件传送系统组合

这样的教学媒体组合,可以使与教学相关的图像得到多样化的灵活呈现;可以对教学内容进行多层次、多角度的全面展示;可以配合教师的讲授帮助学生更好地理解所学知识。

第三节 教育信息技术与多媒体教室

信息技术(Information Technology,IT)是指利用计算机和现代通信技术手段来实现信息获取、信息传递、信息存储、信息显示和信息分配等的相关技术。具体来讲,信息技术主要包括以下几方面的技术:感测与识别技术、信息传递技术、信息处理与再生技术和信息使用技术。教育信息技术是信息技术的一个衍生概念,即将信息技术运用到现代教育中。在现代教育中,运用教育信息技术创造多媒体教室已经成为信息化时代教育建设的一个重要内容。

一、多媒体教室的概念及功能

多媒体教室也称多媒体演示室,是根据教育教学的需要将多媒体计算机、投影、录音、录像等教学媒体组合在一起而建立起来的综合教学系统。多媒体教室是学校利用多媒体手段开展信息化教学的最普遍的教学场所,适用于各类课程的教学。在多媒体教室里,教师可以方便、灵活地应用多种媒体实施多媒体组合教学,使教学过程更加符合学生的认知、理解和记忆规律,有利于提高教学效果。

一般情况下,多媒体教室一般具有以下基本功能。

第一,与校园网络、国际互联网连接,使师生方便快捷地从中调取自己所需要的教学资源。

第二,可以连接闭路电视系统。

第三,可以演示各类多媒体教学课件。

第四,可以播放录像、VCD、DVD 等视频,供教学演示。

第五,可以投影或展示实物、模型、图片、文字等资料,为教学讲解提供方便。

第六,能将计算机信息和各种视频信号清晰地投影到大屏幕上。

第七,能够通过高保真音响系统播放各种声音信号。

二、多媒体教室的基本构成

多媒体教室系统通常由多媒体计算机与各种视音频设备组成,由中央控制系统集成控制,结构框图如图 8-3 所示。下面主要介绍其中几种最主要的构成因素。

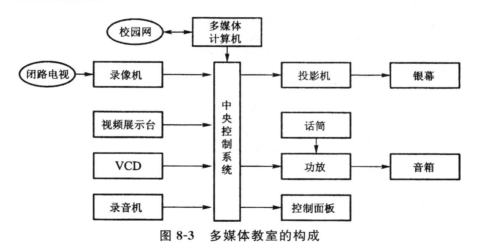

图 8-3 多媒体教室的构成

(一)中央控制系统

中央控制系统是一个集成系统,它能够将多媒体教室所有设备的使用集成到一个控制界面上。中央控制器的控制界面主要有手持式红外线遥控器、按钮开关、液晶触摸屏和 PC 机触摸屏四种类型。选择中央控制器的关键是设备要工作稳定和耐用,操作界面友好,使用容易方便。对于那些具备远程控制功能的网络多媒体教学系统,管理人员可以通过监控系统在主控室对各个多媒体教室的设备使用情况进行查看。在允许的情况下,管理人员可以利用校园网上的计算机实时观看多媒体教室的教学情况,并对摄像机的各种动作进行控制。

(二)多媒体计算机

多媒体计算机是多媒体教室的核心设备,多数时间处于多任务工作状态,所以,在选购时应该优先考虑稳定性和兼容性俱佳的品牌电脑。由于多媒体教室的计算机要适合不同课程的教学,所以,在配置软件的时候要兼顾不同课程的需要。

多媒体计算机既要有计算机的常规配置,包括 CPU、主板、硬盘、软驱、显示器、鼠标、键盘等;同时,还要具有音频卡、视频卡、图像加速卡、光驱、调制解调器、输入设备、输出设备等多媒体设备。多媒体计算机的构成及外围设备如图 8-4 所示。

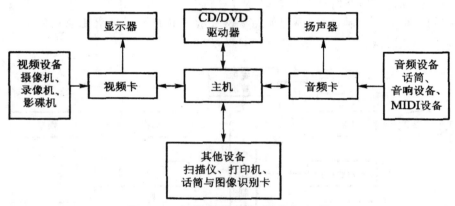

图 8-4　多媒体计算机的常规配置

(三)投影机

投影机是整个多媒体教室中最重要的设备,它连接着计算机系统、所有视频输出系统及数字视频展示台,把视频、数字信号输出显示在大屏幕上。目前,根据投影技术的不同投影机主要可以分为三类:CRT 投影机和 DLP 投影机、LCD 投影机,各有优劣。教师可根据具体的教学任务选择合适的投影机。

投影机选取后需要正确安放。在安放投影机时应注意以下几点。

第一,选择合适的安放形式。投影机在教室中的安放形式主要有吊顶悬挂和桌面支撑两种。吊顶悬挂式是将投影机面板朝下,这样,可以在遥控器失控时通过面板按钮控制投影机,固定教室单独配置的投影机大多采用此种形式。吊装投影机镜头应与银幕上边沿在同一水平线,投影机镜头中心点与投影银幕中心点在同一垂直线上,安装后调整投影画面的梯形,使其与银幕大小相似,当然,要想在银幕上呈现正立的影像,倒置安装后的投影机就必须启用画面颠倒功能。

第二,选择合适的投影方式。投影机的投影方式有背投影和前投影之分。前投影方式是光线从银幕的正面投射到银幕上,观众与投影机在银幕的同侧,观看的是反射光线;背投影则与之完全相反。通过对两者进行比较可知,背投影的投影效果更好。前投影要求教室前面纵深空间较大,为了解决这一问题,背投屏幕可采用反光镜系统在非常近的条件下投射出大画面。由于背投是呈现原物的镜像,所以,必须利用投影机的菜单命令将画面镜像反转。

第三,选择合适的方位与距离。投影机与银幕的距离应根据屏幕的大小而定,最佳距离是将投影机镜头焦距处于最小焦距时,投影光斑正好充满整个银幕,左右方位应处于银幕的中垂线上。投影机与计算机间的连线不宜过长,否则,将导致信号的衰减,出现画面模糊抖动的现象。

(四)视频展示台

视频展示台又称实物展示台,是一种新型的视觉媒体设备。视频展示台的基本工作过程是:利用一个摄像头将展示台上的景物转换成视频信号,再通过电视机或投影机播放,其工作原理和摄像机相同。常见的视频展示台主要有两种类型:一种是双侧灯台式视频展示台,其双侧的灯用于调节视频展示台所需的光强度,便于最佳地显示展台上的物品;另一种是单侧灯台式视频展示台,其单侧灯同样用于调节视频展示台所需的光强度,且不同展示台单侧灯的位置各不相同,但不影响教学效果。

多媒体教室的视频展示台具有以下几个功能。

1. 可接计算机

视频展示台能够与计算机进行通信,通过应用软件被 PC 操控和采集图像,从而实现扫描仪和数码相机的功能。

2. 可以进行数码影像处理

有些视频展示台内置数码影像处理板,可冻结、存储和再现两帧图像,并与当前拍摄的图像同屏对比显示。

3. 摄像头具有全方位的摄像角度

运用全方位自由摄像头,加上可弯曲和旋转的支臂,可轻松拍摄大型物体、人物等演示物体。

4. 具有显微镜接口

通过接口镜头能够实现显微镜投影功能,对微观世界有一个清晰的认识。根据信号处理方式的不同,视频展示台又可分为模拟式和数字式两种。现在普遍使用的是模拟(视频)信号视频展示台,由单片 CCD 摄像头、照明灯和透光灯箱组成,视频展示台的输出信号通过投影机再现于银幕上。视频展示台可以显示自身 CCD 摄像头图像信号,也可以对多路视频、音频输入信号选择输出。数字视频展示台可以与计算机直接连接处理图像信号。这种视频展示台更适用于多媒体课件制作中的素材采集。

(五)银幕

银幕是投影画面的载体,可分为正投银幕(反射型)和背投银幕(透明型)。正投银幕不受尺寸限制,但受环境光线的影响较大。背投银幕的画面整体感较强,不受环境光线的影响。比较普遍使用的有白基布银幕、金属银幕和玻璃珠银幕,目前的多功能教室大都使用电动升降的玻璃珠银幕。玻璃珠银幕有一定的方向性,但有效散射视角大于金属银幕。亮度(增益)系数大于 2.0,视角范围介于自基布银幕与金属银幕之间。玻璃珠银幕的特点是:亮度高、成像清晰,但亮度受视角影响,在一定的角度内观看效果较好。

银幕尺寸的选择主要取决于使用的空间面积及学生座位的数量、位置的安排等因素,要保证后面的学生能清晰地看到画面和文字。

银幕宽高比例合适有利于投影设备最佳显示投影信号。银幕大小与影像格式的关系如表 8-1 所示。

表 8-1　银幕大小与影像格式的关系

影像格式	银幕宽高比例
计算机 VGA 信号	4∶3
模拟视频信号	4∶3
HDTV(高清数字电视)信号	16∶9
数字电影(宽银幕)信号	16∶9

三、多媒体教室的类型

根据教学媒体数量的多少、质量的高低、教学功能的差异等,多媒体教室可分为四种类型：标准型、简易型、多功能型及学科专业型。其中，前文述及的系统结构的多媒体教室即为标准型多媒体教室，这里重点说其他三种类型的多媒体教室。

（一）简易型

简易型多媒体教室中常装配如下教学媒体：多媒体计算机、视频展示台、录像机、影碟机、液晶投影机和银幕等。透过液晶投影机，可将来自多媒体计算机的数字信息或来自视频展示台、录像机、影碟机等的电视信号投影到大屏幕上。简易型多媒体教室中使用了液晶投影机、视频展示台。但是在多媒体教室中，各个设备都是相互独立的，因此，在使用过程中会比较麻烦。

（二）多功能型

多功能型多媒体教室较标准型多媒体教室增加了摄录像装置和学习反应信息测试分析系统。

（1）摄录像装置。在教室装配有 2～3 台摄像机，用于摄录师生的教学活动过程。摄像机信号传送到中心控制室供记录贮存，或同时传至其他教学场所供教学观摩或扩大教学规模。

（2）学习反应信息测试分析系统。该系统能让全体学生在座位上通过应答器对教师提出的问题做出选择性的回答，计算机实时收集与分析学生的学习反应信息，使教师能及时全面地了解学生的整体和个别情况，实现个性化教学。

（三）学科专业型

学科专业型多媒体教室是在简易或标准型配置的基础上增加一些某学科教学特殊需要的设备，如生物课教学需要的彩色显微摄像装置等，这样，便成为某一学科专用的多媒体教室。

四、多媒体教室的教学应用

多媒体教室具有强大的多种媒体演播功能、集成控制功能和网络接入功能，被广泛应用于课堂演播教学、培训、远程网络教学、会议报告和各种演示等方面。多媒体教室用于课堂教学，可通过文字、图形、图像、实物、电视、录像和动画等多媒体信息的演播来展示事实、模拟过程、创设情境，开展多种模式的教学。例如，在语文课程的教学活动中识字教学是一个基础环节，也是一个不可缺少的部分。具体来说，信息技术与识字教学的整合可以通过"看、听、说、写、打、想"六环节展开。在"看"和"听"环节中，教师可以利用多媒体识字教学软件演示生字的正确读音、汉字部件、间架结构以及笔顺笔画等，在多媒体识字软件上还可以展示描述生字所表示的意境的图片，从而使识字教学变抽象为具体，变枯燥为新奇，变呆板为活泼。在"打"键盘的环节里，要求学生在电脑上用拼音输入法输入汉字，及时巩固教学。整合下的识字教学使学生的眼、耳、口、手等多种感官同时接受刺激，并通过人机交互、立即反识字效果，帮助学生读准字音，认清字形，感知字义，掌握汉字的基本规律，对于识字率的提高非常有帮助。如写作教学一直是语文教学的难点问题。相对于传统写作教学而言，把信息技术引进写作教学后，能够明显提高写作教学的质量：多媒体可以创设作文情境，营造氛围；计算机可以作为写作的舞台；网络可以提供丰富的作文素材。在网络教室开展网上作文教学时，可以参照以下几个主要步骤。

第一，导入——教师展示情境，提出问题。

第二，网上选材构思——教师提出学习目标，出示作文题，分析写作思路。学生浏览教师提供的网站，进行网上选材，根据问题进行构思。

第三，网上写作和交流——学生在计算机上写作，对单个学生辅导交流。

第四，网上评改——在教师的指导下，学生在网上对同学的作文提出相应的评改意见。

第五，教师总结——引导学生形成知识建构。借助网络可以突破时空的限制，例如可采用 E-mail 提交作文。

事实上，借由网络工具的帮助还产生了一些其他形式的写作教学活动，如论辩性写作、互动性写作等。所谓论辩性写作，就是指将辩论赛搬到网上以文字形式来进行，这种短小而针锋相对的写作使思维不断碰撞，使学生的思维素质得到有效的锻炼。总而言之，在现代语文课程的写作教学实践中，教师们可以灵活选择适合的教学方式，以更好地实现本课堂的教学目标。

第四节　教育管理原理和原则

在现代教育中开展教育管理是十分必要的，它有助于教育工作者更好地开展教育教学工作，而要进行教育管理，首先要了解教育管理的原理和原则，本节即对这部分内容进行分析。

一、教育管理的原理

(一)教育管理的规律

列宁曾指出:"规律就是关系……本质的关系或本质之间的关系。"这也就是说,规律是客观事物本身所固有的本质的、必然的联系。管理规律存在于事物运动变化所产生的各种现象之中。通过实践研究,我们也发现了教育管理具有以下几方面的规律。

1. 教育管理活动受教育规律与管理规律双重制约

教育管理活动属于管理活动的组成部分,其必然要受到一般管理规律的制约,因而,必须遵循现代管理学所揭示的管理活动的一般规律。与此同时,教育管理活动作为管理领域中的教育活动,其同时也要受到教育规律的制约。这就意味着教育管理活动还必须遵循并服从于当代教育学所揭示出的人类教育活动的基本规律。

总而言之,只有遵循教育与管理的双重规律,才能积极高效地开展教育管理工作,取得教育管理活动的成功。这也充分反映出"教育管理受教育规律与管理规律的双重制约",是存在于教育管理活动中的重要的客观规律。

2. 教育管理过程由四个基本环节所构成

从整体上来看,教育管理活动主要是由计划、实行、检查、总结四个基本环节所构成。具体来说,计划为教育管理过程的起始环节;实行为教育管理过程的中心环节;检查主要是对计划进行反馈、对实行进行监督的必不可少的中间环节;总结则是对上一轮管理周期的终结环节与新一轮管理周期的准备环节。在教育管理活动中,计划、实行、检查、总结这四个环节循序运行,周而复始,螺旋式上升,共同构成了教育管理活动运动过程的基本规律。

上述四个环节作为教育管理活动的基本规律,主要是基于以下两个原因。

第一,各级各类学校的教育管理活动过程都应包含这四个基本环节,且必须依次有序运行,而不能颠倒各个环节之间的顺序,其很有可能会导致教育管理活动的最终失败。

第二,这四个环节客观存在于教育管理活动的整个过程之中,并形成了教育管理活动过程中内在的、本质的、必然的联系,且这种过程的结构与联系都具有一种深刻的客观性,是不以人的意志为转移的。

3. 教育管理活动始终贯穿"以人为本"的教育思想

这里所说的以人为本,是人本主义哲学对人类管理实践活动规律的认识与揭示,强调在教育管理活动中要关心人、尊重人、理解人、爱护人,同时,还要将调动人的积极性、发挥人的能动性与创造性,始终作为管理活动的关键。从教育管理活动的内在属性与基本特征出发,更要严格遵循"以人为本"的规律。这主要是由以下两个方面的原因所决定的。

一方面,教育管理活动的全过程都是由人进行的。在教育管理活动的整个过程中,学校管理者如校长、教学主任等,被管理者如教师、学生等,都是由人所组成的,涉及了人的全面参与,这也就决定了"以人为本"规律在教育管理活动中的普适性与特殊重要性。

另一方面,教育管理活动的成效与人的积极性、能动性与创造性的发挥程度呈正比关系。教育管理主要是对人类精神领域里的教育教学活动与科学研究活动所进行的管理活动。在这种管理活动中,无论是教师的教学行为、育人行为还是科研行为等,其结果与成效从根本上取决于教师、学生主体能动性的发挥程度,同时,也取决于他们心灵深处的自觉程度、思维及行动的程度。

综上所述我们可以看出,在教育管理活动中决定教育管理质量的关键在于能否坚持"以人为本"的思想理念,能否充分调动师生的积极主动性、发挥他们的聪明才智。

4. 教育管理活动与一定社会的经济、政治与文化相适应

教育管理活动主要是对学校教育事业的管理。在人类社会中教育事业是一种有组织、有目的、有计划地培养人的社会活动,其必然会受到特定社会的经济、政治与文化的制约。教育管理活动是规划、组织、协调与控制教育事业发展的行为,其应当与一定社会的经济、政治与文化相适应。这是贯穿于教育管理活动之中、不以人的意志为转移的客观规律。

(二)教育管理的理论基础

作为人的一种理性行为,管理是人类社会才会有的一种现象。随着社会的不断发展与知识经济的迅猛发展,哲学家、社会学家、法学家、教育家以及心理学家等,都对人类社会的管理现象与实践经验进行了深入的探索与研究。由于出发点与知识背景等方面的不同,导致其管理理论也千差万别。这些管理理论对我国学校的管理产生了极为广泛、深远的影响。下面主要分析几种常见的理论基础。

1. 科学管理理论

1911 年，美国著名管理学家泰勒出版了《科学管理原理》一书，这标志着现代管理理论的形成。《科学管理原理》一书中的内容奠定了科学管理的理论基础，泰勒也因此被称为"科学管理之父"。对泰勒的科学管理理论进行综合分析，我们可以将其核心观点总结为以下几点。第一，进行科学管理的目的与中心是提高劳动生产率。每一项工作的每一项要素，都应提出最佳的操作方法，并以此代替旧的经验方法。第二，将计划职能与执行职能分开。泰勒认为，"要一个人在机器旁劳动，同时又在办公桌上工作，事实上是不可能的"。基于这一考虑，泰勒提出了管理者应与劳动者相分离的观点。第三，劳动生产效率的提高，必须科学地选出一流的工人作为每个岗位的"排头兵"。与此同时，工人还必须要掌握标准化的操作方法，使用标准化的工作、机器与材料，从而使工作环境标准化。第四，所有的工作方法都必须通过相应的考察，并由管理人员来决定。管理者的所有管理行为都应采用科学的方法。此外，管理人员还必须与工人进行紧密的合作，以保证所有的工作都能够按照已建立的科学原则进行。第五，运用科学的方法对生产过程进行观察与实验，并测定各项作业所需的时间，如进行动作分析、时间分析，并规定出高度标准化的工作程序与相关的操作方法。在这个基础上，从而提出工时定额原理，并进一步规定一定时间应完成的劳动定额。第六，监督制度不仅能够保证对生产与雇员的行为有更紧密的控制，同时，还能保证生产工人与高层管理人员之间的沟通。第七，泰勒主张实行有差别的计件工资制度。具体来说，就是在对劳动定额进行科学确定的基础上，实行富有刺激性的级差计件工资付酬制度，以此激发工人的积极性，提高劳动生产率。例如，可以对超额完成工作定额的人支付正常工资的 125%，以示鼓励；而对完不成工作定额的人只支付正常工资的 80%，以示惩罚。

科学管理理论最早是在工矿企业的管理实践中得到应用，并很快在教育管理中发挥效用。1913 年，在美国教育联合会视导分会的年会上，新泽西州牛顿学区视导员斯鲍尔丁报告了他自己是怎样把泰勒的管理概念运用到牛顿学区制度中的，并细致分析了泰勒的科学管理理论的优点。除此以外，斯鲍尔丁还将泰勒的科学管理方法运用到经济计划、财政以及关于教育消耗的控制上，并进一步指出，提高教育效率的关键在于对教育消耗的控制。斯鲍尔丁指出，学校组织的总体效率与工作人员的生产率之间有着直接相关性，因而，可通过对教师工作任务的分配、教学支出的调整来进行合理控制。

芝加哥大学的富兰克林·博比特教授将泰勒的管理理论应用到了教育

管理实践之中。博比特认为,学校管理者要以泰勒的科学管理理论指导自身的工作,就必须深入研究泰勒的这种有效管理形式的基本原则,同时,还要弄清楚运用于教育管理与视导问题的可能性。除此以外,博比特还指出,要真正提高学校行政工作的效率,就必须要从以下几个方面做起:第一,应确定学校"产品"的理想标准;第二,教师还必须具备一定的资格与工作准则;第三,必须对学校的"生产方式"与程序进行相应的规定。

2. 人本主义的管理理论

人本主义思想最早可追溯至古希腊,形成于文艺复兴,在启蒙运动时期得到了较大的发展,后在现代社会中得到了不断的完善。随着人本主义的不断发展完善,其逐渐开始渗透到了管理学当中,并形成了人本主义的管理理论。该理论在 20 世纪 30 年代最先以"人际关系理论"的形式开始,后经过进一步发展,最终以"人力资源理论"的形式广泛运用于各项管理活动之中。

人际关系理论是在霍桑实验的基础上形成的,它认为每个人的行为都具有复杂性。从现实角度来看,人的行为既有合乎逻辑的,也有不合逻辑的,因而,管理人员并不能简单处理。同时,个人的工资、工作条件与生产率之间没有必然的直接联系。人是社会中的人,每一个职工并不是孤立存在的,是作为一名群体成员而存在,属于一种社会存在。每个人都生活在一定的群体之中,群体行为对个体有很大的影响。群体可以分为正式群体与非正式群体。管理人员对于这两种形式的群体都应给予相应的注意。另外,在现代组织中个体不仅要有工资的增加,同时,还需要友谊、情感、安全、归属感与尊重。因而,组织必须满足个人的这种社会需要。

根据人际关系理论,学校管理者必须正确对待教职员工,其不仅要充分尊重教职员工,同时,还要与他们进行适当的沟通。与此同时,还必须要注意增强管理者的民主管理思想,从而让每一位教师都能够通过一定的方式参与到教育管理中。

由于人际关系理论过分强调个人的社会需要,对工作的责任感没有足够的重视,并且割裂了完成工作任务与满足个人需要之间的关系,再加上其可行性与可操作性都较差,因而,受到学术界的批判。

在人际关系理论问世以后,越来越多的社会学家、心理学家与人类学家开始运用多学科协作的办法来研究人的行为与原因,研究如何调动人的积极性才能提高工作效率,并在此基础上形成了行为科学派。具体来说,行为科学管理理论的观点主要是对三个问题的研究:其一,人性问题;其二,人的需要、动机与激励问题;其三,领导行为问题。具体内容如下所述。

（1）人性问题。客观来说,人类社会中的任何管理活动都是由管理者与被管理者双方共同完成的。在管理过程中,首先,必须要真正弄清楚什么是人,然后,才能进一步考虑用什么方式影响人。在行为科学管理理论中,人并非"经济人",而是"社会人"。

（2）人的需要、动机与激励问题。人具有感情、理智、欲望与需要。科学管理理论认为,人的行为主要是由动机支配的,人的动机则是由其需要所引起的。因此,想要调动人的积极性就必须提高管理的效率,其关键在于满足人的需求。美国社会心理学家马斯洛针对人的需要提出了"需要层次说"。马斯洛认为,人的需要可以分为五个层次,由低到高依次为生理需要、安全需要、社交即感情和归属的需要、尊敬即地位与得到承认的需要及自我实现的需要。具体来说,只有在满足了低层次的需要后,才会出现高一层次的需要。在管理活动中,要想提高人们的工作效率,管理者的管理行为就必须适应行为科学的激励理论。

（3）领导行为问题。领导者是群体管理活动中的重要角色。一般来说,领导者的行为会对群体成员的行为产生较为明显的影响。行为科学管理理论研究者就不同领导行为对管理效能的影响这一问题进行了相应的探讨。他们认为,在管理工作中领导者必须要将关心人与关心工作,将以人为中心与以工作为中心结合起来。

行为科学管理理论试图将组织与个人统一整合起来,这样一来更符合组织管理的工作实际。在教育管理过程中,管理者必须将学校的教育目标与学生的发展目标相统一,既要善于分析、研究教职工、学生的需要层次与结构,同时,还要改善学校内部与外界的人际关系;学校管理者要不断扩大领导者集体的影响力;管理者还应注重教职工群体或个人对决策的参与、合作与计划等。

3. 组织管理理论

德国社会学家、经济学家韦伯提出了组织管理理论,因而,被称为"组织管理之父"。韦伯管理理论的重心在于组织制度的科学化与体系化。韦伯指出,任何一个组织都必须以某种形式的权力作为基础,才能实现个体的目标。与此同时,韦伯还对由人们崇拜上帝而获得的神授权力与由世袭而获得的传统权力进行了深刻的批判。他指出,这两种权力在本质上都属于非理性的,且不能作为理想组织体系的基础,只有建立在法律基础上的行政组织权力才是合理、合法的。

韦伯对组织、权力与领导等一系列问题进行了全面且系统的探讨。在《社会和经济组织的理论》一书中韦伯指出,过去的组织是以传统权力与魅力权力这两种权力类型为显著特征的。其中,传统权力是由过去继承而来,"建立在对古老传统的神圣性以及行使权力的职位的合法性的信念上";魅力权力则来自于个体超凡的个性品质,"建立在人们对其神圣性、英雄主义或模范品格的忠诚之上"。在现代社会中,"法制权力"逐渐开始取代这两种权力。理性是"法制权力"的基础。具体来说,韦伯的组织管理理论主要包括以下几个核心观点。

第一,任何组织都必须以某种形式的权力作为基础。权力不仅能够克服混乱,建立秩序,而且还能使组织达到目标。理想的行政组织模式应当是建立在理性与严格法规基础上的职位、职权与职责系统。只有使组织体系具有准确性、稳定性、纪律性、可靠性,才能使工作效率得到提高。

第二,在组织中人员与人员之间的关系并非个人感情关系,对组织内各成员只讲理性(制度要求、纪律、原则),而不讲感情。

第三,不同人员的职责、权利、义务、工资、奖罚等都应严格按照明文规定来执行。

第四,组织作为一个"金字塔"形的"层峰结构",应将其组织内部分为自上而下的等级,其中,每个等级都承担不同的职务、责任与权利。

与科学管理理论以及一般管理理论相比,组织管理理论对教育管理的影响更为深刻。客观来说,学校组织的许多特征与韦伯理论的组织管理理论的契合度更高。具体来说,表现为以下几个方面:其一,学校组织的理性化程度较高;其二,学校内部存在着明确、严格的纪律与规章制度;其三,学校中的教职员工是根据自己的职务、责任、工作量领取工资;其四,学校组织具有分工的专业化特点;其五,学校中的员工主要是基于技术能力与成员的职业生涯。

根据韦伯的组织管理理论我们可以看出,要提高学校的管理效率就必须在学校建设工作中保证学校组织管理体系的程序化与规范化。但是由于学校组织本身的特殊性,教师与学生之间的关系并非韦伯理论中所根据的等级式,学校组织内部往往会存在一些管理人员与教师、学生之间的矛盾与冲突。出于这一方面的考虑,韦伯的组织管理理论遭到了学术界许多学者的批评,但它迄今为止依然对学校的管理有着重要的影响。

二、教育管理的原则

人们在教育管理活动中应当遵循一定行为准则并满足一些基本要求。教育管理原则既来源于人们对教育管理活动规律和客观属性的认识,同时,也来源于人们对教育管理实践经验的总结和概括。一般来说,学者们都认为在现代教育管理中应遵循以下几方面的原则。

（一）系统有序的原则

教育管理的系统有序原则是根据管理学领域的系统性原理所提出的。管理学中的系统性原理重点揭示了管理对象领域中系统与环境、要素与要素之间的必然联系。按照系统性原理，当代教育管理活动应当坚持系统有序的原则，即一定要有系统思维，统筹观念，并且要按照系统的相关性、目的性、整体性和结构性等属性开展教育管理工作，这要求教育管理者要注意系统整体优化。

系统是由要素组成的。系统的功能不等于组成它的诸要素功能的机械相加，且系统的总体功能大于各要素功能相加之和。若干个要素在组成了一个系统之后，系统便具备每一个单个要素所完全不具备的新特质和新功能。

对于一所学校来说，各要素的局部性能越好，其整体性能往往也就越好。但是这并不是绝对的正相关。当要素局部功能的发挥超出了系统的总体要求时，就可能会影响到系统的整体优化。这就意味着在教育管理工作中贯彻系统有序原则，必须要注意学校系统的整体优化。只有当学校各部门、各成员的工作密切配合的时候，才能够取得学校全局工作的成功。如果学校内部的各部门、成员都注重本位主义，只顾本部门的利益和个人利益，完全无视学校的利益，就容易出现部门之间各自为政，甚至相互防范、拆台的现象。在这种情况下，学校的整体工作必然会乱套，其培养人才的功能也将不能得到很好的实现。

（二）能级分明的原则

能级分明原则是依据管理学的能级性原理提出的。其中，能是指事物做功的本领；级是指不同事物做功的大小是有层次级别的。客观来说，一定的管理结构必然是由不同层次、不同能级的要素所组成的复杂系统。在这样的系统中，每一个要素都根据其本身的特性而处于不同的地位，以此来确保系统结构的稳定性和有效性。依据能级性原理所提出的能级分明的管理原则，要求管理者要把本系统内的人力、财力、物力等管理要素和机构、法人等管理手段，按照其能量的大小进行明确分级，从而使各要素、各手段动态地处于相应的能级岗位之中。在此基础上，还应当制定出每个能级岗位所对应的行动规范和操作标准，从而建立管理系统的稳定结构，进而确保系统整体目标的实现。将管理学的能级性原理应用于当代教育管理活动中，要求在教育管理实践中遵循能级分明的原则。对于一所学校而言，在贯彻能级分明原则时必须要从以下几个方面做起。

1. 建立能级分明的教育管理组织结构

为了保证教育管理活动的顺利开展,教育管理组织结构应当是一个能级层次明确的"上锐下宽"的"金字塔"结构。一般来说,教育管理组织结构的整体可以被分为四个能级层次:领导层、管理层、执行层和操作层。领导层的主要职能就是对整个学校的教育方针、目的等宏观层面进行决策和指挥。管理层的主要职责通常是通过开展组织、协调等活动以实现领导层的宏观决策意图。执行层的主要职责是贯彻落实各项指令,具体组织、实施教育教学活动。操作层是由全体教师所构成的,他们的主要职责是完成各项具体的教学工作任务。在教育管理实践中,教育管理组织结构除了上述这种正三角形结构之外,还有其他一些结构,如梯形结构、菱形结构以及一条横线形的结构等。但是这些都属于能级层次不合理、稳定性较差的教育管理组织结构。梯形结构说明决策层存在着多头领导,容易出现各自为政、群龙无首的局面;菱形结构说明底层操作人员少,而中间管理人员多,属于典型的机构臃肿;一条横线形结构则说明没有能级层次和结构,完全属于一盘散沙、乌合之众。因此,贯彻能级分明原则要在学校建立"金字塔"形状的教育管理组织结构。除此以外,还必须要设置好每一能级层次的管理跨度。具体来说,如果管理跨度过小,就可能出现管理人员过多、人浮于事的局面;如果管理跨度过大,则容易造成管理人员任务过重,无法管理、调控的现象。

2. 对于不同的能级岗位授予不同的职、权、责

在教育管理组织结构中,不同的能级岗位的职能不同,贡献大小不同,对其所赋予的职、权、责以及应享受的物质利益和精神荣誉等也就应当有所区别,这是在教育管理实践中贯彻能级分明原则十分重要的一点。从学校发展的现实角度来说,如果能级岗位层次不同,而职、权、责、利等却没有任何区别,则必然引起教育管理工作的混乱。由此我们可以看出,让学校中不同能级岗位的人员"在其位,司其职,行其权,负其责,取其酬,获其荣,惩其误",是贯彻能级分明原则的关键所在。

3. 保持教育管理系统内人员的合理流通

在教育管理工作中,管理者必须认识到人的才能和素质总是处在不断发展变化之中的,管理能级岗位对人的素质要求也在持续发生着变化。因此,必须要保持教育管理系统内人员的合理流通,使不同的成员在动态过程中能够较好地适应其所处的能级岗位。由此可见,在教育管理组织结构中需要不断增强教育管理系统吐故纳新、新陈代谢的能力。

(三)动力激发的原则

动力激发原则源自于"以人为本"的教育管理规律,也称为调动人的积极性原则。从本质上来说,在教育管理特别是教育管理的诸多要素中,教师是最为活跃、最为积极、最为根本的因素,教师积极性的发挥程度与教育管理活动的动力和效益呈正相关。因此,在办学的过程之中学校管理者必须牢固地树立以教师为本的思想,最大限度地调动教师的积极性,以便激发他们在教育、教学、管理等工作中的能动性、创造性。行为主义理论认为,人的积极性或者行为动力通常来自于人类的三大基本需要,即物质需要、精神需要和信息需要。所以,要调动教师的积极主动性也就需要充分地激发广大教师的物质动力、精神动力和信息动力。

1. 激发教师的物质动力

《管子》曰:"仓廪实则知礼节,衣食足则知荣辱。"毛泽东同志也曾经强调:"我们不能饿着肚子去'正谊明道',我们必须弄饭吃,我们必须注意经济工作,离开经济工作而谈教育或学习,不过是多余的空话。"教师是知识分子,但同时也是人,其有维持衣、食、住、行等最基本的物质需要。满足这种基本的物质需要是调动教师积极性最为基本的动力所在。假如在教育管理工作中,连教师最为基本的物质需要都不能给予保障和满足的话,那么,调动教师的积极性也就会完全成为一句空话。

20世纪80年代初期至90年代后期,我国高校教师队伍中教师"跳槽""流失"的现象较为严重,其中一个重要的原因就是教师的收入水平太低、经济待遇太差。进入21世纪后,我国高校教师队伍趋于稳定,这与国家积极改善教师工资待遇的政策有着密不可分的关系。21世纪初,北大、清华两所高校率先在本校实行教师岗位津贴制度。其后,全国许多高校纷纷效仿,使高校教师岗位津贴制度成为一项虽无国家文件明确规定,但却被约定俗成、普遍实施的高校内部分配制度。根据这种高校教师岗位津贴制度,我国高校教师在原有的国家工资之外又额外增加了一笔收入,收入水平得到了显著的提高,较好地改善了生存状况。与此同时,大学教师的社会地位和职业声望也得到了大幅提高。高校教师岗位津贴制度的实施有效地推进了高校师资队伍建设工作,将大量优秀人才吸引和稳定在各级各类教师岗位上,使高校教师队伍的士气得到了鼓舞,充分地调动了广大教师的工作积极性。

2. 激发教师的精神动力

教师作为社会中的一员,其不仅有物质方面的需要,同时也有精神方面的需要。根据马斯洛的"需要层次理论"可知,当人的"生理"和"安全"需要获得满足之后,人就会产生"社交""尊重"和"自我实现"的精神需要,而这也是由人的社会本性所决定的。教师作为人类灵魂的工程师,在传承文明、启蒙智慧、培育人才等方面,更加注重在精神方面的追求和满足。从这个角度来看,在当代教育管理活动中,调动和激发教师的精神动力有着十分重要的意义。

从根本上来说,教师的精神动力来自于对教书育人工作的责任感和使命感,来自于他们对党的教育事业的忠诚信念,来自于对教育、教学工作本身的兴趣和热爱,来自于对学生的关心、爱护和人道主义的良心、道义,也来自于教师在做好本职工作过程中所获得的精神鼓舞与奖励,如领导赏识、荣誉表彰、同行尊重、学生爱戴以及个人自我价值的展示与实现等。在教育管理活动中发挥教师的精神动力,就是要善于从激发和满足教师的上述精神需要入手。

结合我国学校教育事业发展的现状,各级各类学校在激发教师精神动力时,必须要重点做好以下几个方面的工作。

第一,学校管理者要坚持"以人为本",真正做到尊重、关怀和理解教师。在对教师的管理工作中,要力求凸显人性化特点,体现人文关怀。在教育管理实践中,学校管理者在与教师接触时应当做到平易近人、虚怀若谷、坦诚相待,切忌面孔冷漠、官腔官调、架子十足等管理风格。总而言之,在教育管理中学校管理者应当想方设法营造一个和谐、民主、平等、友善、团结的校园文化氛围。

第二,在教育管理工作中可以适当地实施一些必要的精神奖励,如评先选优、荣誉表彰、提职晋级等,增强教师的荣誉感和上进心,形成鼓励先进、鞭策后进的良性竞争机制。

第三,要通过加强思想教育,切实增强广大教师的责任感和敬业精神,使他们形成具有忠诚于祖国的教育事业的崇高志向和"春蚕到死丝方尽,蜡炬成灰泪始干"的职业奉献精神。

第四,要切实关心和帮助教师解决各种实际问题,如住房改善、医疗保健、子女入托以及教师的身心健康等方面所存在的问题。如果问题确实难以解决,则应当耐心地做好解释、说服和教育劝导工作。

3. 激发教师的信息动力

一般来说,教师掌握的信息越多,其工作的动力往往也就越大,工作成效也就越好。在人类社会中,教师作为知识的传播者和再生产者,如果他们不能够及时、大量地获取各种新知识和新信息,那么,其素质就很容易逐渐蜕化,能量就会逐渐衰竭,继而丧失发挥"传道、授业、解惑"功能。

物理学观点认为,任何物质的能量都存在"熵"的现象。这也就是说,一切能量都是不可避免地以一定速度在消耗着。例如,煤球被扔进火炉里,其能量总是要被消耗尽的。因此,要确保物质能量的持续,就必须要不断地输入"负熵"。物理学中关于熵的观点非常符合教师劳动的职业特点。教师的知识也存在着"熵"的现象,即知识会逐渐陈旧。从本质上来说,这种知识的陈旧过程就是教师能量衰减的过程,为了保证教师的能量持续,就必须持续地输入"负熵"。具体而言,就是要让教师不断地学习新知识、掌握新信息、获得新技能。这一过程实际上就是给教师"充电"、发挥教师信息动力的过程。在当今"知识爆炸""知识折旧率加快""信息量倍增"的信息化和学习型社会时代,要做到这一点尤为重要。

在教育管理活动中要充分发挥教师的信息动力,就需要从以下两个方面做起。

一方面,要建立健全能够使教师及时获取各种知识、信息的平台与渠道,如网络建设、图书资料建设、实验仪器设备建设等,还要有目的、有计划地组织教师开展必要的进修、学习和深造等活动。

另一方面,要通过思想教育等手段,激发广大教师的求知欲,使他们追求真理、渴求知识、热爱科学、坚持学习。

(四)弹性灵活的原则

教育管理工作中所碰到的问题,可能大多数都是千丝万缕、错综复杂的,而且其内部条件和外在环境皆处于动态的变化之中。因此,在制定、实施任何一项教育管理决策或者措施的时候,都必须要保持一定的弹性,以保证伸缩回旋的余地。唯有如此,才能使教育管理系统在动态运行中保持平衡和适应机制,以实现和达成既定的目标。对于一所学校来说,真正在管理工作中贯彻弹性灵活原则,就必须要做好以下几个方面的工作。

1. 树立弹性管理理念

与其他领域的管理活动相比,教育管理活动具有周期长、见效慢、变量大、不确定等特点。出于这些方面的考虑,学校管理者在从事教育管理活动之时,必须要时刻注意保持管理方法、手段和措施上的灵活性。具体来说,在经济管理活动中一些刚性或者硬性的管理手段和措施可以直接运用,但在教育管理中就不一定适合。例如,下达明确的生产指标和任务并限期完成的管理方式,在企业管理中可实施,但却不适合在教育管理和科研管理中运用。又如,"任务承包制"可在企业管理中实施,但是就不适宜在学校的教育教学活动中运用。由此我们可以看出,教育管理活动必须按照其自身的特点,采取较为弹性、灵活的管理方式。

2. 把握好"弹性"和"刚性"之间的度

在教育管理工作中,管理者必须要把握好"弹性"和"刚性"之间的度。具体来说,如果弹性过强而缺乏刚性,容易引发整个教育管理工作涣散,以至于出现无组织、无纪律、各自为政等现象。相反的,如果刚性过强而缺乏弹性,又容易造成教育管理工作中矛盾重重,甚至会出现"卡壳""夭折"等现象,同时,还容易导致整个教育管理系统缺乏生机和活力。

3. 在管理方法上做到具体问题具体分析

对学校各项工作的管理既要制定出明确的标准、严格的规章制度,同时,在处理每一个具体问题时,也要注意做到因事、因人而异,因地、因时制宜,切忌教条僵化、故步自封。例如,在教育管理中学校管理者的管理行为切记"一刀切""整齐划一",但在对教师备课教案和讲稿的要求上,就应当将具有多年教学经验、轻车熟路的老教师和初上教学岗位的年轻教师区别对待。又如,在执行考勤制度时就应将一些一心扑在教学上,但却因积劳成疾或某种客观原因而不得不缺勤、请假或迟到的教师与对那些经常随意请假、旷课、迟到、早退的教师区别对待。学校管理者在处理此类问题时切忌不分青红皂白地一致处理,否则,就可能会挫伤一些教师的积极性。

第五节　当代教育管理中的沟通与协调

沟通与协调存在于教育管理过程的始终,它在教育管理过程中发挥了重要的作用。从教育管理的组织来看,管理者应该加强与不同部门之间的协调,以保证各项工作的顺利开展。从学校的角度来看,学校的教学活动也依赖于教师口头或者书面的各种沟通,所以,只有做到有效的沟通才能推动学校的生存和发展。

一、教育管理中沟通与协调的意义

在管理过程中,沟通的意义非常重要,组织的顺利运行与沟通有着密切的关系。具体表现在以下几个方面。

首先,管理沟通与协调是保障组织发展的生命线,它是组织向着既定方向发展的保证。在最初制订和修改计划时需要沟通与协调,计划的发布和实施同样也离不开沟通与协调。不同的管理过程和职能,需要采用不同的沟通方式。

其次,学校管理过程中时时刻刻都存在着"沟通",即使一些"沉默"的方式也表达了某种内在的信息。学校中的其他人员都通过"解码"对管理人员的沉默产生各自不同的理解。

最后,沟通与协调在激励过程中有着重要的作用。如在学校中,管理人员通过表扬和肯定的沟通与协调手段来激励师生员工。

总之,沟通不但是联系教育管理过程的纽带,同时,也存在于教育管理组织的各项活动中。各项管理职能的完成以及组织的生存发展都离不开沟通,管理者要注意针对不同的管理职能采取相应的沟通与协调方式,提高沟通与协调的有效性。

二、教育管理中沟通与协调的类型

(一)内部沟通与协调和外部沟通与协调

教育管理过程中的沟通与协调,根据其对象的不同可以分为内部沟通与协调及外部沟通与协调。

1. 内部沟通与协调

内部沟通与协调是发生在教育管理组织内部的,主要目的是促进组织内部信息的传递和交流。

2. 外部沟通与协调

外部沟通与协调是指为了促进组织更好地发展而与组织之外的其他部门进行的沟通与协调行为。随着教育改革的深化,教育管理组织呈现出一定的服务性特点。如学校在运行过程中越来越注意自身形象的提升以及学校规范管理制度等的宣传;学校在招生过程中会提供历年升入高一级学校的升学率的信息、报考指南以及新生生活指南等。

(二)上行、下行和平行沟通与协调

根据组织中信息的流向,教育管理沟通与协调可以划分为上行、平行和

下行沟通与协调。上行沟通与协调是指下属向上级反馈意见的沟通与协调过程,它是一种自下而上的沟通。下行沟通与协调是指在学校的管理过程中,信息从上级向下级流动的沟通与协调过程。上行沟通与协调和下行沟通与协调都属于纵向沟通与协调。平行沟通与协调是指发生在平行的部门以及人员之间的沟通与协调。平行沟通与协调属于横向沟通与协调,组织成员中的非正式沟通也属于这个范畴。

(三)组织沟通与协调和人际沟通与协调

按照沟通与协调发生的范围和涉及的主体,可以将沟通与协调分为组织沟通与协调以及人际沟通与协调。

1. 组织沟通与协调

组织沟通与协调可以理解为正式的沟通与协调,它是指在正规的组织之间进行信息传播,根据组织的相关制度和规定而进行的沟通与协调。如学校内部相关制度制定过程中意见的征求、学校内各种条令的传达和下发等。教育组织内部正式的沟通与协调是发挥管理职能、衔接管理过程的重要纽带。组织沟通与协调具有指导性、规范性、权威性和程序性等特点,但是同时也缺乏灵活性。

2. 人际沟通与协调

人际沟通可以理解为非正式沟通,也就是说信息传播的渠道并非是正规的渠道。如一个学校内部师生员工之间的私下交流,以及学校内师生员工参与的校友会、同乡会之类的非正式组织。非正式的人际沟通与协调需要规范和引导,尽量采取措施防范其与组织理念不相符的思想产生,以保障组织的凝聚力和稳定。

(四)媒介式沟通与协调和情感式沟通与协调

根据途径,教育管理沟通与协调可以划分为媒介式沟通与协调和情感式沟通与协调。

1. 媒介式沟通与协调

媒介式沟通与协调是借助传播媒介,将信息、想法和要求等传达给接收者,使接收者的行为发生某种改变,最终达到促进组织发展的目标。媒介式沟通与协调满足的是组织内信息交流和传递的需要。

2. 情感式沟通与协调

情感式沟通与协调是指教育管理组织的成员通过加强双方之间的情感交流,达成共识,最终达到改善彼此间关系的目的。情感式沟通与协调满足的是组织内部人际交往的需要。

三、教育管理中沟通与协调的策略

在现代教育中,从信息发送者到接收者的沟通并不一定都是通畅的,沟通中随时都可能存在各种障碍,甚至会导致沟通的失败。为此,教育管理者应掌握一定的沟通与协调的策略,具体可从以下几方面入手。

(一)明确沟通与协调的目的

管理沟通与协调的基础就是明确目的,信息发出者在正式沟通活动开始之前,首先,要对沟通的内容有一个明确的计划。从本质上讲,沟通与协调意味着彼此对目标、态度的一种认同,如果缺乏共同目标,那么,双方沟通的效果就不能达到。在学校管理过程中,沟通与协调信息的发出者必须把自己的想法传达到学校的各个组成部分,然后,各个部门应该根据信息的具体内容以及要达到的效果来确定沟通的目标。明确目的之后才有可能进行下一步的沟通与协调。

(二)学会倾听

"倾听代表着自己对别人的尊重、欣赏与肯定,这极大地保护了对方的自尊心,从而加深了彼此的感情。美国心理学家卡耐基曾指出:'专心听别人讲话的态度是我们所能给予别人的最大赞美。'"可见,倾听在沟通与协调中也是非常重要的。教育管理者要想与沟通对象保持良好的沟通氛围,就需要耐心、专心和诚心地倾听对方的言谈,即使对对方的话题不感兴趣,也应让对方先把话说完。倾听过程中要注意以下几点。

1. 与对方保持目光接触

目光接触是身体语言沟通的一种重要形式,它能够表现出一些身体语言不能表现出的内容。假如在倾听过程中教育管理者一直不和对方进行目光接触,那么,他就会产生一种不愉快的情绪,认为教育管理者并没有在认真听自己讲话,而是将精力分散到其他方面,双方的交流也会变得难以继续下去。这也是生活中人们不喜欢与戴墨镜的人进行交谈的原因。因此,教育管理者在倾听时应与对方保持目光接触,以便向对方传达重视与尊重。

2. 适时以点头或面部表情进行反馈

在倾听时教育管理者应注意适时、恰当的以身体语言和其他非语言信号,如用点头或一些面部表情来对说话人进行反馈,以便向他说明自己在认真倾听。

3. 避免走神的动作或手势

在倾听时教育管理者应注意避免有一些走神的动作或手势,如折纸、转笔、看手机等,这些行为会让说话人感觉教育管理者对自己的话题不耐烦或不感兴趣。

4. 注意不要打断说话人

在倾听时教育管理者应注意不要打断说话人,也不要在说话人正说得起劲的时候突然插话,然后发表一通自己的看法。这种做法容易引起说话人的不满或误解,也容易中断或影响双方的情绪,造成交往障碍。所以,在倾听时教育管理者不要轻易打断别人的话题,应等他说完后再发表自己的看法。假如碰到了确实不赞成的观点,也应等说话人说完后用委婉的语气表达自己的观点,如"对这个问题,我的看法可能与你不太一样,我……""这个问题我还得想一想……""我听说还有另一种说法……"等。

5. 适时提问

在倾听时教育管理者应注意在恰当的时候,针对说话人的话题提出问题,这种做法能够让说话人感觉对方在认真地听。

6. 及时反馈

在倾听时教育管理者并不能一味只听,而应注意对别人的言谈以点头、眼神等表示感喟,这样才是有益的倾听。

(三)选择恰当的沟通方式

传递信息可以有多种不同的方式,如面谈、会议、通知、文件、信件或报刊等。除此以外,信息还可以在正式沟通渠道与非正式沟通渠道中传播。由于选择多样,依照沟通目标和沟通对象的特点做好沟通方式的选择是非常必要的。

促进有效沟通的重要保障就是建立畅通的沟通渠道。具体来说,主要包括以下几种。

第一,正式的沟通网络。如与政策、程序、规则的上传下达有关的管理网络,或者是与任务的指定和执行相关的网络。

第二,反馈性网络。用以接受建议、获取反馈信息或者是解决已经出现的问题。

第三,与表扬、奖励和提升有关的人员激励和管理方面的网络。

第四,传播性网络。用以传播新闻和消息,如学校内正式出版物、布告栏以及小道消息等。管理沟通与协调网络检查要对发现的问题及时进行处理和解决。

第六节　信息化与教学管理研究

一、信息化教学管理的过程

信息化教学管理是管理在教育人、培养人这一领域中的具体的、特定的应用,是建立在一般教育管理实践之上的为实现、适应乃至优化信息时代教育管理的实践活动,是为了优化信息化教育系统,提高系统整体功效所进行的各种协调活动的过程。具体而言,信息化教学管理的过程主要由目标、计划、实施、检查与评价、总结这五个环节组成。

目标是管理过程的开始环节,是信息化教学中的管理工作的动力和灵魂。确定了目标就是确定了管理工作的宏观方向,确定了要"干什么""达到什么标准"。

计划是信息化教学管理过程中的重要环节,是信息化教学管理科学化的标志。确定计划就是要在确定目标的基础上,确定实现目标的途径和方法。计划既涉及"干什么""达到什么标准",又涉及"怎么干"等问题。

实施是信息化教学管理过程中的主体环节。在这一环节中,管理者要实施有效管理就要随时掌握管理进程,了解人、财、物等各方面的动态和信息,及时采取组织、指导、协调、教育与激励等措施,最大限度地调动各种积极因素,以保证计划的执行和管理目标的实现。

检查与评价是管理过程的中继环节,评价和检查是相随的,检查的结果是评价。

总结是信息化教学管理活动中一个周期过程的终结环节,是对工作过程及其结果在量的方面检测和质的方面评议。

二、信息化教学管理的内容

信息化教学涉及的要素很多,而学习资源与学习过程是最基本、最重要的组成部分,下面就对学习资源的管理进行分析。

学习资源是指学习者在学习过程中可以利用的一切要素,既包括支持学习的人,也包括支持学习的设施、信息等。按照不同的标准,学习资源有着不同的分类,下面主要采用硬件资源和软件资源这种分类方式来对学习资源的管理进行分析。

(一)硬件资源管理

硬件资源是指学习者在学习过程中可利用的、实实在在的、有形的、看得见的资源,如设备、设施、场所等。对硬件资源进行科学化管理,能够有效保障教育技术的充分应用。硬件资源的管理工作主要包括以下几点。

1. 计划与购置

计划是决策的具体化,是实施各项管理活动的前提,也是检查管理效果的依据。相应的管理工作包括设备器材购置计划的编制、执行、检查和总结等基本环节。

在制订购置计划时,应对相关的因素进行综合考虑,包括本单位近期的工作目标、长远工作目标、经费预算,以及现用设备的使用状况。计划要力求客观、实际,注意"需要"和"可能"的统一。

2. 验收和建账立卡

做好设备验收工作,能够使仪器设备顺利投入使用,获取最大的经济效益。一切设备、材料采购到货后,要将发货票、说明书、附件等一并交给器材库管理人员详细查询、验收。

设备验收合格后要建账、立卡,这是掌握设备器材数量、质量、资产和分布状况的基本手段。

3. 保管与使用

一切设备、仪器、工具、材料等都是国家财产,一定要好好保管,避免造成积压、损坏、发霉、变质、过期等浪费现象。保管时使各种设备、仪器等器材井井有条地存放,需要时能方便快捷地找到,并且做到心中有数,知道各种设备的质量状况以及哪些设备需要更新等。

设备器材的主要作用是为教学提供物质条件,保证教学需要,因此,使用是关键环节。一切设备与器材的保管都要以方便教学使用为目的。

4. 维护与修理

设备器材的维护、修理工作主要包括:为设备器材放置提供合适的环境条件、做好日常维护工作及定期进行技术保养等。

5. 制定管理规章制度

要搞好设备管理,必须建立必要的规章制度,做到有章可循、有规可依。

(二)软件资源管理

软件资源与硬件资源一样,是一种重要的学习资源。不同于硬件资源的是,软件资源是摸不着的,它是各种媒体化的学习材料和工具性软件。对软件资源的管理主要采用以下几种模式。

1. 专题学习网站

专题学习网站中管理的多是一些具有针对性的学习资源。网站一般是针对某一主题,如太空知识、克隆人等提供各种探究活动、学习资源和讨论组,为进行研究性学习提供丰富的资源和空间。

2. 学科资源网站

学科资源网站的形成,主要是采取网页的方式将各学科学习资源整合在一起。在设计网站框架结构时,应充分考虑学科特点,结合该地区的教学研究,采取多样化的表现形式,并且要重视素质教育的发展。

3. 教育资源管理数据库

资源文件通常以二进制数据的形式被存储在关系型数据库中,对教育资源的管理主要是通过对数据库的操作实现的。

参考文献

[1]解继丽,邓小华,王清泉.教育信息化促进教学改革的保障体系研究[M].昆明:云南大学出版社,2015.

[2]韩冰清,林永希.教育学[M].武汉:华中科技大学出版社,2015.

[3]乔建中.教师教育心理学[M].合肥:安徽人民出版社,2015.

[4]李翠白.信息技术与课程整合——现代教育技术培训教程[M].北京:科学出版社,2015.

[5]徐继存,周海银,吉标.课程与教学论[M].济南:山东人民出版社,2010.

[6]孙菊如,陈春荣,谢云.课堂教学艺术[M].北京:北京大学出版社,2006.

[7]《优秀教师的10项基本功》编写组.优秀教师的10项基本功[M].广州:广东世界图书出版公司,2011.

[8]王德清.教学艺术论[M].成都:四川大学出版社,2010.

[9]顾明远.教育大辞典(第1卷)[M].上海:上海教育出版社,1990.

[10]赞可夫.教学与发展[M].杜殿坤,译.北京:文化教育出版社,1980.

[11]吴军其,胡文鹏.新理念信息技术教学论(第2版)[M].北京:北京大学出版社,2013.

[12]胡中锋.现代教育学[M].广州:广东高等教育出版社,2007.

[13]雷体南,叶良明.信息技术教学论[M].北京:北京大学出版社,2013.

[14]柳海民.教育学原理[M].北京:高等教育出版社,2013.

[15]蔡宝来.现代教育学——理论和实践[M].上海:上海教育出版社,2011.

[16]李宝峰.现代教育学基础[M].上海:华东师范大学出版社,2011.

[17]李娟华,刘彦文,都丽萍.现代教育学教程[M].北京:中国计量出版社,2008.

[18]刘铁芳.学校教育学[M].北京:教育科学出版社,2011.

[19]王晞.综合素质小学[M].北京:教育科学出版社,2015.

[20]黎翔.教育学[M].北京:航空工业出版社,2014.

[21]梁双顺,钟雪梅.教育学[M].长春:吉林大学出版社,2012.

[22]张清,刘蕾.青少年发展与教育心理学[M].北京:北京大学出版

社,2017.

[23]陶华坤.都市教育[M].北京:中国言实出版社,2014.

[24]雷体南,汪家宝.现代教育技术教程(第3版)[M].武汉:华中科技大学出版社,2016.

[25]李兵.知识管理与现代远程教育发展研究[M].武汉:广西人民出版社,2014.

[26]吴康宁.教育社会学[M].北京:人民教育出版社,1998.

[27]韦洪涛.学习心理学[M].北京:化学工业出版社,2011.

[28]安迪·哈格里夫斯.知识社会中的教学[M].熊建辉,陈德云,赵立芹,译.上海:华东师范大学出版社,2007.

[29]何克抗.中国特色教育技术理论的建构与发展[M].北京:北京师范大学出版社,2012.

[30]严冰,单从凯.数字化学习资源[M].北京:中央广播电视大学出版社,2015.

[31]袁振国.当代教育学[M].北京:教育科学出版社,2010.

[32]闫守轩.课程与教学论:基础、原理与变革[M].北京:北京师范大学出版社,2015.

[33]周仕德.新编课程与教学论[M].北京:中国人民大学出版社,2015.

[34]代蕊华.课堂设计与教学策略[M].北京:北京师范大学出版社,2005.

[35]杨跃.教师教育学[M].北京:北京师范大学出版社,2016.

[36]何齐宗.教师教育与教师发展研究[M].北京:中国社会科学出版社,2014.

[37]赵昌木.教师专业发展[M].济南:山东人民出版社,2010.

[38]刘汉辉.我国终身教育体系研究——可持续发展视角的分析[M].北京:人民出版社,2012.

[39]李帅军.教育信息化管理的理论与实践[M].北京:科学出版社,2007.

[40]王继新.信息化教育概论[M].武汉:华中师范大学出版社,2006.

[41]屠大华.现代教育理论[M].武汉:华中科技大学出版社,2002.

[42]马德四.教育信息化本质研究:教育学视角[D].上海:华东师范大学博士论文,2007.

[43]祝智庭.世界各国的教育信息化进程[J].外国教育资料,1999(2):79—80.

[44]刘德亮.黎加厚谈教育信息化[J].中国电化教育,2002(1):5—8.

[45]刘向永.英国基础教育信息化现状及分析[J].中国电化教育,2001(7):10—13.

［46］王凤琦.网络教学资源建设的现状与对策［J］.教育与职业,2013(9)：162—163.

［47］陈仕品,张剑平.21世纪初期英美教育信息化战略规划及其启示［J］.现代教育技术,2012(2)：10—15.

［48］李静,王建军.网络学习平台下师范生教育技术素养提升策略研究［J］.中国现代教育装备,2010(24)：83—85.